Barbara Deane | Jochen Loos

Wenn unsere Eltern Hilfe brauchen

W0339653

Barbara Deane | Jochen Loos

Wenn unsere Eltern Hilfe brauchen

ISBN 978-3-89436-976-7
Titel des amerikanischen Originals:
Caring for your aging parents – When love is not enough

This edition issued by contractual arrangement with NavPress,
a division of The Navigators, U.S.A. Originally published by NavPress in Englisch as
Caring for Your Aging Parents
© 1989 by Barbara Deane

Neuauflage des Buches „Was tun, wenn sie alt werden?", mit Blick auf die aktuelle
Situation in Deutschland überarbeitet von Jochen Loos, Heimleiter der
Christlichen Seniorenhäuser Lützeln.

3. Auflage
© 2013 der überarbeiteten deutschen Ausgabe: Christliche Verlagsgesellschaft, Dillenburg
Übersetzung: Eva Weyandt
Satz: Christliche Verlagsgesellschaft Dillenburg
Umschlaggestaltung: Jens Vogelsang
Druck: CPI Moravia

Inhalt

Vorwort

Dieses Buch möchte Ermunterung und Hilfe für all jene sein, die Angehörige zu pflegen haben oder sich für sie verantwortlich fühlen. Es ist eine Aufgabe, die sehr viel körperliche, geistliche und seelische Kraft braucht und den pflegenden und betreuenden Angehörigen oftmals an seine Grenzen führt. Es ist ein Buch, das wertvolle seelsorgerliche Hilfen gibt und jedem Leser vermitteln möchte, dass er mit seinen Fragen und Problemen nicht allein steht.

Die Angaben zur Pflegeversicherung wurden auf die deutschen Verhältnisse abgestimmt und für die vorliegende Neuauflage aktualisiert. Wir möchte darauf hinweisen, dass diese Angaben in keinster Weise Anspruch auf Vollständigkeit haben. Zu bedenken ist auch, dass die Sozialgesetzgebung und die damit verbundene Leistungen sich laufend verändern. Pflegende Angehörige sollten sich daher bei ihrer Kranken- beziehungsweise Pflegekasse, den sozialen Einrichtungen beziehungsweise bei den betreffenden Ämtern vor Ort oder bei ihrem Hausarzt erkundigen, wie der neueste Stand ist. Viele Kommunen haben zu diesem Zweck Seniorenberatungsstellen eingerichtet, die auch für Angehörige hilfreiche Ratschläge erteilen.

Christliche Verlagsgesellschaft
Dillenburg, im Juni 2012

Einführung: Wenn Christen alte Eltern pflegen

Ich betreute meine Eltern schon Jahre bevor das Thema Pflege richtig aktuell wurde. 1984 begegnete mir der Begriff „Sandwich-Generation", und ich erfuhr, dass ich dazugehörte. Die „Sandwich-Generation" sind Menschen mittleren Alters, vorwiegend Frauen, die sowohl die Alten als auch die Jungen versorgen. Wir gehören zu der Generation in der Mitte.

Es war immer schon – durch alle Zeitalter hindurch – Sitte, dass die Familien die alten Leute versorgten. Neu ist die große Zahl älterer Menschen, die Pflege brauchen. In den USA ist die Gruppe der über 85-jähigen Menschen diejenige, die zahlenmäßig am stärksten wächst. Und mit ihr wächst die Zahl der Betreuer.

In Deutschland wird 69 % aller Pflege zu Hause geleistet (Stand Januar 2010). Doch zur Betreuung gehört sehr viel mehr als die reine Versorgung im eigenen Haushalt. Lange bevor meine verwitwete Mutter in unsere Familie kam, half ich ihr und meinem Vater, unabhängig zu leben. Selbst wenn ein Elternteil in einem Alten- und Pflegeheim untergebracht werden muss, hört die Fürsorge der Familie nicht auf. Berücksichtigt man diesen Dienst ebenso in der Statistik, erhöht sich die Zahl der betreuenden Angehörigen noch.

Wenn Sie also plötzlich zu denen gehören, die einen älteren Menschen betreuen oder pflegen, sollten Sie sich bewusst machen, dass Sie nicht allein sind. Das ist sehr wichtig. Sie fühlen sich vielleicht mit ihrer neuen Verantwortung allein. Vielleicht sind Sie verängstigt und beunruhigt.

Es ist ein Schock, plötzlich festzustellen, dass die Eltern nicht mehr fähig sind, sich selbst zu versorgen. Die Erkenntnis, dass zur Pflege sehr viel mehr dazugehört, als man vorher ermessen konnte, versetzt einem einen weiteren Schreck. Eine Freundin sagte mir einmal: „Darauf hat uns niemand vorbereitet!" Neben der ungewohnten Verantwortung ist auch die Psyche berührt. Zusehen zu müssen, wie geliebte Menschen gesundheitlich und kräftemäßig immer mehr verfallen, ist schmerzhaft. Die Pflege Angehöriger fordert einem das Äußerste ab. Fast niemand hat vorher eine Vorstellung davon.

„Die körperliche und finanzielle Verantwortung ist weniger das Problem. Ich denke, damit komme ich schon klar", sagte eine Frau. „Aber niemand hat mich darauf vorbereitet, dass ich nicht in der Lage sein würde, meine alte Mutter in ihren Ängsten und Sorgen zu trösten und zu beruhigen. Das schmerzt. Mit diesem Defizit muss ich leben."

Eine weitere Enttäuschung ist, wenn Christen, die ihre Eltern betreuen, erkennen, dass ihre Familie und Freunde (sogar gläubige Freunde in der Gemeinde) wenig Verständnis für ihre Situation zeigen. Die meisten Menschen sprechen einfach nicht gern über Alter und Tod. Doch an wen soll man sich in einer solchen familiären Situation wenden?

Dieses Problem stellte sich mir im Jahre 1984. Meine Mutter lebte schon sechs Jahre bei uns, als ich von einer Frauenzeitschrift gebeten wurde, einen Artikel über die Probleme zu schreiben, vor die sich die „Sandwich-Generation" gestellt sieht, wenn sie die Pflege eines Elternteils übernehmen muss. Interviews mit Fachleuten und Betroffenen sollten mir die Augen für die Wirklichkeit richtig öffnen. Zum ersten Mal wurde mir klar, dass ich mit meiner Alltagsproblematik, alles selbst machen zu müssen, nicht allein dastand. Ich erfuhr, dass die Gefühle, für die ich mich schämte, tatsächlich normal waren. Mein Problem war nicht, dass ich diese Gefühle hatte, es ging viel mehr darum, damit umzugehen.

Möglicherweise machen Sie innerlich dasselbe durch, wenn Sie gerade einen Elternteil betreuen. Sie sind entmutigt, fühlen sich einsam, isoliert und missverstanden. Tief in Ihnen rumoren Gefühle der Schuld und Verbitterung. Ihr Selbstwertgefühl ist stark angeschlagen. Angehörige zu pflegen bringt kein Prestige.

Niemand schenkt Ihnen einen Strauß Blumen. Nicht einmal die Person, die Sie pflegen, erkennt an, was Sie tun. Ihr Dienst mag für sie eine weitere unliebsame Bestätigung der eigenen wachsenden Hilflosigkeit und Abhängigkeit sein.

Ich war gerade in der Pflege meiner Mutter an einem solchen Punkt angekommen, als ich im Rahmen meines Artikels Ned Holmgren, einen christlichen Ehe- und Familientherapeuten, interviewte. Durch ihn lernte ich Helen Hight kennen, die ihre durch Arthritis an den Rollstuhl gefesselte Mutter pflegte. Schon seit einiger Zeit dachte sie darüber nach, eine christliche Selbsthilfegruppe für pflegende Angehörige zu gründen. In dieser Gruppe sollten Menschen, die sich alle in der gleichen Lage befanden, über ihre Gefühle und Nöte sprechen, für- und miteinander beten und Informationen austauschen können, um sich gegenseitig zu stärken. Wir können unsere Probleme nicht alle allein lösen, doch in Gott, unserem Vater, haben wir die entscheidende Kraftquelle und in Jesus das Vorbild echter Fürsorge schlechthin.

So wagten wir den Glaubensschritt und begannen mit einer christlichen Selbsthilfegruppe für pflegende Angehörige. Wir wussten, dass das Bedürfnis nach einem solchen Kreis bestand, und wir vertrauten auf Gottes Hilfe. Und er half mehr, als wir es uns in unseren kühnsten Träumen erdacht hätten. Durch die Selbsthilfegruppe erreichten wir viele. Plötzlich waren wir keine Einzelkämpfer mehr. Wir waren nicht mehr allein.

In der Pflege eines älteren Menschen steht man leicht in der Gefahr zu glauben, Gott hätte einen verlassen. Heute weiß ich, dass Gott mir durch die Aufnahme meiner gebrechlichen Mutter nachhaltig zeigen wollte, was es mit Alter und Tod auf sich hat. Wenn ich jetzt zurückschaue, erkenne ich, dass viele Dinge, die mir schwerfielen und mir sogar widerstrebten, von ihm gnädig geplant waren.

Ich habe dieses Buch geschrieben, um Ihnen Mut zu machen, die Betreuung Ihrer Eltern als Möglichkeit zu sehen, im Glauben zu wachsen und zu reifen. Doch kein Reifeprozess, den wir als Christ durchlaufen, ist leicht. Die Pflege eines alten Menschen wird Sie bis an das Ende Ihrer Kräfte bringen und vermutlich eine größere Herausforderung sein als alles, was Sie je erlebt haben.

Doch Sie brauchen dies nicht allein durchzustehen. Gott hat versprochen, immer bei uns zu sein. Er gibt den Menschen, die nach Hilfe rufen, Antwort.

Ich wünschte, ich hätte dieses Buch zu Beginn der Betreuung meiner Eltern geschrieben. Es spiegelt meine eigene Erfahrung und meinen eigenen Schmerz wider; fast jeden Fehler, den ich auf den folgenden Seiten beschreibe, habe ich irgendwann einmal selbst begangen. Erfahrungen anderer fließen ebenfalls ein. Wenn nicht ausdrücklich erwähnt, sind die Namen und die Einzelheiten abgeändert worden, um die Privatsphäre der entsprechenden Personen zu schützen.

Ich konnte leider nicht auf Details praktischer Pflege eingehen, zum Beispiel wie man einen Patienten vom Bett in einen Rollstuhl wuchtet. Im Anhang sind daher Quellen zu weiterführenden Information genannt sowie Stellen, an die Sie sich wenden können, um zusätzliche Informationen zu erhalten.

Die Betonung der ersten fünf Kapitel liegt auf den persönlichen geistlichen Nöten im Umgang mit dem zu versorgenden Elternteil und den Ansprüchen der eigenen Familie. Verständnis, Gespräch, Vergebung, liebevoller und ehrlicher Umgang sind die Stichworte. Kapitel 6 führt zu anderen Themenbereichen. Wenn man innerhalb der Familie über Geld spricht, sollte man keinesfalls das Emotionale mit praktischen Bedürfnissen vermischen. (Bevor Sie eine Entscheidung treffen oder aufgrund dieses Kapitels etwas unternehmen, sollten Sie sich mit einem Finanzberater oder einem Rechtsanwalt besprechen.) Die Kapitel 7 bis 10 sind eher praktischer Natur. Falls Sie gerade über Fragen zur Unterbringung, medizinischen Versorgung oder rechtliche Dinge entscheiden müssen, schlage ich vor, hier zu beginnen. Kapitel 11 mit der Überschrift „Wandern im Tal des Todesschattens“ widmet sich den seelischen Anforderungen der Begleitung auf der letzten Wegstrecke.

Ihre Situation wird sich durch das Lesen des Buches nicht verändern. Doch wenn Sie Gott in Ihrem Leben wirken lassen, werden *Sie* sich verändern und das ist entscheidend. Wenn Beziehungen, vor allem zwischen Gott und uns, gesund sind, lassen sich praktische Probleme leichter lösen. Sonst wird eine Pflege noch schwieriger und manchmal unmöglich. Die Pflege der Eltern kann eine sehr leidvolle, aber auch eine sehr frohe Zeit sein. Häufig mischt sich beides hinein, doch der Becher, den wir aus Gottes Hand nehmen, wird immer gesegnet sein. Dass dieses Buch zu diesem Segen beitragen möge, ist mein Gebet für Sie.

Kapitel 1: Das Wesentliche der Pflege

Wenn du durchs Wasser gehst, ich bin bei dir,
und durch Ströme, sie werden dich nicht überfluten.
Wenn du durchs Feuer gehst, wirst du nicht versengt werden,
und die Flamme wird dich nicht verbrennen.
Jesaja 43,2

Ist die Pflege eines Menschen ein „Durchs-Feuer-Gehen"? Viele empfinden das so. Wer sind die Millionen Menschen, die unter großen Nöten eine Pflege auf sich nehmen?

Die Statistiken besagen, dass die Betreuungspersonen eines älteren Menschen in der Regel Frauen in den Fünfzigern sind. Natürlich trifft das aber nicht immer zu. Sie sind vielleicht erst Ende dreißig oder Anfang vierzig, das letztgeborene Kind einer schon etwas älteren Mutter. Ihre Kinder sind vielleicht bereits ausgeflogen oder aber sie leben noch zu Hause. Sie sind unverheiratet, verwitwet oder geschieden. Sie sind vielleicht sogar schon fünfundsiebzig und pflegen Ihre über neunzig Jahre alte Mutter. Oder Sie sind ein Mann, ein Enkel oder eine Enkelin. Sie sind reich, arm oder irgendwo dazwischen. Sie haben sich zur Betreuung bereit erklärt oder sind mehr oder weniger von dem betreffenden Elternteil oder von Ihren Geschwistern dazu bestimmt worden – ob Sie nun wirklich wollten oder nicht. Ihnen ist diese Aufgabe zugefallen, weil Sie nun einmal in der Nähe Ihrer Eltern wohnen.

Wer Sie auch sind und wie Sie auch zu der Aufgabe gekommen sind, alle, die eine Pflege übernommen haben, leiden unter Belastungen und Stress. Häufig ist Erschöpfung der Grund dafür. Immer wieder sind sie gefordert, die unterschiedlichsten Tätigkeiten zu erledigen:

- Mit den Eltern einkaufen gehen, Lebensmittel, Kleidung, Medizin oder andere notwendige Dinge besorgen.
- Vater oder Mutter zum Arzt oder anderen Verabredungen fahren.
- Die Finanzen der Eltern beaufsichtigen oder ganz übernehmen. Rechnungen bezahlen, das Konto überwachen und bei großen Geldbeträgen als Bürge fungieren, die vorhandenen Geldmittel hinsichtlich zukünftiger Pflege einteilen.
- Behördengänge erledigen, Anträge stellen (zum Beispiel beim Sozialamt, der Krankenkasse oder der privaten Krankenversicherung). Informationen über Pflegegeld und -stufe einholen, Formulare ausfüllen, Ansprüche geltend machen und Zahlungen beaufsichtigen.
- Eine Haushaltshilfe, Krankenschwester oder andere Hilfskräfte, die ins Haus kommen, einstellen und beaufsichtigen (oder die anfallenden Arbeiten selbst erledigen).
- Darauf achten, dass die Eltern mit Essen versorgt werden, zum Beispiel durch „Essen auf Rädern“, falls man sie nicht selbst bekochen kann, und dass sie u. U. auch eine bestimmte Diät bekommen, dass sie Bewegung haben, genügend Schlaf bekommen, gebadet und gewaschen werden, dass ihre Haare gewaschen, die Fußnägel geschnitten werden usw.
- Die medizinische, pflegerische Betreuung der Eltern beaufsichtigen. Mit Ärzten, Schwestern und Mitarbeitern des ambulanten Pflegedienstes sprechen und die Verordnung der Medikamente beaufsichtigen. Unter Umständen muss die Wohnung den Bedürfnissen eines Menschen mit einer chronischen Krankheit und den Sinnesbeeinträchtigungen des Alters angepasst werden.
- Vorsorge treffen, dass auch die sozialen Bedürfnisse der Eltern erfüllt werden, Besuche und Ausflüge arrangieren und soziale Kontakte für sie finden (oder selbst Gesellschaft für sie sein).
- Den Eltern seelische und geistliche Unterstützung geben.

Sind Sie schon erschöpft vom Durchlesen dieser Auflistung? Wenn man alles, was hier aufgeführt ist, tut, kommt man leicht selbst zu kurz. Sie mögen auch denken: „Ich weiß gar nicht, wie ich das schaffen soll.“ In unserer Gruppe sagte einmal jemand: „Darauf hat mich niemand vorbereitet.“

Lernen muss man überall. Doch wenn man eine Pflege übernimmt, soll man sofort Experte in den rechtlichen und medizinischen Problemen des Alters sein. Man soll sich neben der Versorgung der eigenen Familie und möglicherweise einer Arbeitsstelle außerhalb des Hauses um die persönlichen Bedürfnisse der Eltern kümmern. Kein Wunder, dass viele leer und ausgebrannt sind.

Dies ohne Hilfe schaffen zu wollen heißt, das Unmögliche zu versuchen. Gleichzeitig fügen Sie sich möglicherweise großen emotionalen Schaden zu.

Ich möchte es meinen Eltern schön machen, denken Sie. *Sie sollen es gut haben.* Doch stattdessen wird alles nur noch schlimmer. Wenn Menschen an den Aufgaben der Pflege scheitern, was oft unausweichlich ist, ist das für sie selbst besonders schmerzlich. Manchmal sind sie auch zornig auf Gott. Sie fragen sich: *Warum hat Gott mir nicht wie erwartet geholfen? Was habe ich nur falsch gemacht?*

Kennen Sie diese Gedanken? Egal, wie sehr wir uns auch bemühen, wir können unsere Eltern nicht jünger und fitter machen. Es wird vielleicht eine vorübergehende Besserung eintreten, aber irgendwann muss jeder einmal sterben. Für Christen sollte der Tod niemals Versagen bedeuten. Leider wird das häufig so gesehen.

Sie müssen auch damit rechnen, dass die Hilflosigkeit Ihrer Eltern im Laufe der Zeit immer größer wird, während die Menge der Ihnen zur Verfügung stehenden Zeit und Energie dieselbe bleibt. Das kann zu tiefer Entmutigung führen. Das Gefühl, dass das, was Sie tun, nie ausreicht, ist schmerzlich. Aber hier brauchen wir nicht stehen zu bleiben. Gott spricht das letzte Wort: „Wenn du durchs Wasser gehst, ich bin bei dir“ (Jesaja 43,2). Glauben Sie das, auch wenn Sie sich vielleicht überfordert fühlen? Vertrauen Sie Gott und seinen Verheißungen oder lassen Sie sich von Ihren Gefühlen leiten?

Der persönliche geistliche Nutzen einer Pflege

Niemand möchte enttäuscht werden und jeder ist skeptisch, wenn es heißt: „Vertraue mir! Es ist vielleicht schwer, aber es ist gut für dich." Ich würde nicht wagen, so etwas zu sagen, wenn es nicht Gottes Zusage wäre. Wenn Sie durch „sein Feuer" gehen, dann ist dies ein Feuer der Läuterung und soll Sie reinigen (Maleachi 3,2–3).

Welchen Nutzen können Sie denn nun aus einer Pflegeerfahrung ziehen? Hier sind ein paar:

- eine engere Beziehung zu Gott, weil Sie ihm vertrauen lernen
- ein reiferer Glauben, Reinigung, weil man an die eigenen Grenzen stößt und Vergebung erfährt
- die Fähigkeit, sich negativen Gefühlen wie zum Beispiel Zorn, Verärgerung, Schuld, Furcht, Sorge und Traurigkeit zu stellen und sie zu bewältigen, anstatt vor ihnen wegzulaufen
- Aufarbeitung von Verletzungen aus der Vergangenheit (mitunter Versöhnung ganzer Familien)

Von wem wird Ihr Leben beherrscht?

Im Augenblick beschäftigen Sie wichtige Fragen wie: „Kann ich wirklich vertrauen, dass Gott mir hilft? Kann ich ihm letztlich das Kommando meiner häuslichen Pflege übertragen?"

Viele Christen sind der Meinung, ihr Leben würde bereits von Gott bestimmt. Doch wenn sie die Pflege ihrer Eltern übernehmen, stellen sie fest, dass sie von vielen anderen Dingen bestimmt werden. Ihre Eltern üben vielleicht Kontrolle über sie aus, indem sie Ihnen Schuldgefühle vermitteln, wenn sie etwas tun, das ihnen nicht gefällt. Falsche religiöse Prägungen mögen sie leiten. Oder es sind die Normen der Gesellschaft, wie ein „guter Sohn" oder eine „gute Tochter" zu sein hat. Was Nichtchristen über sie denken, ist Leitlinie. Sie lassen ihr Handeln davon bestimmen, was ihrer Meinung nach ein „gutes Zeugnis" ist.

Manchmal sucht man Schuld woanders – bei den Eltern oder bei den weniger hilfsbereiten Geschwistern, aber meist liegt das Problem bei einem selbst.

Sind Sie bereit, Ihr Handeln allein von Gott her bestimmen zu lassen und alle anderen Zwänge abzustreifen? Gott allein die Kontrolle zu überlassen ist nicht leicht. Aber es ist die Mühe wert. Wenn Sie sich von anderen Menschen oder Ideen, die letztlich nichts mit Ihnen zu tun haben, gängeln lassen, werden Sie sich bald elend fühlen. Vielleicht gebraucht Gott Ihre momentane Notlage, um Sie näher zu sich zu ziehen.

Doch was ist Gottes Norm und was ist menschliche Norm, von der es sich zu lösen gilt? Die folgenden Beispiele können Ihnen helfen, Ihre eigenen Reaktionen zu analysieren. Wer oder was beherrscht Ihr Handeln im Augenblick?

Kulturelle Einflüsse: Verdrängung

In der Anfangsphase der Pflege neigen sowohl Eltern als auch Söhne und Töchter dazu, den Alterungsprozess zu beschönigen. In unserer Kultur wird das Altwerden negativ gesehen, Abhängigkeit ist ein Tabu und jedes dahingehende Anzeichen lässt große Angst entstehen. Die Pflege eines Angehörigen zwingt Sie dazu, sich Tatsachen zu stellen, die Sie lieber ignorieren würden, und über Dinge nachzudenken, die Sie lieber verdrängen würden, zum Beispiel Ihren eigenen Tod. Durch Verdrängung schützt die Natur Sie vor dem, was Sie als bedrohlich empfinden.

Die Angst vor dem Alter ist in unserer Kultur tief verankert. Wir neigen dazu zu denken, alt würden nur andere Leute und man selbst und geliebte Menschen blieben davor verschont. Aber es trifft auch uns, und Außenstehende erkennen dies in der Regel sehr viel früher als wir.

Was können Sie tun, wenn Ihre Eltern sich nicht eingestehen wollen, dass sie älter werden? Wenn Ihre Eltern sehr eigensinnig sind, sind Ihnen die Hände gebunden. Doch auf die Verdrängung folgt gewöhnlich eine Krise, zum Beispiel ein Sturz oder eine Krankheit; dann ist es nicht mehr möglich, weiter so zu tun, als sei alles in Ordnung.

Oft wird die Pflegebedürftigkeit der Eltern verdrängt, weil man nicht weiß, wie man damit umgehen soll, oder Kritik fürchtet. Man denkt: *Ich könnte meine Mutter nie in ein Pflegeheim bringen. Da hätte ich zu große Schuldgefühle.* Doch diese Haltung kann gefährlich werden, wenn dadurch ein Nachteil für den älteren Menschen entsteht.

Karin war von dem Arzt ihrer Mutter gewarnt worden, ihre an Alzheimer erkrankte Mutter könne nicht mehr länger allein leben. Sie aber wollte ihrer Mutter nicht die Unabhängigkeit nehmen. Darum ignorierte sie ihren Zustand. *Der Arzt übertreibt,* dachte sie.

Eines Tages folgte ein arbeitsloser, drogenabhängiger Jugendlicher Karins Mutter von einem Geschäft nach Hause. Als sie in der Wohnung war, klingelte er. Die ältere Dame war nicht mehr in der Lage zu erkennen, dass es gefährlich war, ihn hereinzulassen. Sie öffnete ihm die Tür, woraufhin er sie niederschlug und ausraubte. Karin war der Meinung gewesen, sie hätte aus Liebe zu ihrer Mutter gehandelt, aber eigentlich hatte sie sich durch ihre eigenen Emotionen leiten lassen. In unserer Gesellschaft ist man nicht hoch angesehen, wenn man seine Eltern in einem Pflegeheim unterbringt. Tut man es trotzdem, hat man ein schlechtes Gefühl dabei. Karin war mit sich im Reinen – bis ihre Mutter überfallen wurde. Sie bezahlte einen schrecklichen Preis für ihre Selbsttäuschung.

Falsche Schuldgefühle: die Mitleidsfalle

Schuldgefühle sind oft schlichtweg Traurigkeit darüber, so wenig für den geliebten älteren Menschen tun zu können. Niemand kann einen Alterungsprozess anhalten, wie sehr man sich vielleicht auch darum bemüht. Diese Erkenntnis ruft tiefen Kummer hervor, der manchmal mit Schuldgefühlen verwechselt wird.

Manchmal macht der Betreuer (der in der Regel ein sehr liebevoller Mensch ist) den Fehler, sich zu sehr mit der zu pflegenden Person zu identifizieren. Sein tiefes Mitleid bringt ihn dazu, alles, was der geliebte Mensch zu ertragen hat, bis zu dem Punkt mitzuempfinden, dass er beinahe seine eigene Identität verliert. Diese Gefühle sind denen vergleichbar, die ein Überlebender einer Katastrophe häufig empfindet: *Warum bin ich noch am Leben und alle anderen sind tot?*

Schuldgefühle entstehen, wenn der Betreuer das Gefühl hat, er könne sein Leben genießen, während die alten Eltern aufgrund ihrer Krankheit auf ein Zimmer beschränkt sind. Er beginnt zu Hause zu bleiben, weil er sein schlechtes Gewissen nicht ertragen kann. Hinter diesem Kummer könnte sich der Wunsch verbergen: *Mein Vater oder meine Mutter darf nicht so leiden müssen. Das darf ihr oder ihm nicht zustoßen.*

Aber jeder Mensch altert auf seine Weise und zu dem ihm bestimmten Zeitpunkt – unabhängig von den Vorstellungen der Kinder. Jetzt ist die Zeit für Ihre Eltern gekommen, dass sie älter werden und sterben, nicht für Sie. Sie können Ihnen diesen Lebensabschnitt nicht abnehmen, selbst wenn Sie es gern tun würden.

Der Versuch, dies mitzuerleiden, ist einer Pflege nicht zuträglich. Sie brauchen den Schmerz eines anderen nicht mitzutragen. Der Vers: „Einer trage des anderen Lasten, und so werdet ihr das Gesetz des Christus erfüllen" (Galater 6,2) wird häufig aus dem Kontext genommen. Denn in Vers 5 heißt es: „... denn jeder wird seine eigene Bürde tragen." Jeder führt sein eigenes Leben, und die Lasten, die er zu tragen hat, und das Leid, das er erfährt, kann ihm niemand abnehmen. Andere können ihm Hilfe geben, aber sie können nicht zusätzlich zu ihren Lasten auch noch die eines anderen übernehmen. Sie können Ihren Eltern bei der Last des Alters helfen, aber Sie können nicht für sie alt sein. Das ist der wesentliche Unterschied. Wenn man dies aus dem Blick verliert, wird man von falschen Schuldgefühlen geplagt. Um diesen Kreislauf zu durchbrechen, macht man nicht selten neue Fehler.

Die eigenen Eltern: Schuldgefühle

Jedes Kind möchte die Billigung der Eltern gewinnen. Die Eltern können ihre Kinder mit dem Druckmittel „Schuldgefühle" schnell gefügig machen, wenn sie nicht einverstanden sind, mit dem, was diese tun. Doch reife Eltern versuchen nicht, ihre erwachsenen Kinder zu kontrollieren, und reife erwachsene Kinder fühlen sich nicht mehr schuldig, wenn sie etwas tun, das ihren Eltern missfällt. Aber nicht jeder bringt diese innere Reife mit. Einige Eltern und Kinder behalten kindische Verhaltensweisen auch im Erwachsenenalter noch bei.

Joe war nach dem Grundsatz erzogen worden, dass er seinen Eltern niemals zu widersprechen hatte. Als Joes Vater, ein pensionierter Pastor, im Alter von 88 zu ihm und Joes Frau Elisabeth zog, war er noch immer die Respektsperson aus Joes Kinderzeit. Wann immer Papa etwas tat oder sagte, was Elizabeth aufregte, besänftigte Joe sie: „Sag nichts. Er wird sich nie ändern."

Doch Elizabeth kochte innerlich vor Wut und dies schuf unerträgliche Spannungen in der Familie. Das Ergebnis der vergeblichen Versuche, den Frieden zu erhalten, war alles andere als friedlich, weil Joe dem Verhalten seines Vaters keine vernünftigen Grenzen setzen und seine Frau nicht vor dessen Angriffen schützen konnte, ohne dass er sich anschließend schuldig fühlte.

Dabei hatte er sich seinem Vater gegenüber gar nicht schuldig gemacht. Er war kein kleines Kind mehr. Er war ein verheirateter Mann und in erster Linie seiner Frau verpflichtet. Aber im Umgang mit seinem Vater fühlte er sich noch immer wie ein kleines Kind.

Um sich von Gott und nicht vom eigenen Vater kontrollieren zu lassen, wird Joe lernen müssen, seinem Vater auch einmal Nein zu sagen. Wenn man dies noch nie getan hat, ist das sehr schwierig. Es sollte auch keinesfalls in respektloser Art geschehen. Fast immer lernen Eltern, denen fest, aber liebevoll der eigene Standpunkt klargemacht wird, sich an die neue Beziehung zu gewöhnen. Doch auch wenn sie es nicht tun: Jeder ist in erster Linie seinem Herrn verantwortlich. Und er möchte, dass Sie erwachsen werden.

Es immer recht machen wollen

Viele Menschen wollen anderen immer gefallen. Die Billigung anderer gibt ihnen ein gutes Gefühl. Das mag auch so lange gut funktionieren, bis sie die Aufgabe der Pflege übernehmen. Eltern wollen unabhängig sein, aber sie brauchen Hilfe. Wenn ihre Bedürfnisse mit ihren Wünschen unvereinbar sind, ist der Betreuer, der den Wunsch hat, ihnen zu gefallen, in einer aussichtslosen Situation.

Lindas Mutter war ständig wütend auf ihre Tochter. Diese hatte eine Ganztagsstelle und besuchte ihre Mutter mindestens einmal in der Woche im Altenheim. Auch fuhr sie ihre Mutter zum Arzt, erledigte alle Botengänge und bemühte sich nach Kräften, ihr das Leben zu erleichtern.

Aber je mehr sie tat, desto unzufriedener wurde die Mutter. Sie beschwerte sich sogar bei den Schwestern im Heim über ihre Tochter!

Die Betreuung der Mutter war genau auf sie zugeschnitten. Aber sie wollte etwas, das Linda ihr nicht geben konnte: Ihre Gesundheit und Unabhängigkeit. Linda versuchte, ihrer Mutter zu gefallen, indem sie sich bemühte, ihrer Forderung nach noch mehr Diensten nachzukommen. Doch dieser Versuch musste scheitern, weil auch Zusatzleistungen ein armseliger Ersatz waren für das, was ihre Mutter eigentlich wollte. In der Zwischenzeit versuchte diese, mit ihren ständig größer werdenden Ansprüchen Linda an sich zu binden.

Aus dieser Problematik kommt man nur heraus, wenn man aufhört, seinen Eltern gefallen zu wollen. Auch in diesem Fall muss man lernen, Nein zu sagen. Das bedeutet, dass man auch lernen muss, zu dem eigenen Bedürfniss, sich gut zu fühlen, Nein zu sagen. Wichtig ist, dass man Gott gefällt. Die Wertschätzung anderer Personen, die in derselben Situation sind wie Sie und die Sie verstehen, kann Ihnen ebenfalls helfen, an der falschen Stelle Anerkennung zu suchen.

Das ist nicht leicht, aber es ist zu schaffen. Sowohl Linda als auch Joe haben schließlich gelernt, Nein zu sagen, und sie konnten sich innerlich von den Anklagen ihrer herrschsüchtigen Eltern lösen. Wenn Sie sich in ihren Geschichten wiedererkennen, gibt es auch für Sie Hoffnung.

Die Meinung anderer Christen: Stolz

Sowohl Christen als auch Nichtchristen scheinen eine genau definierte Vorstellung davon zu haben, was ein Christ tun sollte. Diesem Bild gerecht werden zu wollen ist eine enorme Bürde. Dieses Bestreben kann Sie so auf Trab halten, dass Sie nicht mehr auf das achten, was Gott eigentlich von Ihnen möchte.

Sharon hatte die Pflege ihrer bereits seit Jahren an den Rollstuhl gefesselten Mutter übernommen. Viele Leute aus Sharons Gemeinde hatten ihr gesagt, was für ein Vorbild sie für sie sei. Sharons Kräfte ließen durch die anstrengende Pflege immer mehr nach, aber sie beklagte sich nie.

Eines Tages fühlte sie sich besonders erschöpft und sah sehr schlecht aus. Sie nahm an einem Mittagessen in der Gemeinde teil und saß zufällig neben einer älteren Dame. Sharon begann über die Pflege ihrer Mutter zu sprechen und erzählte, wie erschöpft sie sei.

„Haben Sie denn keine Geschwister?“, fragte die Dame.

„Zwei Brüder, aber was könnten sie schon tun?“, erwiderte Sharon.

„Haben Sie sie denn jemals um Geld gebeten, damit Sie eine Hilfskraft einstellen können?“

„Das könnte ich nicht!“, widersprach Sharon.

Die Besucherin sah ihr in die Augen und meinte: „Meine Liebe, da spricht Ihr Stolz. Sie wissen doch, dass Stolz Sünde ist, nicht wahr?“

Beinahe in Tränen aufgelöst ging Sharon nach Hause. Die Frau hatte recht! Ihre Brüder waren keine Christen, und sie meinte, es könne ihrem christlichen Image schaden, wenn sie ihnen gegenüber eingestand, dass sie nicht alles allein schaffen konnte. Die Leute in der Gemeinde hielten sie für „Frau Vollkommen" und sie wollte diese hohe Meinung von ihr nicht erschüttern. Aber das führte letztlich dazu, dass sie sich von ihrem Stolz bestimmen ließ.

Diese Geschichte hatte ein Happy End. Sharon betete um Klarheit, überwand schließlich ihren Stolz und bat andere um Hilfe. Jetzt ist ihr Zeugnis stärker denn je, weil sie durch ihre Ehrlichkeit, ihre Probleme einzugestehen, an Achtung gewonnen hat. Ihr Image der christlichen Vollkommenheit hatte niemandem geholfen. Doch indem sie ehrlich mit anderen Christen über ihre Schwierigkeiten und Kämpfe sprach, wurde das vielen eine Hilfe.

Verletzungen der Vergangenheit – Durch die Gnade befreit

Viele sind als Kinder von ihren Eltern gekränkt und enttäuscht worden. Manchmal waren sie noch so klein, dass sie sich nicht einmal mehr genau daran erinnern können. Aber diese Verletzungen haben bis heute Einfluss auf ihr Verhalten; sie lassen sich noch immer von einer Vergangenheit kontrollieren, an die sie sich nicht einmal erinnern können. Andere können sich als Erwachsene noch sehr gut an die Verletzungen ihrer Eltern erinnern – seien es Verletzungen, die durch Scheidung der Eltern entstanden oder durch Verlassenwerden, durch Missbrauch verschiedenster Art oder manchmal durch viel hintergründigere emotionale Misshandlungen. Sie glauben vielleicht, sie hätten ihren Eltern vergeben, aber unter dem Stress der Pflege bricht die alte Wunde, die nur zugedeckt und nicht verheilt war, wieder auf und ist genauso schmerzlich wie eh und je.

In Kapitel 4 werde ich noch ausführlicher darauf eingehen, wie Gott diese Verletzungen heilen kann. Ein Weg der Heilung ist, die Angelegenheit loszulassen, sie innerlich abzugeben. Manchmal, wenn man alle Hoffnung aufgegeben hat, irgendetwas von dem

Elternteil zu bekommen, der einen verletzt hat, kann Gott das Wunder der Heilung tun. So erging es Mary Ellen mit ihrem Vater:

Ich war eines von zehn Kindern, das jüngste von vier Mädchen. Mein Vater versorgte uns und gab uns ein Dach über dem Kopf, aber er schenkte uns niemals auch nur die geringste Zuneigung oder Aufmerksamkeit. Die Jungen behandelte er sehr hart. Meine Mutter starb an einem Herzanfall, als sie gerade einmal einundfünfzig Jahre alt war. Im selben Jahr heiratete ich.

Wir sahen meinen Vater ein paar Mal im Jahr. Obwohl ich ihm vergeben hatte, als ich fünfzehn Jahre zuvor Christ geworden war, fiel es mir sehr schwer, mich in seiner Nähe aufzuhalten. Meine Heilung war ein sehr langsamer Prozess. Ich bekam Hilfe von einigen Leuten, die Gott in mein Leben gestellt hatte. Im Laufe der Jahre war ich in der Lage, eine ganze Reihe von Problemen zu lösen, die unmittelbar mit meiner Kindheit zu tun hatten, wie zum Beispiel mein Misstrauen und meine Introvertiertheit.

Auch meine Geschwister litten auf unterschiedliche Weise. Wir hatten nicht sehr viel Kontakt untereinander. Was wir zu Hause gelernt hatten, war Konkurrenzdenken.

Vor etwas mehr als einem Jahr bekam mein Vater dann einen Schlaganfall. Er erholte sich, war aber von da an sehr schwach und konnte nicht mehr für sich selbst sorgen.

Mein Bruder Mike brachte ihn in einem wunderschönen Appartement in einem Altenwohnheim ganz in seiner Nähe unter, doch die Situation war eine Katastrophe! Vater weigerte sich, sich sauber zu halten, und verwandelte seine Wohnung in einen regelrechten Saustall. Auch erfand er hanebüchene Geschichten über Mike und seine Frau. Mike war furchtbar aufgebracht. Er hatte sich so sehr bemüht und Vater schrie ihn nur an. Schließlich teilte Mike der Familie mit, er hätte die Nase voll! Vierzig Jahre aufgestauter Zorn seien genug, er würde da nicht mehr mitspielen.

Wir anderen bekamen Panik. Wir hatten Angst, unser Vater würde bei uns leben wollen. Vater war zu zerstörerisch. Es würde niemals funktionieren. Die meisten meiner Geschwister weigerten sich strikt, et-

was mit ihm zu tun zu haben. Ich bekam Angst und rief meinen älteren Bruder Don in Washington an.

Don ist kein Christ, aber er hat in einer Therapie gelernt, seinem Vater zu vergeben, darum war er zuversichtlich, mit ihm umgehen zu können. In einem wundervollen Brief lud er alle Geschwister zu einem Familientreffen ein. Er hatte die Situation kurz skizziert und schlug vor, gemeinsam eine Entscheidung über Vaters Zukunft zu treffen. Auch Vater lud er dazu ein.

In unserem Beisein fragte Don Vater, warum er nicht badete und seine Kleider nicht wechselte. Ich war so verlegen, dass ich nicht wusste, wo ich hinsehen sollte. Vater ignorierte ihn einfach.

Don fragte uns nun, was zu tun wir bereit seien.

Wir schrieben Vaters Ansprüche auf und kamen zu dem Schluss, dass er bei keinem seiner Kinder wohnen konnte. Er hatte sich noch nie in eine Familiensituation eingefügt, und es war unwahrscheinlich, dass er jetzt damit anfangen würde. Alle außer Mike wohnten aber zu weit entfernt, um regelmäßig zu ihm zu fahren und ihm dort zu helfen.

Wir schmiedeten einen Plan: Wir würden eine Hilfskraft einstellen, die ihm acht Stunden pro Woche helfen sollte, u. a. bei der Körperhygiene. Vater würde Mikes Frau, die bereits seine Wohnung putzte, für ihre Arbeit bezahlen. Drei Kinder waren bereit, ihn wöchentlich anzurufen, um zu hören, wie es ihm ging. Ich würde die Regelung seiner Finanzen übernehmen. Das bedeutete, dass ich einmal im Monat kommen müsste, um Schecks auszuschreiben, und dafür zu sorgen hätte, dass seine Rechnungen bezahlt würden.

Don rechnete aus, was es jeden von uns pro Tag kosten würde, für unseren Vater zu sorgen! Don hatte ein schriftliches Konzept erstellt, mit dem sich alle Kinder befassen sollten, um anschließend mitzuteilen, welche Aufgabe sie übernehmen könnten. Schließlich gab er Vater eine Kopie unseres Vorhabens und bat ihn um seine Mitarbeit.

Seit diesem Treffen konnte ich eine dramatische Veränderung bei meinem Vater erkennen. Die Wahnvorstellungen sind vollkommen verschwunden. Ich denke, die Ursache dafür war seine Furcht vor meinem Bruder. Mike ist ein barscher, fordernder und sehr herrschsüchtiger Mann, genau wie sein Vater. Mein Vater hat ihn, als er noch ein Kind war, sehr schlecht behandelt, und nun, wo er selbst schwach und hilflos war, war Mike groß und stark. Falls Mike ihn jemals körperlich angegriffen hätte, hätte mein Vater sich nicht gegen ihn wehren können.

Ich denke, dieses Treffen war sehr fruchtbar. Vater blieb nichts anderes übrig, als dazusitzen und zuzuhören, was wir uns ausgedacht hatten. Er ist ein intelligenter Mensch, und ich glaube, er dachte: Ich mache besser mit, sonst stecken sie mich noch in ein Pflegeheim.

Mittlerweile ist mein Vater ein vollkommen anderer Mensch geworden. Er zeigt sogar einen gewissen Sinn für Humor. Ich kann in seiner Nähe Witze machen. Er dankt mir. Er hat mich sogar mal angerufen – was er noch nie in seinem ganzen Leben getan hat. Ich genieße meine Besuche bei ihm. Ich führe ihn zum Essen aus. Ich stelle ihm alle möglichen persönlichen Fragen und er beantwortet sie. Er nennt mich sogar „Liebes".

Es fällt mir noch immer nicht leicht, ihm Zuneigung zu zeigen. Ich gebe ihm einen Begrüßungs- und Abschiedskuss, aber ich habe ihn noch nie umarmt. Ich glaube, das würde ihn verlegen machen. Aber ich hake mich bei ihm unter, wenn wir nebeneinander hergehen, und das scheint ihm zu gefallen. So etwas hätte ich mir früher nie träumen lassen.

Ich weiß, dass ich innerlich heil geworden bin. Ich bin nicht mehr dieses arme kleine Mädchen, das von seinem Vater keine Liebe bekommt, was natürlich bedeutete, dass es nicht liebenswert war. Ich bete dafür, dass meine Geschwister den Herrn kennenlernen und das auch erleben dürfen."

All das wäre nicht geschehen, wenn Mary Ellen die Betreuung mit einer Erwartungshaltung an ihren Vater begonnen hätte. Sie hatte ihn innerlich losgelassen, sich damit abgefunden, keinen liebevollen Vater gehabt zu haben. So war sie von ihren tiefen Wunden aus der Kindheit heil geworden. Erst dann war sie frei, sich ihrem Vater gegenüber so zu verhalten, wie Gott es von ihr erwartete. Sie empfand keinerlei Zwang oder Schuldgefühle. Sie war nicht mehr zornig und verletzt. Sie ließ Gott in dieser Situation handeln, und er tat es, alle Erwartungen übertreffend.

Aber der Kampf der Jahre, die dieser Geschichte vorausgingen, hat dies erst möglich gemacht. In diesen Kämpfen läutert Gott Gold für sein Reich.

Als Betreuer Ihrer Eltern werden Sie viel über die Bedürfnisse älterer Menschen erfahren, über medizinische und rechtliche Probleme, über Pflegeheimbestimmungen und Formen der medizinischen Versorgung.

Aber die wichtigsten Lektionen sind die auf geistlichem Gebiet. Wir können viel von älteren Menschen lernen. Und Gott wird Ihnen auch viel über sich selbst zeigen. Auch wenn Sie ein solches Wunder noch nicht erlebt haben. Sie werden gestärkt daraus hervorgehen. Vertrauen Sie Gott.

Kapitel 2:
Man kann das Alter nicht anhalten

Ehre deinen Vater und deine Mutter.
2. Mose 20,12

Wir können nichts mehr tun!"

So eine Aussage zu akzeptieren ist schwer. Wenn sie von einem Arzt gemacht wird, kann sie alle unsere Hoffnungen zerstören. Die moderne medizinische Wissenschaft hat die Menschen zu dem Glauben verleitet, alles sei machbar. Doch das ist leider ein Irrglaube.

Wenn die alten Eltern zu den Kindern kommen und um Hilfe bitten, müssen diese dann aufgrund des Gebots: „Ehre deinen Vater und deine Mutter" ihre Probleme lösen? Ist das damit gemeint? Liegt der glückliche und zufriedene Lebensabend jetzt allein an der Tüchtigkeit der Angehörigen?

Die Antwort auf alle diese Fragen ist: Nein.

Realistisch gesehen können weder Ärzte noch pflegende Angehörige das Alter wirklich anhalten. Es handelt sich hier nicht um einen eingedellten Kotflügel, den man reparieren kann. Wenn ein Arzt sagt: „Wir können nichts mehr tun", dann meint er damit, dass es keine medizinischen Heilmittel für das körperliche Problem gibt, mit dem der Betroffene zu kämpfen hat. Trotzdem verbleiben noch genügend Möglichkeiten, um das Leben des Patienten zu erleichtern. Man nennt dies „unterstützende Maßnahmen". Sicher, Sie können nichts gegen das Alter Ihrer Eltern tun, der glückliche Lebensabend liegt nicht in Ihrer Hand, doch im Bereich der unterstützenden Pflege kann man vieles tun. Hier einige Denkanstöße, wie Sie Ihre Eltern in der letzten Phase des Lebens ehren können. Das Altwerden ist sowohl für Sie als auch für Ihre Eltern eine neue Erfahrung.

Der Prozess beginnt damit, dass Sie versuchen zu verstehen, was Ihre Eltern durchmachen. Es ist wichtig, dass Sie sie so akzeptieren, wie sie jetzt sind, und nicht erwarten, dass sie dieselben sind wie früher. Dabei werden Sie vielleicht lernen müssen, das Bedürfnis, den Alterungsprozess anzuhalten, aufzugeben.

Ihre Eltern müssen mit dem Altwerden fertigwerden, nicht Sie. Weder Siechtum noch Schmerzen können Sie Ihnen abnehmen, und wenn Sie es auch noch so sehr möchten. Aber Sie können sie begleiten. Ihre Gegenwart vermittelt, dass sie Ihnen nicht gleichgültig sind. Sie sagen Ihren Eltern damit: „Dein Leben ist wichtig und bedeutsam. Ich liebe dich. Du bist nicht allein." Niemals dürfen Sie unterschätzen, wie viel Ihren Eltern bereits Ihre reine Anwesenheit bedeutet.

Was beinhaltet Älterwerden?

Vielleicht denken Sie, so wie ich früher auch, dass im Alter nicht mehr viel passiert. Aber Gerontologen (Altersforscher) haben herausgefunden, dass ältere Menschen mehr Stress erleben als jede andere Altersgruppe. Körperliche Veränderungen wie zum Beispiel nachlassendes Augenlicht erschweren ihnen das Lesen, das Fernsehen oder die Handarbeit oder machen es manchmal sogar unmöglich. Das Nachlassen der Hörfähigkeit kann sozialen Rückzug zur Folge haben. Schwindende Kräfte führen dazu, dass sich der ältere Mensch in seine eigenen vier Wände zurückzieht. Der Verlust des Ehepartners ist vermutlich der schlimmste Stress überhaupt.

Selbst ein anscheinend kleiner Verlust kann die Unabhängigkeit und das Selbstwertgefühl Ihrer Eltern sehr stark eindämmen. Wie wird sich Ihr Vater beispielsweise fühlen, wenn er das Autofahren aufgeben muss? Wird er das Gefühl haben, dass er seiner Männlichkeit beraubt wird? Dass er kein richtiger Mensch mehr ist? Wird er sich leer fühlen? Erledigt?

An Verluste gewöhnen

Es ist eine große Aufgabe beim Altwerden, sich an solche Verlusterfahrungen zu gewöhnen. Der Verlust des Partners, der alten Freunde, der Verlust der körperlichen Kraft, der Unabhängigkeit und der Gesundheit gipfeln schließlich im Verlust des eigenen Lebens.

Das Einzige, das erst mit dem letzten Atemzug aufgegeben wird, ist das Bedürfnis nach Liebe. Die Sehnsucht, geliebt zu werden, verstärkt sich mitunter mit dem Schwinden der Kräfte. Selbst wenn Eltern eher ein distanziertes Verhältnis zu ihren Kindern hatten, erwarten sie, dass sie ihr Bedürfnis nach Nähe erfüllen – wird diese Erwartung enttäuscht, reagieren sie oft zornig. In der Regel ist es so, dass diese Ansprüche das Gegenteil bewirken. Sie stoßen ihre Kinder vor den Kopf und treiben sie von sich fort. Ein großer Teil des sogenannten Problemverhaltens älterer Menschen ist im Grunde genommen nichts anderes als eine versteckte Art des Bettelns um Liebe.

Inneres Wachstum erreichen

Aber im Alter geht es nicht nur darum, sich an Verluste zu gewöhnen. Im Gegensatz zur landläufigen Meinung haben auch Senioren noch die Fähigkeit sich zu verändern. Rabbi Abraham Heschel schrieb: „Die Jahre des Alters können dazu befähigen, uns um die hohen Werte zu bemühen, die uns bisher zweitrangig waren. Erkenntnisse und Weisheiten des Lebens können nun umgesetzt werden. Es warten in der Tat formende Jahre. Sie bieten große Möglichkeiten. Einige Torheiten des Lebens können korrigiert werden. Man ist in der Lage, Selbsttäuschungen zu durchschauen, kann sich in Ehrlichkeit und Fairness üben."[1]

Der Psychologe Erik Erikson hat ausführlich über die einzelnen Phasen des Erwachsenenlebens geschrieben. Für ihn ist das Streben nach Integrität die wichtigste Aufgabe des Alters. Dies wird erreicht, wenn man bereit ist, sich zu lösen. Man gibt bereitwillig auf, was man nicht halten kann. Trotzdem hat man das Gefühl, dass das eigene Leben lebenswert ist.

„Jene Integrität ist meiner Meinung nach eine Art emotionaler Schlussstrich. Die eigene Existenz scheint im Rückblick Sinn und Bedeutung zu haben. ... Man kann die Form und Umrisse dessen erkennen, was man gewesen ist“, schreibt Maggie Scarf in *Unfinished Business*.[2]

Jesus hat am Kreuz über sein Leben gesagt: „Es ist vollbracht!“ Das griechische Wort, das hier mit „vollbracht“ übersetzt wird, bedeutet nicht nur „vorüber“, sondern auch im wörtlichen Sinne „vollbracht“. Für ihn gab es nichts mehr zu tun. Jeder, der so etwas über sein Leben sagen kann, wird innere Genugtuung empfinden. Ansonsten bleibt nur innere Enttäuschung und Trauer übrig.

Der Mensch, der im Alter noch zur Weiterentwicklung fähig ist, wird in der Bibel als ein großer und edler Baum bezeichnet:

„Der Gerechte wird sprossen wie die Palme, wie eine Zeder auf dem Libanon wird er emporwachsen. Die gepflanzt sind im Haus des Herrn, werden grünen in den Vorhöfen unseres Gottes. Noch im Greisenalter gedeihen sie, sind sie saftvoll und grün“ (Psalm 92,13-15).

Wir können uns glücklich schätzen, wenn wir Menschen kennen, die trotz körperlicher Schwächen geistliche Substanz haben. Wenn Sie einen solchen Menschen kennenlernen, ist dies Gottes Gnade. Er hat diesem Menschen die Kraft gegeben, wirklich alles loszulassen. Sie verstehen genau die Bedeutung der Verse: „Wer sein Leben findet, wird es verlieren“ (Matthäus 10,39), und: „Wenn das Weizenkorn nicht in die Erde fällt und stirbt, bleibt es allein; wenn es aber stirbt, bringt es viel Frucht“ (Johannes 12,24).

Vorbildhafte Liebe

Ältere Christen haben noch eine weitere Aufgabe: Sie sollten Liebe vorleben. Wenn ein Mensch nichts mehr tun kann, als einfach nur noch zu leben, kommt sein wahres Wesen zutage. Wenn die Liebe sein Leben bestimmt, dann werden die Menschen in seinem Umfeld es merken. Es zieht sie unwiderstehlich an, genau wie Jesu Gegenwart.

Ich erinnere mich an unseren alten Freund Al Falmlee, der in Tampa, Florida, wohnte. Al litt den größten Teil seines Lebens unter Arthritis und in den letzten Jahren vor seinem Tod musste er fast ausschließlich im Rollstuhl sitzen. Aber er trug immer ein Lächeln auf dem Gesicht und hatte einen Segensspruch auf den Lippen. In der Gemeinde stritten sich die Kinder regelrecht um das Privileg, seinen Rollstuhl schieben zu dürfen. Die Menschen kamen ihn besuchen, weil sie Gottes Gegenwart in Als Leben spürten. Er war wirklich „saftvoll und grün" und trug „Frucht im hohen Alter".

Eine solche Art von Liebe vorzuleben ist nicht möglich, wenn man das Alter als Feind bekämpft, anstatt es als den Segen zu akzeptieren, den der Psalmist beschreibt. Das Alter ist keine Krankheit. Es ist auch kein Problem, das gelöst werden müsste. Das Alter ist eine Lebensphase, die ausgelebt werden muss. Andere Kulturen verstehen dies sehr viel besser als wir. Die Alten haben ihren Platz in der Familie und in der Gesellschaft. Aber in Amerika (auch in Deutschland) wird der Selbstwert häufig am Aussehen gemessen – bevorzugt ist jung, blond und schlank – sowie an der Finanzkraft.

Viele Probleme, die wir bei älteren Leuten sehen, so wie Zorn, Verachtung und Feindseligkeit den Jungen gegenüber, Streitsucht, Verdrängung und Eigensinn, werden nicht allein durch den Alterungsprozess hervorgerufen, sondern sind eine Reaktion auf ihre fehlende Akzeptanz in der Gesellschaft.

Solange ältere Menschen von der Gesellschaft gemieden und verachtet werden, werden sie über ihr Alter deprimiert sein. Und solange ihre Kinder, die sie pflegen, die Ansichten der Gesellschaft teilen, werden diese das Alter der Eltern negativ werten. Erst wenn Sie lernen, ein faltiges Gesicht wirklich schön zu finden, werden Sie neben den Problemen auch die Chancen erkennen, die in der Pflege Ihrer Eltern liegen.

Klischees überwinden

Die Aufgabe der Pflege wird sehr viel schwieriger für Sie sein, wenn Sie den Klischees der Gesellschaft über Senioren Glauben schenken: Alte Menschen sind unproduktiv, aufbrausend und streitsüchtig. Sie haben keine sexuellen Triebe mehr, sie können nichts Neues mehr lernen, weil die geistigen Fähigkeiten mit dem Alter abnehmen. Sie sind zu nichts mehr nütze, leben nur noch in der Vergangenheit und nerven ihre Verwandten.

Diese Klischees sind falsch. Eine der hoffnungsvollsten Erkenntnisse der modernen Forschung ist, dass die geistigen Fähigkeiten eines gesunden Menschen nicht abnehmen. Einige Funktionen mögen sich verlangsamen, aber die Intelligenz und die Fähigkeit zu lernen bleiben während der gesamten Lebensspanne relativ konstant. Viele Senioren sind auch mit siebzig und achtzig noch sexuell aktiv. Und es stimmt einfach nicht, dass alle alten Menschen gleich sind. Ihre Wesenszüge sind im Alter wesentlich ausgeprägter als in jungen Jahren. Wenn Sie als Betreuer Ihrer Eltern Klischees Glauben schenken, werden Sie ihnen nicht helfen können. Sie ermutigen sie vielleicht, alles nicht so „tragisch“ zu nehmen, und beschleunigen dadurch möglicherweise ihren Verfall. Sie versäumen es, ihnen Mut zu machen, neue Interessen zu entwickeln, die an die Stelle derer treten können, die sie aufgeben mussten. Sie glauben dem Arzt vielleicht, wenn er sagt, es liege am Alter.

Das „Geschenk der Abhängigkeit"

Die westliche Gesellschaft hat aus der Unabhängigkeit einen Kult gemacht. Sie hat einen überzogenen Stellenwert. Es ist daher an der Zeit, uns selbst zu fragen, ob Abhängigkeit tatsächlich so negativ ist. Lesen Sie einmal, was Peggy Harrar in *Change*, dem Nachrichtenblatt des *National Support Center for Families of the Aging* unter der Überschrift „Das Geschenk der Abhängigkeit" schrieb:

Letzte Woche starb meine Mutter. Sie hat fast zwanzig Jahre lang bei uns gelebt. Nach ihrem Schlaganfall vor fünf Jahren wurde sie immer schwächer. Sie, die immer so gern gelesen hatte, konnte kaum noch einen Satz in einem Buch erkennen. Sie, die immer so gerne lange philosophische Diskussionen geführt hatte, konnte kaum noch die richtigen Worte finden. Sie, die noch mit siebzig das Malen gelernt hatte, konnte keinen Bleistift mehr halten ... Ein trauriges, nutzloses Ende eines ausgefüllten, schillernden Lebens, sagen Sie vielleicht.

Und doch war am Ende ihres Lebens inneres Wachstum zu erkennen. In diesen letzten fünf Jahren wurde sie zu einem anderen Menschen. Sie wurde sanfter. Sie hasste ihre körperlichen Einschränkungen, aber sie lernte, sie anzunehmen. Sie war früher manchmal stolz und hart gewesen, aber sie wurde weich und dankbar. Manchmal hatte sie den Lebensstil ihrer Enkel missbilligt, aber sie erkannte, dass sie sie trotzdem lieben konnte. Und die Enkel wiederum erwidertern ihre Zuneigung und nahmen sich ein Beispiel an ihrem Mut.

In den letzten Wochen konnte ich ihr sagen, wie viel sie uns allen bedeutet. Ich konnte mit ihr tiefer über einige Dinge sprechen, die sie bewegten. ... Ich glaube, wir sind beide vorbereitet worden und fanden Halt in ihrem festen Glauben.

Bei den Gesprächen, die ich nach ihrem Tod mit verschiedenen Menschen geführt habe, war ich überrascht, wie viel Mutter einigen bedeutet hat. Von dem Drogisten, von Friseur, von Gemeindegliedern, sogar von den jungen Leuten, kam herzliche Anteilnahme! Selbst der Arzt sagte: „Ich habe immer sehr gerne Krankenbesuche bei ihr gemacht."

Mutter fragte mich oft: „Warum bin ich wohl noch immer hier?"

„Nun, Mutter", antwortete ich dann, „... vielleicht, um uns einiges beizubringen."

Mutter hat uns in der Tat noch etwas beigebracht. Ihr Leben war eine Antwort auf die Frage: „Und wenn ich nun einen Schlaganfall bekomme? Und wenn ich hilflos und abhängig werde?"

Mutter hat uns gezeigt, dass es auch dann noch einen Weg gibt.[3]

Die biblische Norm: Gegenseitige Abhängigkeit

Könnte es sein, dass Gottes Wege nicht unsere Wege sind, dass er mit Absicht Abhängigkeit im Alter zugelassen hat? Der Apostel Paulus schrieb an die Korinther: „... das Schwache der Welt hat Gott auserwählt, damit er das Starke zuschanden mache. Und das Unedle der Welt und das Verachtete hat Gott auserwählt, das, was nicht ist, damit er das, was ist, zunichte mache" (1. Korinther 1,27–28).

Die biblische Norm für Familien, nach der in den meisten Kulturen außerhalb der westlichen Industriegesellschaft gelebt wird, ist die gegenseitige Hilfe von Jung und Alt. Jede Generation leistet einen Beitrag für die andere, sie nimmt und gibt. (Anm. des dt. Herausgebers: Aus den Rentenversicherungsdebatten in Deutschland ist uns jedoch das Stichwort „Generationenvertrag" geläufig. Die arbeitende Bevölkerung gewährleistet mit ihren Abgaben die Altersversorgung der Älteren.)

Jede Generation hat ihren Platz mit gegenseitigen Rechten und Verpflichtungen. Eltern sollen lehren und ernähren, Kinder sollen gehorchen und in dieser Fürsorge aufwachsen. Die älteren Leute – früher weniger zahlreich als heute – wurden einst als kostbare Quelle der Weisheit betrachtet. Sie gaben die Werte der Familien und des Stammes weiter. Im Alter wurden sie selbstverständlich versorgt.

Das Familienleben wird in der Bibel nicht idealisiert. Nicht alle älteren Leute waren weise, einige waren Tyrannen und einige

Kinder offensichtlich auch nicht sehr gut geraten. Es gab Rivalität und Neid unter Geschwistern (vor allem unter Halbgeschwistern) und Hass zwischen Brüdern. Die Menschen damals hatten mit denselben Problemen zu kämpfen wie wir heute: Jakob zum Beispiel wurde von seinem Vater zurückgewiesen und von seiner Mutter herumkommandiert. Aber in diesen Familienkonstellationen herrschte eine Stabilität und Sicherheit, die die meisten von uns heute nicht mehr haben.

Leider versteht niemand mehr so richtig, wie die Rollenverteilung aussehen sollte. Das haben wir diesem Kult der Unabhängigkeit zu verdanken. Wie viel sollte man daher für seine Eltern tun? Und wie kann man ihnen helfen, wenn sie keine Hilfe annehmen wollen? Es gibt ältere Menschen, die buchstäblich lieber sterben würden – und dies auch tun –, ehe sie Hilfe von ihren Kindern annehmen. Oder falls sie es doch tun, fühlen sie sich dadurch beschämt, als wären sie Versager.

Es ist unwahrscheinlich, dass viele zu der alten Sitte zurückkehren werden, mit drei Generationen unter einem Dach zu leben, obwohl es bei einigen gelungen ist. Oft ist die finanzielle Situation das Motiv, die Pflege eines Elternteils zu übernehmen. Doch dann wird dieser Dienst durch den verletzten Stolz des alten Menschen erschwert.

Künstliche Abhängigkeit vermeiden

Das andere Extrem sind die Eltern, die die Verantwortung für ihr Leben ganz an ihre Kinder abgeben wollen. Wenn das passiert, werden Sie in der Pflege sehr schnell erfahren, dass es keine schlimmere Tyrannei gibt als Hilflosigkeit. Schaffen Sie also keine „künstliche Abhängigkeit", indem Sie mehr für Ihre Eltern tun, als wirklich nötig ist.

Eine Witwe wird vielleicht versuchen, die einstige Abhängigkeit von ihrem Mann auf ihre erwachsenen Kinder zu übertragen.

Früher hat der Mann die Finanzen geregelt, er hat ihr gesagt, was sie zum Abendessen kochen soll, und jetzt erwartet sie von ihrem Sohn oder ihrer Tochter dasselbe. Dies ist ein kritischer Punkt im Miteinander. Wenn ein Sohn der Versuchung nachgibt, den Platz des Vaters einzunehmen, wird er seiner Mutter nicht nur die Verantwortung abnehmen, ehe es notwendig ist, darüber hinaus bringt sie selbst sich um die letzte Chance der Selbstständigkeit. Es wirkt sich sehr positiv auf die Gesamtsituation aus, wenn erwachsene Kinder darauf bestehen, dass die verwitwete Mutter die Verantwortung für ihr Leben selbst übernimmt. Wenn sie dazu gezwungen sind, können sich ältere Menschen verändern, ja, sie können sogar buchstäblich über sich hinauswachsen.

Die Fähigkeiten der Eltern einschätzen

Eine Frau, die ihre alte Mutter pflegte, betete einmal: „Herr, hilf mir, meine Mutter so zu sehen, wie du sie siehst." Wie sieht Gott diese Mutter denn? Objektiv so, wie sie jetzt ist. Kinder, die ihre Eltern betreuen, sind häufig emotional zu stark engagiert, um ihre Situation klar zu erkennen.

Idealerweise sollte die gesamte Familie am Entscheidungsprozess teilnehmen, wenn Krankheit oder schwindende Kräfte der Eltern eine Veränderung notwendig machen. Wenn der betreffende Elternteil geistig noch fit ist, sollte auch er an allen Gesprächen beteiligt sein und die Entscheidung sollte ihm überlassen bleiben. Doch nur selten ist dies möglich. Normalerweise beteuern die Eltern immer wieder, alles sei in Ordnung, während die erwachsenen Kinder auf einer Veränderung bestehen.

Manchmal ist es schwer zu entscheiden, ob im Leben der älter werdenen Mutter alles so bleiben kann wie bisher oder ob es nicht mehr geht. Übertreibt sie ihre Symptome, um Mitgefühl und Aufmerksamkeit zu bekommen? Könnte eine medizinische Behandlung oder vielleicht ein Hilfsmittel die Lösung sein, um auch weiterhin allein leben zu können? Woher soll man wissen, ob ein Problem durch einen unausweichlichen, altersbedingten Verfall verursacht wird oder durch etwas ganz anderes?

Geistige Verwirrung bei älteren Leuten wird zum Beispiel häufig durch einen behandelbaren medizinischen Zustand ausgelöst. Wenn Sie das Klischee akzeptieren, dass geistiger Verfall unausweichlich mit dem Alter eintritt, werden Sie sagen: „Na ja, so ist es nun mal. Mutter wird allmählich dement." Aber es gibt auch viele andere Gründe für geistige Verwirrung bei älteren Menschen. Dazu gehören die folgenden:

- *Schlechte Ernährung.* Der alleinstehende ältere Mensch hat manchmal keine Lust, sich eine Mahlzeit zuzubereiten, darum ernährt er sich nur noch von Tee und Toast.
- *Mangel an Flüssigkeit.* Oft trinken ältere Menschen zu wenig. Mit der Zeit können unausgewogene Ernährung und Austrocknung zu einem chemischen Ungleichgewicht führen, das Auswirkungen auf das Gehirn hat. Geistige Verwirrung und Vergesslichkeit sind die Folgen.
- *Medikamente.* Einige Senioren tragen eine Tasche voller bunter Tabletten mit sich herum, die verschiedene Ärzte ihnen verschrieben haben. Sie beschweren sich darüber, aber man spürt, dass sie insgeheim ein wenig stolz auf die Menge ihrer Medikamente sind. Manchmal habe ich den Eindruck, es ist ein Wettkampf; derjenige, der die meisten Tabletten nimmt, hat gewonnen. Aber eigentlich sollte man damit nicht spaßen. Denn die Leber eines älteren Menschen kann das Blut nicht mehr so schnell entgiften wie die eines jüngeren, darum können Medikamente Vergiftungen hervorrufen. Ein Symptom dafür kann geistige Verwirrung sein.
- *Alkohol.* Man schätzt, dass ein nicht geringer Prozentsatz von älteren Menschen Alkoholmissbrauch betreibt. Etwa zwei Drittel davon sind langjährige Alkoholiker, die Übrigen werden zu Alkoholikern bei dem Versuch, Schmerzen oder Trauer zu betäuben. Familienangehörige können dies nur schwer aufde-

cken. Auch Ärzte übersehen häufig die Rolle, die Alkohol bei den Gesundheitsproblemen eines älteren Patienten spielt, weil sie nur selten nach Trinkgewohnheiten fragen. Alkoholismus ist aber in jedem Alter heilbar. Ärzte haben bei der Behandlung älterer Leute, die auf Schmerz und Verlust mit dem Griff nach der Flasche reagieren, mit der Verabreichung von Antidepressiva einen gewissen Erfolg zu verzeichnen.

- *Depression.* Geistige Verwirrung ist mitunter ein Symptom einer klinischen Depression. Leider stellen Ärzte bei einem verwirrten älteren Menschen nicht oft diese Diagnose. Die Symptome der Depression unterscheiden sich unter Umständen stark von denen eines jüngeren Menschen. Der Arzt schreibt sie fälschlicherweise dem Alter zu.

Mein Vorschlag ist, dass man zur objektiven Beurteilung des Zustandes und der Bedürfnisse der Eltern mehrere Experten hinzuzuzieht.

Seelische Reaktion auf Verlust

Egal, wie viel Hilfestellung Sie auch geben, Ihre Eltern werden leiden, und Sie können nichts dagegen tun. Das Abschiednehmen, das mit dem Altwerden verbunden ist, wird häufig von schmerzlichen Emotionen begleitet. Zu diesen Emotionen gehören:

Angst und Sorge

Wenn die Kraft nachlässt, fällt es schwer, sich keine Sorgen über die Zukunft zu machen. Ihre Eltern haben Angst, ihren Kindern zur Last zu fallen. Eine Witwe fürchtet sich vielleicht vor dem Alleinsein. Sie hat Angst, dass ihr mageres Einkommen für ihren Lebensunterhalt nicht ausreicht. Vielleicht möchte sie ihre Angst und Sorge jedoch nicht zugeben. Nun äußerst sich die innere

Unruhe in ununterbrochenem Nörgeln, in Hypochondrie, störenden Telefonanrufen oder Ähnlichem.

Die Mutter meiner Freundin Sandy war nach ihrer Krebsoperation sehr „schwierig". Ihre bösartigen, sarkastischen Bemerkungen und ihre Wutausbrüche waren nur schwer zu ertragen. Nachdem sich alles ein wenig beruhigt hatte, fragte Sandy sie: „Mutter, warum warst du so gemein zu mir, als du aus dem Krankenhaus gekommen bist?" Ihre Mutter antwortete: „Ich hatte Angst."

Zorn

Es ist normal, zornig zu sein, wenn einem etwas Wichtiges genommen wird. Auch wenn Ihren Eltern die Unabhängigkeit genommen wird, ist die natürliche, normale Reaktion bei ihnen Zorn. Vielleicht sind Sie das einzige Ventil, um das Aufbegehren über die erlebte Abhängigkeit loszuwerden. Das ist vielleicht nicht fair, aber so ist es nun einmal. Die Mutter kann Ihrem Vater nicht sagen, dass sie zornig auf ihn ist, weil er gestorben ist und sie allein gelassen hat, aber sie wird stattdessen Ihnen sagen, dass Sie dieses oder jenes falsch gemacht haben.

Manchmal wird sie vielleicht sogar paranoid. Die Angst, der Zorn und die Feindschaft, die sie sich nicht bewusst eingestehen kann, werden auf andere projiziert. Dann folgen Behauptungen, dass andere „hinter ihr her sind" oder jemand (möglicherweise Sie) wird beschuldigt, sie bestohlen zu haben. Das ist besonders schwer zu ertragen. Nach allem, was Sie für sie getan haben, beschuldigt sie Sie des Diebstahls! Doch wenn Sie sich verteidigen oder wütend werden, wenn Sie beteuern, Sie hätten nichts gestohlen, wird das nichts nützen. (Paranoia bei älteren Menschen können viele Ursachen haben. Dieser Zustand ruft fast immer nach medizinischer Betreuung.)

Eifersucht

Martha pflegte ihre Mutter. Sie zeigte echtes Verständnis für die Eifersucht ihrer Mutter und sagte: „Manchmal bin auch ich richtig eifersüchtig auf meine Töchter. Sie sind so jung und sorglos, und sie haben so viele Möglichkeiten, die ich nicht hatte, als ich in ihrem Alter war. Ich kann daher sehr gut verstehen, warum meine eigene Mutter manchmal auf mich eifersüchtig ist. Ich kann gehen, wohin ich will, und noch so vieles tun, während sie auf ein oder zwei Zimmer beschränkt ist."

Schuld

Manche älteren Leute haben den Eindruck, ihre Krankheiten und ihre Schwäche seien eine Strafe Gottes. Andere fühlen sich schuldig, weil sie meinen, sie fielen anderen zur Last. Dies ist kein angenehmes Gefühl für Ihre Eltern, darum werden sie zornig. Manche versuchen die Schuldgefühle zu bewältigen, indem sie die Angehörigen anklagen. Mit Äußerungen wie: „Meine Kinder schenken mir keine Aufmerksamkeit", oder: „Nie bist du da, wenn ich dich brauche", versuchen sie, ihren Zorn zu rechtfertigen.

Traurigkeit und Depression

Dies sind normale Reaktionen auf die unterschiedlichsten Verluste – vom Verlust des Augenlichts bis hin zu dem des Partners. Eine bestimmte Zeit des Trauerns ist normal, aber wenn die Depression zwölf bis achtzehn Monate nach dem Tod des Partners noch anhält, dann hat die Trauer wahrscheinlich eine tiefere Depression ausgelöst, die medizinisch behandelt werden muss.

Einsamkeit

Auch Einsamkeit kann sich, wie alle bereits erwähnten Emotionen, in körperlichen Symptomen äußern. Grace wurde jeden Tag mehrmals von ihrer Mutter angerufen. Die alte Dame beklagte sich über die unterschiedlichsten Schmerzen und Beschwerden: Magenschmerzen, Kopfschmerzen, Fuß- und Rückenprobleme und so weiter.

Eines Tages fragte Grace: „Mutter, bist du einsam?"

Als sie gestand, dass das so sei, erwiderte Grace: „Du kannst mich anrufen, wann immer du dich einsam fühlst, dann unterhalten wir uns ein wenig."

Diese ständigen Anrufe hörten auf. Graces Mutter hatte ihre körperlichen Beschwerden nur als Vorwand für einen Anruf genommen. Offensichtlich traute sie sich nicht, offen über ihre Einsamkeit zu reden, und schob eine Krankheit vor.

Das ist nicht ungewöhnlich. Meist reden die Eltern nicht offen über ihre Nöte. Sie werden den Kindern stattdessen verschlüsselt übermittelt. Als die Person, die sie betreut, müssen Sie lernen, diese Botschaften zu entschlüsseln. Im folgenden Kapitel werden wir noch näher darauf eingehen.

Die Veränderungen des Alters akzeptieren lernen

Es mag schwierig für Sie sein, den aktuellen Zustand Ihrer Eltern zu akzeptieren, weil Sie sich nach den Eltern sehnen, die sie früher einmal waren.

Dorothee sagte: „Ich nörgele ständig an meinem Vater herum: ‚Stell dein Bein gerade; wisch dir den Mund ab!' Wenn die Schwester da ist, kann er gehen und essen, wie er will. Sie korrigiert ihn nicht ständig und sagt ihm, was er tun soll. Warum kann ich ihn nicht in Ruhe lassen?"

Dorothees Problem ist, dass sie ihren Vater noch immer vor sich sieht, wie er vor seinem Schlaganfall war. Wenn er nur sein Bein gerader halten würde, wenn er nur vernünftig essen würde, dann wäre er so wie früher. Die Krankenschwester hat kein Problem damit, weil sie vom gegenwärtigen Zustand her urteilt. Dorothees Nörgeln ist nicht nur unnütz, es ist auch frustrierend – für sie wie für ihren Vater. Er kann nicht so sein, wie sie ihn gern haben möchte. Der Schlaganfall hat es unmöglich gemacht.

Ein häufiges Problem, wenn Kinder ihre Eltern pflegen, sind folgende Gedanken: *Wenn sie mir nur mehr Liebe und Zuneigung zeigen würden ...! – Wenn sie nur nicht immer dieselben alten langweiligen Geschichten erzählen würden ...! – Wenn sie nur nicht so jähzornig wären ...*

Diese Gedanken sind sinnlos. Sie müssen lernen, Ihre Eltern so zu akzeptieren, wie sie im Augenblick sind. Wenn Sie sie so annehmen und aufhören zu wünschen, sie wären anders, fühlen sich die Eltern verstanden und weniger in die Enge getrieben. Dann legen sie vielleicht eher ihren Schutzpanzer ab und haben Mut, ihre wahren Gefühle zu äußern.

Wenn wir lernen, unsere Eltern so anzunehmen, wie Gott uns annimmt, wird das positive Auswirkungen auf unsere Beziehung zu ihnen haben.

Gefühlen und subjektiven Eindrücken nicht widersprechen

Durch das Ja zu Ihren Eltern können Sie auch Ihre eigenen Gefühle akzeptieren. Eine Tochter, die ihre Eltern pflegt, neigt dazu, ihnen ihre Gefühle auszureden. Aber Gefühlen zu widersprechen hat keinen Zweck. Die Gefühle der Eltern können nur selten rational kontrolliert werden. Sie sind nicht dafür verantwortlich. Die Gefühle werden auch nicht verschwinden, wenn Sie sagen, Sie könnten ihnen bei der Bewältigung helfen.

Wenn Ihre Mutter ihre negativen Gefühle ausspricht, befindet sie sich in guter Gesellschaft. Erinnern Sie sich, was die verwitwete Noomi in der Bibel sagte? Sie hatte ihren Mann und zwei Söhne verloren, war zornig und verbittert. „Nennt mich nicht Noomi", sagte sie. „Nennt mich Mara! Denn der Allmächtige hat mir sehr bitteres Leid zugefügt. ... Warum nennt ihr mich Noomi, da der Herr gegen mich ausgesagt und der Allmächtige mir Böses getan hat?" (Rut 1,20–21)

In der Bibel wird nicht berichtet, welche Antwort auf diese Aussage gegeben wurde, aber ich denke, Rut hat gesagt: „Noomi, sprich nicht so!" Sie stand ihr zur Seite und akzeptierte die natürlichen Gefühle ihrer Schwiegermutter. Noomi fühlte sich verlassen. Wir wissen heute, dass Gott für sie sorgen wollte.

Anmerkungen

1 Rabbi Abraham Heschel in einem Referat, das er 1961 vor der *White House Konferenz* über das Alter gehalten hat, zitiert in Robert N. Butler, M. D., *Why Survive? Being Old in America*, (New York: Harper & Row, 1975), S. 79.

2 Maggie Scarf, *Unfinished Business: Pressure Points in the Lives of Women*, (New York: Ballantine Books, 1980), S. 522.

3 Harrar, Paggy, „The Gift of Dependency – A Daughter's Reflections", in: *Change*, Informationsblatt des *National Support Center for Families of the Aging*, (Swarthmore, PA: Summer 1984, Nr. 3), S. 1.

Kapitel 3: Der erste Schritt, Liebe zu erweisen

Nehmt auf euch mein Joch, und lernt von mir,
denn ich bin sanftmütig und von Herzen demütig,
und ihr werdet Ruhe finden für eure Seelen;
denn mein Joch ist sanft, und meine Last ist leicht.
Matthäus 11,29–30

Was können wir von Jesus über die Betreuung unserer Eltern lernen? Er sagt, wenn wir von ihm lernen, wird unsere Last leicht sein.

Wenn Sie das Gefühl haben, eine schwere Last zu tragen, haben Sie vielleicht Dinge getan, die Gott gar nicht von Ihnen verlangt. Vielleicht sind Sie an Ihren guten Vorsätzen gescheitert. Und je mehr Sie sich darum bemühen, Ihre Ziele zu erreichen, desto schlechter fühlen Sie sich.

Ich sage das nicht, um Ihre Last noch weiter zu erschweren, sondern um Ihnen neue Wege aufzuzeigen, die den Umgang mit Ihren Eltern erleichtern und verbessern. Es geht nicht um den zwanghaften Versuch, liebevollere Gefühle zu entwickeln, sondern um praktische Tipps für den Umgang miteinander.

Was hat das mit Gott zu tun?

Einfach gesagt: Gott agiert, der Mensch reagiert.

Wir Menschen achten darauf, was andere tun, um dann entsprechend zu reagieren. Wenn andere uns mögen, sind wir bereit, uns ihnen zu öffnen. Wenn wir den Eindruck haben, dass sie uns nicht mögen, ziehen wir uns zurück. Wenn jemand etwas Verletzendes sagt, werden wir wütend. Wenn wir den Eindruck haben, verkannt zu werden, reagieren wir eingeschnappt.

Gottes Handeln ist unabhängig davon, wie wir uns verhalten, er handelt seinem Wesen entsprechend. Er liebt, egal, wie wir auf seine Liebe reagieren. Er lässt es regnen über den Gerechten wie über den Ungerechten.

Die Evangelien zeigen uns, wie Jesus sich verhält. Wenn Jesus sich den Menschen widmet, hört er ihnen ohne Vorbehalte zu. Er lässt sich nicht durch eventuelle Abneigung ihm gegenüber ablenken, auch nicht durch ihr oberflächliches Erscheinungsbild. Er geht unter die Oberfläche und reagiert auf das, was sie tatsächlich *empfinden.*

Natürlich können Sie keine vollkommenen Nachahmer Christi werden, doch Sie können den Umgang mit den Menschen, die Sie pflegen, verbessern, indem Sie lernen, mehr aus sich selbst heraus zu handeln und weniger zu reagieren. Das bedeutet, dass Sie sich stärker auf die positiven Ansätze in Ihrer Beziehung konzentrieren und weniger auf die Probleme. Opfer handeln nicht; es wird an ihnen gehandelt. Fühlen Sie sich gefangen und als Opfer? Das kann aufhören, wenn Sie die Initiative ergreifen.

Ich nenne dies selbsttätige Liebe (unabhängig vom Handeln des Gegenüber).

Die Fertigkeiten, die jeder erlernen kann, sind die folgenden:

- auf das eigentliche Problem hören
- tröstende Berührung schenken
- Mut machen

Mit einer zusätzlichen Komponente dieses Ausdrucks nicht reaktiver Zuwendung, nämlich Grenzen zu setzen, werden wir uns im folgenden Kapitel beschäftigen. Beides gehört zum Dienst an Ihren Eltern im Alter.

Auf das eigentliche Problem hören

„Er (hörte) das Hilfegeschrei der Elenden" (Hiob 34,28). Mit dem hebräischen Wort, das hier mit „hörte" übersetzt wurde, ist eher das Wort „zuhören" gemeint. Es bedeutet „achten auf" und (als natürliche Folge) „reagieren auf". Da Gott unser Herz kennt, achtet er, wenn er zuhört, nicht nur auf die Worte, die wir sprechen, sondern auf das, was wir tief in unserem Inneren fühlen. Wir sind nicht Gott, und wir können nicht mit Gewissheit sagen, was Menschen empfinden, aber wir können auf den „Hilfeschrei der Elenden" hören lernen, auch wenn er hinter zornigen Worten und hässlichem Verhalten versteckt wird. Richtiges Zuhören wird Ihnen helfen, nicht mehr wie gewohnt zu reagieren, wenn Ihre Eltern Ihre Schwachpunkte treffen. So kann man Kommunikationsfallen entgehen, in denen viele Familien gefangen sind: Es geht immer und immer wieder um dieselben alten Dinge.

Ich möchte Sie bitten, durch richtiges Hinhören das eigentliche Problem zu ergründen. Es klingt so banal, deshalb werden viele es erst gar nicht erst versuchen. Tun Sie es trotzdem! Sie werden feststellen, dass es sehr viel schwieriger ist als angenommen, weil es ungewohnt ist. Mit der Zeit wird es den Umgang zwischen Ihnen und Ihren Eltern verändern, weil es hier um das tiefe Zuhören geht, das auch Gott praktiziert.

Anhand von einigen Beispieldialogen soll nun das Hören – im Sinne von „Ergründen" – der eigentlichen Problematik eingeübt werden.

Elternteil:
Ich weiß gar nicht, was ich den ganzen Tag mit mir anfangen soll.

Normale Reaktion:
Ich habe dir doch ein paar Dinge vorgeschlagen, aber du willst es ja nicht einmal ausprobieren.

Antwort auf das eigentliche Problem:
Ich habe den Eindruck, du bist niedergeschlagen, weil du nichts tun kannst, was dich interessiert.

Elternteil:
Ich bin ganz allein. Niemand kümmert sich um mich.
Normale Reaktion:
Ich kümmere mich doch um dich.
Antwort auf das eigentliche Problem:
Ich habe den Eindruck, du fühlst dich von den Menschen isoliert.

Elternteil:
Der Arzt will mich ins Krankenhaus einweisen. Vermutlich werde ich es nie mehr verlassen.
Normale Reaktion:
Keine Angst, du wirst wieder gesund werden.
Antwort auf das eigentliche Problem:
Hast du Angst?

Elternteil:
Ich bin zu nichts mehr nutze. Warum wirfst du mich nicht einfach in ein Loch?
Normale Reaktion:
Rede doch nicht so!
Antwort auf das eigentliche Probleme:
Das hört sich so an, als hättest du Angst, wir wollten dich los werden.

Was ist der Hauptunterschied zwischen dem normalen Zuhören und dem tieferen Hinhören? Bei Letzterem geht es um ein Hören auf die Worte „zwischen den Zeilen".

Zu Beginn kommen Sie sich vielleicht ein wenig komisch vor. Ihr Vater oder Ihre Mutter sagt: „Ich bin so nervös. Ich höre nachts immer so komische Geräusche", und Sie antworten darauf: „Du bist nervös, weil du nachts diese Geräusche hörst." Sie sind das Echo Ihrer Eltern. Was kann das bewirken?

Ihre Eltern haben vielleicht zum ersten Mal in ihrem Leben das Gefühl, dass ihnen jemand richtig zuhört. Für die meisten Leute ist dies eine neue Erfahrung. Normalerweise hören die Menschen einem anderen nicht richtig zu. Viele hören nur mit halbem Ohr hin und warten auf eine Gelegenheit, selbst zu sprechen. Den wichtigsten Teil der Botschaft, den emotionalen Inhalt, hören sie gar nicht. Im letzten Beispiel ging es nicht um die Geräusche. Es ging um die Einsamkeit, die Furcht und Besorgnis der Mutter.

„Was hat es für einen Zweck, darüber zu sprechen?", fragen Sie vielleicht.

Einige Dinge, die erwachsene Kinder an ihren Eltern kritisieren – ihre Traurigkeit, ihre Lustlosigkeit, ihr Eigensinn, ihr ständiges Klagen und ihr kritisches und forderndes Verhalten – haben nicht in erster Linie mit dem Älterwerden, sondern mit Trauer zu tun. Sie erkennen vielleicht nicht, dass Ihre Eltern den Verlust des Führerscheins, ihrer Unabhängigkeit oder des Augenlichts betrauern. Doch wenn Sie aufmerksam zuhören, werden Ihre Eltern diese Trauer aufarbeiten können, und das Problemverhalten verschwindet vielleicht von selbst.

Ihre Eltern sind nicht anders als alle Menschen. Wenn sie über ihre Gefühle sprechen, fühlen sie sich nicht nur besser, sondern sie beginnen auch zu lernen, damit umzugehen. Das einzige Problem ist, dass sich niemand richtig dafür zu interessieren scheint. Allein gelassen zu sein mit seinen Empfindungen ist eine der schlimmsten Prüfungen des Alters.

Gefühle anerkennen

Mit der Antwort „Mach dir keine Sorgen", signalisiert man schnell: „Ich möchte gar nicht genau wissen, was du fühlst." Diese Art der Beruhigung schneidet Ihren Eltern das Wort ab. Besser ist, das Gefühl aufzugreifen und zu fragen: „Hast du Angst?"

Ihr Vater oder Ihre Mutter verneinen das vielleicht oder sie könnten Sie korrigieren: „Nein, ich habe keine Angst, ich fühle mich ..." Vielleicht kommt es aber auch zu einem offenen

Austausch, indem Sie über bestimmte Ängste sprechen. Wenn die Eltern zum Beispiel Angst vor einer Operation haben, könnten bestimmte Informationen helfen, sie zu beruhigen.

Sie könnten über ihren Tod nachdenken und den Wunsch haben, über die Beerdigung zu sprechen.

Über den Tod der Eltern zu sprechen verursacht bei den meisten Kindern ein Gefühl des Unbehagens. Aber es ist notwendig. Der Wunsch bei älteren Menschen, darüber zu reden, ist kein Zeichen von Depression, sondern ein Zeichen dafür, dass sie sich realistisch ihrer eigenen Sterblichkeit stellen, was gut und wichtig ist. Wenn Sie sich überwinden können und sich gemeinsam dem Problem stellen, werden Ihre Eltern sich weniger einsam fühlen und innerlich reifen.

Richtiges Hinhören ist kein Allheilmittel

Ich verspreche hier nicht, dass das Hören auf das tiefer liegende Problem Ihre Eltern vom ständigen Klagen „heilen" wird. Der folgende Dialog ist vermutlich typisch für viele Pflegeheime:

Elternteil:
Ich hasse dieses Heim. Ich fühle mich wie ein Gefangener.
Betreuendes Kind:
Das klingt so, als wärst du ärgerlich darüber, hier sein zu müssen.
Elternteil:
Da hast du vollkommen recht. Ich bin wütend. Warum tust du nichts dagegen? Warum holst du mich nicht hier heraus?

Einige Angehörige erleben Dialoge wie diesen vielleicht Tag für Tag. Wenn dieses Thema angesprochen wird, könnten Sie versucht sein, alle Gründe aufzuzählen, warum Sie Ihren Vater oder Ihre Mutter nicht aus dem Pflegeheim holen können. Doch Sie haben es wahrscheinlich schon häufig getan. Gibt es denn Alternativantworten? Sie könnten zum Beispiel sagen: „Es tut mir leid, aber das ist die beste Alternative“ und Ihre Mutter umarmen.

„Ich kann verstehen, warum du so ärgerlich bist. Ich würde vermutlich auch so empfinden, wenn ich in deiner Lage wäre.“ Auch diese Antwort könnte von einer Umarmung begleitet werden.

„Mutter, dieser Ärger ist verständlich. Das klingt so, als würdest du um deine verlorene Unabhängigkeit trauern.“

Die letzte Antwort könnte Ihrer Mutter helfen, den Grund ihrer Empfindungen zu erkennen. Vermutlich ist ihr selbst nicht klar, dass sie trauert und dass Zorn zur Trauer dazugehört. Dies bedeutet jedoch nicht automatisch, dass sie aufhören wird, sich zu ärgern. Leider bleiben einige Menschen sehr lange in dieser „Zornesphase“ stecken.

Aber auch wenn die Mutter unzufrieden bleibt, Sie haben Ihr altes Verhaltensmuster verlassen. Sie widersprechen ihr nicht mehr und versuchen auch nicht mehr, vernünftig zu argumentieren. Es hilft ihr nicht und für Sie selbst ist es nur frustrierend.

Auf keinen Fall ständig alles richtigstellen

Manchmal übertreiben ältere Leute, sie geben etwas falsch wieder oder erinnern sich falsch. Das treibt ihre erwachsenen Kinder in den Wahnsinn. Sie fühlen sich gedrängt, es richtigzustellen. Dabei verstehen sie jedoch nicht, dass diese Verzerrung der Tatsachen darauf zurückzuführen ist, dass die Eltern keine Tatsachen wiedergeben, sondern Gefühle.

Die Frau, die ihrem Enkelkind vorwirft, ihre Sozialversicherungskarte gestohlen zu haben, hat tatsächlich das Gefühl, dass ihr etwas gestohlen wurde, zum Beispiel ihre Gesundheit oder ihre Freiheit. Ein Scheck, den sie vielleicht verlegt hat, ist ein willkommener Ersatz für ihre Gefühle. Wenn ein älterer Mensch, der eine

Stunde allein gewesen ist, sagt: „Ich bin den ganzen Tag allein gewesen“, meint er eigentlich, dass ihm die Zeit sehr lang geworden ist.

Solange Sie die alte Person ständig korrigieren, hören Sie nicht wirklich auf die dahintersteckenden Empfindungen.

Versuchen Sie nicht, Ihrer Mutter ihre Empfindungswelt auszureden. Es gibt nichts Schlimmeres, als zu erleben, dass die eigenen Gefühle nicht stehen gelassen werden. Sie nehmen ihr damit einen entscheidenden Punkt ihrer Persönlichkeit. Ihre Mutter weiß, wie sie sich fühlt. Wenn Sie sagen: „Das meinst du doch eigentlich gar nicht so“, oder: „Wie kannst du so empfinden?“, wird sie das dazu bringen, ihre Gefühle tief in ihrem Inneren zu verschließen, dort, wo sie den größten Schaden anrichten.

Geben Sie keine Werturteile ab. Uns allen ist beigebracht worden (vermutlich von den Eltern, die wir nun pflegen), dass bestimmte Gefühle akzeptabel sind und andere nicht. Leider sind wir Christen schnell dabei, „nicht akzeptable“ Gefühle zu verurteilen. Aber das Gefühl an sich ist keine Sünde. (In Epheser 4,26 heißt es: „Zürnet, und sündigt dabei nicht!“ Der Zorn ist also offensichtlich keine Sünde.) Unser Umgang mit der Empfindungswelt des Alters birgt vielmehr die Gefahr des Schuldigwerdens in sich. Ihr voreiliges Urteil, das nicht nur wenig hilfreich, sondern auch unbiblisch ist, wird den älteren Menschen nur dazu bringen, „dichtzumachen“.

Denken Sie nicht, Sie allein müssten das Problem Ihrer Eltern lösen. Das ist erniedrigend für diese. Wenn sie noch geistig auf der Höhe sind, brauchen sie keinen anderen Menschen, der ihre Probleme löst. Sie wollen lediglich angehört werden. Verantwortliche Erwachsene werden fast immer ihre Probleme selbst lösen, wenn sie die Möglichkeit haben, sie mit jemandem durchzusprechen. Wenn Ihre Mutter von Ihnen erwartet, dass Sie ihren Alltag in die Hand nehmen, haben Sie sie vielleicht zu sehr von sich abhängig gemacht. Nehmen Sie sich selbst ein wenig zurück, und stellen Sie Fragen, die sie aus der Reserve locken, zum Beispiel: „Welche Möglichkeiten hast du?“

Geben Sie keine Ratschläge. Genauso schlimm wie der Wunsch, das Problem für den anderen zu lösen, ist der Impuls, beinahe der Drang, ihm Ratschläge zu erteilen. Es tut so gut, der Ratgeber zu sein! Aber das macht denjenigen, der den Rat annimmt, nur noch hilfloser und abhängiger und bringt ihn dazu, einem anderen Menschen die Schuld zu geben, wenn es nicht funktioniert. Die Menschen wollen eigentlich keinen Rat, selbst wenn sie danach fragen. Oft ist die Bitte um einen Rat nur ein Weg, ein Gespräch über ihr Problem zu beginnen. Stellen Sie daher lieber Fragen, die Ihre Mutter oder Ihren Vater aus der Reserve locken.

Versuchen Sie nicht, Ihre Eltern aufzuheitern. Das ist gleichzusetzen mit wohlmeinender, aber übereilter Beruhigung. Es verhindert, dass sie ihre Gefühle in vollem Umfang aussprechen. Vielleicht geht es ihnen ja besser, nachdem sie über ihre Gefühle gesprochen haben. Sie müssen bestimmte Phasen durchleben. Unterdrücken Sie daher diesen Prozess nicht.

Unpassend ist, etwas zu sagen wie: „Ich weiß, wie du dich fühlst." Das ist anmaßend. Sie stecken nicht in der Haut Ihrer Eltern und *können* es gar nicht wissen. Außerdem ist auch dies eine Art, dem anderen das Wort abzuschneiden. Wenn Sie bereits wissen, was Ihre Eltern empfinden, brauchen sie es Ihnen ja nicht zu erzählen.

Wenn Sie anfangen, Ihren Eltern zuzuhören, und ihnen Gelegenheit geben, ihre Gefühle zu äußern, stellen Sie vielleicht fest, dass Sie mit ihnen auf einer viel tieferen Ebene über reale Fragen kommunizieren können. Sie fühlen sich einander nahe – vielleicht zum ersten Mal seit langer Zeit oder zum ersten Mal überhaupt. Die lapidare Antwort kann eine Schutzmaßnahme vor zu viel Nähe sein. Solange Sie die Kommunikation auf einer normalen, oberflächlichen Ebene halten, ist das „bequemer".

Es könnte schmerzlich sein

Veränderung und Wachstum rufen manchmal Schmerz hervor. (Schmerz scheint unausweichlich zum Wachstum dazuzugehören.) Wenn man sich weigert, seinen älter werdenden Eltern richtig zuzuhören, ist dies oft ein Weg, Schmerz zu vermeiden. Wenn die Eltern ihre Gefühle ehrlich aussprechen, gefällt uns nicht immer, was wir hören. Möglicherweise kommen viele negative Gefühle zum Vorschein, bevor es wieder aufwärtsgeht.

Sollen Sie sich immer und immer wieder dieselben negativen Reden anhören? Wenn nötig, ja, aber vermutlich werden Sie feststellen, dass sich das Gesprächsmuster im Laufe der Zeit ändert. Wenn man ein aufmerksamer Zuhörer ist, wird das Gegenüber oft gezwungen, seine Gefühle zu „sortieren". Es wird eher dazu ermutigt, sich der Wirklichkeit zu stellen.

Sollten Sie sich persönlich angreifen lassen? Manchmal ist genaues Zuhören der beste Weg, auf das zu reagieren, was wie ein Angriff erscheint. Es lenkt die Aufmerksamkeit von Ihnen ab und den Angreifer zurück.

Elternteil:

Du kommst schon wieder so spät!

Aktiv Zuhörender:

Das klingt so, als könntest du es kaum erwarten, mich zu sehen.

Ich bin jedoch nicht der Meinung, dass Sie sich Dinge anhören sollten, die extrem beleidigend sind. Erinnern Sie Ihre Eltern daran, dass Sie ein erwachsener Mensch sind und Respekt verdienen. Und reden auch Sie immer respektvoll mit Ihren Eltern. Wenn das Gespräch auf Erwachsenenebene verläuft, ist es für beide Teile besser.

Auch sollten Sie bei Angriffen auf dritte Personen nicht reagieren. Sagen Sie stattdessen lieber: „Das geht nur dich und ihn etwas an. Ich möchte das nicht hören", oder: „Warum sagst du ihm das nicht selbst?"

Signale richtig einschätzen

Wenn Sie auf das eigentliche Problem hören, haben Sie es eher in der Hand, Ihre eigenen Verhaltensmuster im Umgang mit den Eltern zu durchbrechen. In den meisten Eltern-Kind-Beziehungen werden Signale gesendet beziehungsweise bestimmte „Knöpfe" gedrückt mit der Absicht, den anderen in Griff zu bekommen. Zum Beispiel diese hier:

Signale, die die Mutter sendet:

- missbilligender Blick („Missbilligungsknopf")
- kritische Aussage („Kritikknopf")
- verbales Niedrigmachen („Selbstwertknopf")
- Beschuldigung („Anklageknopf")

Ihre Reaktion:

- Nachgeben *(„Ich brauche ihre Billigung.")*
- Zorn *(„Bingo, sie hat es mal wieder geschafft!")*
- Gefühl von Wertlosigkeit *(„Sie kontrolliert mein Selbstwertgefühl.")*
- Schuldgefühle: *(„Ich muss tun, was sie will.")*

Nehmen wir einmal eine Aussage, die Schuldgefühle bei Ihnen wecken soll:

Mutter:
„Ich war den ganzen Tag über allein."
Tochter:
„Das klingt so, als würdest du dich einsam fühlen."

Beachten Sie, was passiert. Ihre Mutter fühlt sich einsam. Sie musste aber, aus welchen Gründen auch immer, allein bleiben. Ihre Mutter hätte anders damit umgehen können. Wer ist denn nun verantwortlich für dieses Gefühl des Alleinseins – Sie oder Ihre Mutter? Natürlich Ihre Mutter. Sie hat den Anklageknopf gedrückt. Aber ziehen Sie sich diesen Schuh bitte nicht an. Wenn Sie sich verteidigen (*„Ich war doch nur eine Stunde weg!“*), nehmen Sie die Verantwortung für die Gefühle Ihrer Mutter auf sich. Sobald Sie das tun, haben Sie ihr Urteil akzeptiert. In Wirklichkeit liegt die Ursache für das Missbehagen Ihrer Mutter ganz woanders.

Ganz wichtig bei dem Prozess, Ihre Eltern in ihrer neuen Situation anzunehmen, ist der Wille, sie loszulassen. Solange Sie sich für die Gefühle Ihrer Eltern verantwortlich fühlen, ist dies jedoch unmöglich.

Fragen Sie sich selbst: „Bin ich verantwortlich für die Tatsache, dass meine Mutter sechsundachtzig und gebrechlich ist?“ – „Bin ich dafür verantwortlich, dass sie die Parkinsonkrankheit bekommen hat?“ – „Ist es meine Schuld, dass die Pflege in einem Pflegeheim nicht so ist wie zu Hause?“

Es kann helfen, sich vor den Spiegel zu stellen und einige Schlüsselsätze laut auszusprechen, bis Sie sicher sind, dass Sie sie auch Ihren Eltern gegenüber sagen können: „Es tut mir Leid, dass dir das nicht gefällt, aber ich kann es nicht ändern.“ – „Ich kann nichts dagegen machen.“

Ihre Eltern müssen lernen zu akzeptieren, was nicht zu ändern ist. Wenn sie das nicht können, ist das *ihr* Problem. Sie können es ihnen nicht abnehmen. Letztendlich muss jeder die Verantwortung für seine Gefühle selbst übernehmen.

Geben Sie Liebe, bevor sie eingefordert wird

Es ist sehr schwer, einer Mutter gegenüber liebevoll zu sein, die sehr fordernd und kritisch ist. Man zieht sich instinktiv zurück. Doch je weniger Liebe es gibt, desto mehr fordert die Mutter und so weiter. Dieser Teufelskreis muss durchbrochen werden – am besten von Ihnen.

Menschlich gesprochen ist es normal, dass man sich gegen eingeforderte Liebe wehrt. Auch Ihre Eltern mögen letztlich keine erzwungene Zuneigung. *(„Sie liebt mich nicht richtig, sonst hätte ich sie nicht darum bitten müssen.")* Wenn Sie Liebe geben, bevor sie eingefordert wird, sichern Sie sich größeren Freiraum. Außerdem ist Liebe, die freiwillig gegeben wird, für den Empfänger sehr viel befriedigender. Die Mutter schraubt ihre Forderungen vielleicht ein wenig zurück.

Gleichzeitig gilt es aber auch, Grenzen zu setzen. Wenn ich sage: „Schenken Sie Zuneigung, bevor sie eingefordert wird", meine ich nicht, jeder Forderung um des lieben Friedens willen nachzugeben. Nehmen wir ein Beispiel: Ihre Mutter lebt allein und ruft Sie mehrmals pro Tag an. Diese Telefonanrufe stören Sie bei Ihrer Arbeit und in Ihrem Familienleben. Sie haben Verständnis für ihre Einsamkeit, aber die häufigen Anrufe nehmen kein Ende.

Sollen Sie ihr die häufigen Anrufe verbieten und sie damit verletzen? Sollen Sie gar nichts sagen, sodass sich in Ihnen Frustration und Wut aufstauen?

Ein besserer Ansatz ist, über diese Anrufe Buch zu führen. Zu welcher Tageszeit sind sie besonders häufig? Dies könnte die Zeit sein, in der Ihre Mutter sich besonders einsam oder ängstlich fühlt. Dann rufen Sie sie an, bevor sie die Gelegenheit hat, zum Hörer zu greifen – zu einer Zeit, wenn sie sich besonders niedergeschlagen fühlt. Gibt es etwas, das sie besonders beschäftigt und über das sie immer wieder spricht? Rufen Sie sie an und sprechen Sie ausführlich mit ihr über diese Sorge. Oder vereinbaren Sie einen Besuch und nehmen sich vor, ihr genau zuzuhören.

Gleichzeitig erklären Sie ihr in liebevoller Weise, dass Sie nicht so häufig mit ihr telefonieren können, aber dass Sie sie – je nachdem, wie viel Zeit Sie haben – einmal am Tag oder zweimal pro Woche (oder so oft, wie es bei Ihnen eben passt) anrufen, um mindestens zwanzig Minuten oder länger mit ihr zu sprechen. Natürlich ist es für beide besser, ein längeres ungestörtes Gespräch zu führen, als viele kurze Anrufe zu tätigen. Es kann eine Weile dauern, bis sich die Sache einspielt, aber wenn Sie an Ihrer Entscheidung festhalten, wird sich die Situation ändern. Vielleicht müssen Sie einen Anrufbeantworter zur Hilfe nehmen.

Bleiben Sie also der aktive Teil. Wenn Sie sich nicht mehr länger als Opfer fühlen wollen, müssen Sie die Initiative ergreifen.

Tröstende Berührung

Ein anderer Weg, das Verhältnis zu einer kritischen und fordernden Mutter zu verbessern, ist die wortlose Kommunikation, vor allem in Form von Berührung.

Im ersten Kapitel seines bewegenden Buches *Making Peace with Your Parents* (dt.: „Mit den Eltern versöhnt leben" – nicht in deutscher Sprache erschienen) beschreibt Dr. Harold H. Bloomfield, wie das Verhältnis zu seinem Vater durch eine Umarmung heil wurde.

Seine ersten Versuche stießen auf Widerstand. Er und sein Vater hatten einander niemals Zuneigung gezeigt. Sein Vater reagierte also abweisend auf die ungewohnte menschliche Wärme. Dr. Bloomfield ließ sich jedoch nicht beirren und sagte: „Komm schon, Vater, ich möchte dich einfach mal umarmen." Er ignorierte seine Verärgerung und ermutigte seinen Vater, ihn ebenfalls zu umarmen und gab ihm sogar Hinweise, wie er das tun könnte. Bei der zweihundertsten Umarmung genoss sein Vater die Berührung und sagte sogar zum ersten Mal in seinem Leben: „Ich liebe dich."[1]

Wenn Ihre Eltern abweisend reagieren, sind Sie vielleicht von dieser Zurückweisung so verletzt, dass es Ihnen noch schwerer fällt, weiterzumachen. Aber es gibt auch andere Arten der Berührung. Ihre Eltern brauchen Sie und Sie brauchen Ihre Eltern. Die Haut ist das größte Sinnesorgan des Körpers mit Millionen von Nervenenden. Ohne Stimulation der Haut entsteht eine Art Sehnsucht, die die Mediziner als „Hauthunger" bezeichnen. Berührung kann Ihr Wohlergehen entscheidend beeinflussen. Leider fehlt das vielen älteren Menschen, gerade in schweren Zeiten des Abschiednehmens.

Es gibt viele Arten der Berührung

Alice schreibt: „Meine Mutter ist so kühl und abweisend. Ich habe einmal versucht, sie zu trösten, aber es war, als würde ich ein Stück Holz im Arm halten."

Wenn Ihre Eltern abweisend sind oder überhaupt nicht auf Ihre Umarmungsversuche reagieren, geben Sie nicht auf. Sie können ...

- Ihre Hand auf Schulter, Arm oder Hand legen,
- über den Rücken streichen,
- trockene Bereiche der Haut mit Lotion einreiben,
- sie massieren,
- die Haare bürsten und
- beim Spazierengehen den Arm als Stütze anbieten.

Wenn dies alles aus irgendeinem Grunde nicht möglich ist (vielleicht weil Sie unter noch nicht verheilten Verletzungen leiden), setzen Sie sich nicht unter Druck. Vielleicht fällt es anderen Familienmitglieder leichter, die Mutter oder den Vater zu berühren. Doch wenn Sie sich überwinden können, sie häufiger zu berühren, wird Ihnen das sehr helfen.

Mut machen

Anstatt sich auf die Probleme der Eltern zu konzentrieren, ist es häufig nützlicher, darüber nachzudenken, wie Sie ihnen helfen können, ihr Selbstwertgefühl zu steigern. Es ist unmöglich, älteren Menschen das Gefühl der eigenen Wertlosigkeit auszureden. Doch wenn sie durch positive Selbsteinschätzung mehr in sich ruhen, verschwinden manche Gefühle der Wertlosigkeit und ein gewisses Problemverhalten vielleicht von selbst. Es gibt so viele Möglichkeiten, den Eltern Mut zu machen, sodass sich ihr Selbstwertgefühl steigert. Das aktive Zuhören gehört dazu. Doch es gibt auch noch andere Wege:

Helfen Sie dem älter werdenden Menschen, aktiv zu bleiben

In der Vergangenheit hat Ihre Mutter vielleicht einen großen Teil ihres Selbstwertgefühls daraus gezogen, dass sie etwas für ihre Familie getan hat. Jetzt sagt ihr die Familie: „Setz du dich hin, Mutter, wir machen das schon." Aber wenn sie körperlich und geistig noch fit ist, tun Sie ihr keinen Gefallen damit. Sie geben ihr vielmehr das Gefühl, wertlos zu sein.

Konzentrieren Sie sich doch nicht auf das, was sie nicht mehr tun kann, sondern ermutigen Sie sie zu dem, was sie noch kann. Wenn sie nicht mehr für das Familientreffen kochen kann, kann sie aber vielleicht noch den Tisch decken, die Servietten falten oder das Silber polieren. Was macht es schon, wenn sie langsam ist und Sie selbst es wahrscheinlich viel schneller machen würden?! Was ist denn wichtiger – alles schnell und effizient zu erledigen oder ihr Selbstwertgefühl zu steigern?

Wenn sie beim Staubwischen etwas auslässt oder den Tisch nicht richtig deckt, sollten Sie das so korrigieren, dass sie ihre Defizite nicht bemerkt.

Helfen Sie dem älter werdenden Menschen, sich auf seine Einschränkung einzustellen

In Kapitel 7 werden Sie Tipps finden, wie Sie Ihrer Mutter helfen können, sich auf eine Einschränkung wie nachlassendes Augenlicht, verschlechterte Hörfähigkeit oder eingeschränkte körperliche Beweglichkeit einzustellen. Diese Anpassung ermöglicht es älteren Menschen, auch weiterhin Aktivitäten auszuüben, die ihnen Spaß machen.

Nachlassende Sehfähigkeit bedeutet zum Beispiel nicht, dass Ihre Mutter das Kochen aufgeben muss. Wenn ihre Fingerspitzen noch sensibel genug sind, können am Herd Regler in Blindenschrift angebracht werden. Falls ihre Hände so arthritisch sind, dass Häkelarbeit unmöglich ist, kann sie vielleicht versuchen zu knüpfen, da hier die Fingerbeweglichkeit nicht so groß sein muss.

Vielleicht hat Ihr Vater sehr gern im Garten gearbeitet, aber er hat nicht mehr die Kraft dazu oder er kann nicht mehr gehen. Selbst wenn er im Rollstuhl sitzt, kann er Pflanzen in Töpfen oder Kästen ziehen. Wenn er gerne schnitzt, aber nicht mehr gut sehen kann, gibt es akustisch gesteuerte Werkzeuge und Regler mit Markierungen in Blindenschrift.

Wenn Ihre Eltern nicht mehr gut genug sehen können, um Briefe zu schreiben, können Familienmitglieder das schreiben, was vorher auf ein Diktiergerät gesprochen wurde.

Zeigen Sie Ihren Eltern, dass sie geschätzt werden

Sie können Ihren Eltern Mut machen, sich auch weiterhin zu beschäftigen: Erkennen Sie an, was sie noch „vollbringen“. Hier gilt es, in der Gegenwart Ihres Vaters oder Ihrer Mutter stolz ein Geschenk vorzuzeigen, das er beziehungsweise sie Ihnen gemacht hat. Danken Sie Ihrer Mutter für etwas, das Sie Ihnen beigebracht hat und Sie oder Ihre Kinder nun gut beherrschen. Geben Sie ihr weitere Gelegenheiten, Fertigkeiten zu vermitteln. Suchen Sie dazu nach einem Weg. Seien Sie großzügig mit Ihrem Lob.

Als Sallys Mutter in ein Altenheim kam, brachte Sally ihr als Erstes ihre Nähmaschine und stellte sie auf. Auch wenn die alte Dame keine Kleidungsstücke für die Familie mehr nähen konnte, so war sie doch noch in der Lage, kleine Gegenstände anzufertigen, die in dem Geschenkeladen des Heims verkauft wurden. Und ich habe einmal in einem Altenheim eine Dame kennengelernt, die noch immer eifrig strickte. Jeder Besucher bekam einen hellroten oder blauen Topflappen geschenkt.

Gestatten Sie Ihren Eltern, über Erinnerungen zu sprechen

Ältere Menschen haben so vieles zu geben, vor allem ihre Erinnerungen. Was für ein Glück war es für Lucy, dass ihre Tochter Katie sich sehr für Geschichte interessierte und die Vorsitzende des örtlichen Geschichtsvereins war. Lucy gehörte einer Pionierfamilie an, die ihre Heimatstadt mitbegründet hatte.

Nachdem ihre Mutter zu ihr gezogen war, begann Katie Lucys Erinnerungen an ihre Kindheit aufzuschreiben. Andere geschichtsbegeisterte Menschen befragten Lucy. Bei der Feier zum 4. Juli und den Feierlichkeiten zu den „Pioniertagen" war Lucy Ehrengast. Und als sie neunzig wurde, war sie zur Lokalberühmtheit avanciert.

Erlebnisse Ihrer Eltern aufzeichnen

Wenn es Ihnen möglich ist, die frühen Erinnerungen Ihrer Eltern auf Kassette oder Video einzufangen, wird dies in späteren Jahren ein Schatz für Sie und Ihre Eltern sein. Ich bedauere zutiefst, dass niemand jemals die Erinnerungen meines Vaters an den Ersten Weltkrieg aufgeschrieben hat. Er hat bei der Infanterie gekämpft und war an fast jeder wichtigen Schlacht beteiligt, doch als er dann älter wurde, hatte er das Interesse daran verloren, von seinen Kriegserlebnissen zu berichten. Sie sind für uns für immer verloren.

Meine Mutter hat auch nicht gern über ihre Vergangenheit gesprochen. Sie war der Meinung, dieses Kapitel sei abgeschlossen, und wollte nicht mehr darüber nachdenken. Doch meine Tochter konnte sie dazu überreden, einige ihrer Erinnerungen auf Kassette zu sprechen, und zu meinem Erstaunen waren sie sehr positiv.

„Wie kommt es, dass ich nur das Schlechte aus ihrer Vergangenheit zu hören bekommen habe und du all das Gute?", fragte ich meine Tochter.

„Weil du die Tochter bist und ich die Enkelin“, lachte sie.

Das scheint mir ein wenig unfair zu sein. Trotzdem bin ich froh, diese Kassette zu haben, und ich bin meiner Tochter sehr dankbar, dass sie das für uns alle getan hat. Vielleicht weigern sich Ihre Eltern, ihre Erinnerungen für Sie auf Band zu sprechen. Möglicherweise lassen sie sich jedoch von einem anderen Familienmitglied dazu überreden.

Lebensgeschichten

In Schreibwaren- und Geschenkeläden finden Sie Bücher mit Titeln wie „Omas Erinnerungen“ oder „Opas Erinnerungen“. Darin ist Raum für bestimmte Grundfakten wie der Geburtsort, wo sie zur Schule gingen und so weiter. Doch darüber hinaus gibt es noch Platz für viele weitere Informationen aus dem Leben der entsprechenden Person.

Einige ältere Leute mit Freude am Schreiben haben ihre Erinnerungen selbst schriftlich festgehalten und zu Büchern gebunden. Dies sind sehr kostbare Familiengeschenke.

Wenn Sie einen Computer zur Verfügung haben, können Sie diese Erinnerungen niederschreiben und mit entsprechenden Illustrationen versehen sowie gescannte Fotos einbinden. Sie können das Ganze leicht über Online-Druckereien oder in einem Schreibwarenladen vor Ort binden lassen.

Wenn Sie den Eindruck haben, Sie seien damit überfordert, kennen Sie vielleicht jemanden, der Ihnen diese Arbeit abnehmen kann. Fragen Sie doch Ihre Kinder – sie freuen sich vielleicht, etwas für die Eltern und Großeltern tun zu dürfen. Ich habe mehrere dieser Erinnerungsbücher gesehen; jeder wäre stolz und glücklich, eines als Erinnerung an einen Angehörigen zu besitzen.

Die Bedeutung der Lebensrückschau

Wenn Sie Ihren Eltern Mut machen, ihre Erinnerungen niederzuschreiben, dann tun Sie etwas, was die Gerontologen für ältere Leute für sehr wichtig halten: Sie motivieren sie zu einer Lebensrückschau. Diese hilft den Menschen, die Bedeutung ihres Lebens zu erkennen. Der Ausdruck „Lebensrückschau" wurde von dem Gerontologen Dr. Robert N. Butler geprägt. Er weist darauf hin, dass die Tendenz älterer Menschen, in der Vergangenheit zu leben, nicht ungesund ist, solange die Vergangenheit die Gegenwart nicht vollständig überschattet. Erinnerung ist wichtig, um mit seinem Leben ins Reine zu kommen, und sollte nicht gehemmt werden.

Wenn die Tendenz Ihrer Eltern, in der Vergangenheit zu leben, Ihnen Sorgen bereitet, seien Sie versichert, dass es völlig normal ist. Erinnerung kann auch dazu führen, bei Fehlern, Verletzungen und Unrecht der Vergangenheit zu verharren. Dann heißt es schnell: „Ich hätte nicht ...", und: „Wenn ich nur ..." An dieser Stelle können Sie helfen, indem Sie bestimmte Fragen stellen.

„Was hat das deiner Meinung nach für dein Leben bedeutet?", „Wie hast du dich gefühlt, als das passiert ist?" und: „Ist noch etwas Gutes daraus entstanden?" Dies sind Fragen, die Ihre Eltern zu einer neuen Sichtweise verhelfen können.

Überlegen Sie, ob Sie nicht Bewunderung für mutige Taten zeigen können. Sie könnten zum Beispiel sagen: „Du meine Güte, ich wusste gar nicht, dass es nach dem Krieg so schlimm zugegangen ist. Unglaublich, was du geleistet hast. Dass du uns in einer so schlechten Zeit großgezogen hast!"

Durch die Erinnerungen Ihrer Eltern lernen Sie sie immer besser kennen, und vielleicht entdecken Sie viele positive Eigenschaften, von denen Sie nichts wussten. Meine Mutter war zum Beispiel sehr eigensinnig. (Zweifellos hat sie das dazu gebracht, neunundachtzig Jahre alt zu werden, obwohl sie ihr Leben lang gesundheitlich angeschlagen war.) Einmal habe ich bewundernd zu ihr gesagt: „Du hast nie aufgegeben, oder? Die meisten Menschen hätten schon längst das Handtuch geworfen, aber du bist so entschlossen. Du lässt dich einfach nicht unterkriegen."

Darauf erwiderte sie nichts, aber ich konnte sehen, dass sie sich freute. Und ich hatte nicht versucht, ihr zu schmeicheln. Ich habe nur meiner neu gewonnenen Anerkennung für eine ihrer Eigenschaften Ausdruck verliehen, die den Umgang mit ihr manchmal so schwierig gemacht hat. Ihre Reaktion auf die Geschichten Ihrer Eltern sowie die Reaktion aller anderen darauf sind wichtig für ihren positiven Lebensrückblick.

Vielleicht hilft es Ihnen, sich vor einem Besuch bei Ihren Eltern Themen zu überlegen, die das Erinnerungsvermögen Ihrer Eltern fördern. Sie könnten zum Beispiel ein Gespräch über Kindererziehung in früheren Zeiten beginnen oder über alte Heilmethoden für bestimmte Krankheiten oder über die erste Arbeitsstelle sprechen. Es gibt unzählige Möglichkeiten. Fragen Sie nach Einzelheiten, das wird die Geschichten lebendiger machen.

Wenn die Erinnerungen nur langsam fließen, können Sie ein wenig nachhelfen, indem Sie sich zum Beispiel gemeinsam alte Bilder ansehen. Dies könnte zusätzliche Erinnerungen wachrufen.

Die geistliche Dimension der Lebensrückschau

Gelegentlich kommen schmerzliche Erinnerungen in einem Menschen hoch. Ihre Eltern müssen vielleicht einem Menschen vergeben oder selbst um Vergebung bitten, und das kann sehr schwierig sein. Vielleicht führt das dazu, dass Sie erst einmal nicht mehr weiterkommen. Ich zögere, einem erwachsenen Menschen zu raten, der geistliche Seelsorger seiner Eltern zu werden, obwohl manche Menschen sicherlich dazu in der Lage wären. In den meisten Fällen kann diese Aufgabe jedoch besser von einem Seelsorger übernommen werden, von einem geistlich reifen Freund oder jemandem, der nicht so eine starke emotionale Bindung an Ihre Eltern hat wie Sie.

Die Zeit finden

Wenn Sie diese Vorschläge gelesen haben, schütteln Sie vielleicht den Kopf und denken: *Wie soll ich jemals die Zeit finden, all das zu tun?*

Sie brauchen nicht jeden Vorschlag zu befolgen. Vieles davon erfordert nur wenig zusätzliche Zeit. Sie können zum Beispiel während eines normalen Besuches bei Ihren Eltern mit ihnen in Erinnerungen schwelgen und ihnen gleichzeitig über den Rücken streichen.

Und ein letzter Rat noch: Wenn Sie mit Ihren Eltern nur die schönen Dinge tun und sich für die alltäglichen Aufgaben Hilfe holen, wird sich Ihr Verhältnis zu Ihren Eltern positiver entwickeln. Sie werden mehr Kraft haben. (Sie werden erstaunt sein, wie viel Energie Sie bisher durch negative Gefühle verschwendet haben.)

Wenn Sie die Pflege Ihrer Eltern übernehmen, dann planen Sie auf lange Sicht. Kurzfristig ist es vielleicht möglich, alles allein zu schaffen, die Bedürfnisse Ihrer Eltern und sogar ihre Forderungen zu erfüllen. Aber auf lange Sicht wird es nicht möglich sein. Eine solche Pflege kann Jahre dauern. Sie können Ihren Eltern nur die emotionale Unterstützung geben, die Sie brauchen, wenn Sie selbst Zeit und Kraft dazu haben. Darum suchen Sie sich Hilfe, und lernen Sie, auch auf sich selbst zu achten, damit Sie nicht ausbrennen.

Anmerkungen

1 Bloomfield, Harold H., M.D. zusammen mit Felder, Leonard, Ph.D., *Making Peace with Your Parents: The Key to Enriching Your Life an All Your Relationships,* New York, Ballantine Books, 1983, S. 5–6.

Kapiel 4: Ist Selbstschutz falsch?

So wähle das Leben, damit du lebst, du und deine Nachkommen ...
5. Mose 30,19

Denn ich kenne ja die Gedanken, die ich über euch denke, spricht der Herr, Gedanken des Friedens und nicht zum Unheil, um euch Zukunft und Hoffnung zu gewähren.
Jeremia 29,11

Auch Sie haben ein Recht zu leben!", sagte mein Pastor zu mir, als ich kurz nach Übernahme der Pflege meiner Mutter ein seelsorgerliches Gespräch mit ihm führte. Es brachte mich zur Besinnung.

Tränen stiegen mir in die Augen. Bis zu diesem Augenblick war ich nicht davon überzeugt, dass auch nur ein menschliches Wesen auf der Welt der Meinung war, dass ich meine Lebensberechtigung haben dürfte – weder die Geschwister in der Gemeinde noch meine Freunde, noch meine Mutter, noch meine Kinder, nicht einmal mein Mann. Vielleicht nicht einmal Gott.

Viele Menschen, die eine Pflege übernommen haben, zweifeln an ihrem Recht zu leben. Ich sehe, wie sie sich allein auf die Pflichten als pflegende Person konzentrieren und dabei ihren eigenen Körper, ihren Geist und Verstand vernachlässigen. Im Laufe der Zeit geraten sie in einen Sog des negativen Denkens und einer ungesunden Lebensweise, der buchstäblich tödlich ist.

Viele Kinder, die ihre Eltern pflegen, sind überaus empfänglich für Predigten über das Sich-selbst-Opfern und die Gefahren der

Selbstsucht. Entweder bekommen sie keine Predigten über ihren eigenen Wert zu hören oder sie *wollen* sie nicht hören. Wenn jeder Mensch in Gottes Augen wertvoll ist, kann es nicht sein, dass eine Generation auf Kosten der nächsten gepflegt wird und dabei kaputtgeht. Alles hat seinen Platz, auch die Bedürfnisse der pflegenden Person. Es ist niemals falsch, selbst überleben zu wollen und sich Hilfe zu suchen. Die Fähigkeit zur Bereitschaft, sich Unterstützung zu holen, ist sogar gesund. Eine Pflege soll nicht gleichzeitig ein Martyrium sein.

Ob die Art, wie Sie eine Pflege leisten, richtig ist, merken Sie an Ihrer körperlichen, seelischen und geistlichen Stabilität. Sie sollten Ihre Aufgabe als pflegende Person neu überdenken, wenn sie hauptsächlich durch den Wunsch motiviert ist, den Erwartungen der Gesellschaft oder Ihres eigenen Stolzes zu entsprechen, wenn Sie krank und depressiv werden und wenn Ihre Beziehungen zu anderen darunter leiden. Ihr geistliches Leben kann leiden und es wird Ihnen schwerfallen, in der Bibel zu lesen oder zu beten. Lassen Sie nicht zu, dass Ihre Gemeinschaft mit Gott leidet und Sie innerlich vereinsamen. Es kann sogar so weit kommen, dass Sie selbst den Tod herbeisehnen. Es ist daher besser, den Anfängen zu wehren, als sich irgendwann aus diesem Loch wieder herausziehen zu müssen.

Biblische Sorge für sich selbst

In der Bibel wird der Gläubige nicht aufgefordert, für sich selbst zu sorgen; die Bibel geht einfach davon aus. Im Epheserbrief fordert der Apostel Paulus die Ehemänner auf, ihre Frauen so zu lieben wie ihren Körper: „Denn niemand hat jemals sein eigenes Fleisch gehasst, sondern er nährt und pflegt es ..." (Epheser 5,29). Und Jesus sagte: „Du sollst deinen Nächsten lieben wie dich selbst" (Matthäus 19,19). Die in der Bibel erwähnte Sorge für sich selbst basiert auf Gottes Handeln an uns. Er hat uns geschaffen und liebt uns.

Deshalb sind wir es wert, erhalten zu werden. In Kapitel 2 ging es darum, seine Eltern so zu sehen, wie Gott sie sieht, das heißt, objektiv, so wie sie wirklich sind. Können Sie denn auch sich selbst so sehen, wie Gott Sie sieht? Wenn ja, werden Sie in sich jemanden sehen, der es wert ist, geliebt und umsorgt zu werden.

Das Wichtigste, was Sie Ihren Eltern geben, sind Sie selbst. Sehr leicht passiert es, dass die körperliche Pflege des Vaters oder der Mutter Sie so auslaugt, dass Sie emotional oder geistlich nichts mehr zu geben haben.

Bessie brachte ihrer Mutter jeden Tag das Mittagessen. Während sie dort war, räumte sie die Wohnung auf, sammelte die schmutzige Wäsche zusammen, kümmerte sich um die Rechnungen und erledigte die vielen Kleinigkeiten, die tagtäglich außerdem noch anfielen. Doch egal, wie lange sie auch dort blieb, ihre Mutter dachte sich immer noch mehr Aufgaben aus, um sie noch länger festzuhalten.

Bessie war erschöpft, bis ein kluger Sozialarbeiter sie darauf hinwies, dass ihre Mutter sich einfach nach Gesellschaft und seelischer Unterstützung sehnte. Bessies Mutter würde sehr viel glücklicher sein, wenn diese sich während des Essens zu ihr setzen, sich mit ihr unterhalten und ihr zuhören würde und die Hausarbeit entweder liegen lassen oder eine Hilfskraft dafür suchen würde.

Wenn Sie zu erschöpft sind von den vielen mit der Pflege verbundenen Aufgaben, sodass Sie sich emotional nicht mehr engagieren können, wird der geliebte Mensch leiden. Sie müssen einen Weg finden, um nicht auszubrennen. Das bedeutet, dass Sie sich nicht nur um sich selbst kümmern – sich ein eigenes Privatleben bewahren –, sondern auch die geistliche Gemeinschaft mit Gott pflegen, damit Sie von ihm Kraft holen können, anstatt auf eigene Reserven zu bauen.

Beachten Sie den Rat von Rose: „Wenn ich anderen Menschen aus meiner Erfahrung heraus einen Rat geben kann, dann den: ‚Seht zu, dass ihr die Stille Zeit nicht vernachlässigt.‘ Ich habe mir immer am Morgen Zeit dafür genommen. Als dann Mutter zu uns zog, wurde unser gesamter Zeitplan durcheinandergeworfen.

Wenn ich jetzt aufstehe, ist sie bereits wach und wartet auf ihr Frühstück. Ich musste mir also eine andere Zeit suchen, in der ich allein sein konnte, und das dauerte eine Weile. Dennoch ging es wieder bergauf, als ich mein Beten und Bibellesen geregelt bekam."

Es gilt, auf die positiven Botschaften der Bibel zu achten. Lesen Sie Verse wie Psalm 121,2: „Meine Hilfe kommt vom Herrn ...!" Schmerz und Trauer sind in dieser gefallenen Welt unausweichlich, aber Gottes Hilfe ist immer da, wenn man nicht zu niedergeschlagen ist, um sich danach auszustrecken.

Wenn Sie in der Bibel lesen und nur noch Verdammung statt Hoffnung finden, dann denken Sie daran, dass auch der Teufel Bibelstellen zitieren kann. Ihre Angewohnheit, sich selbst für Ihre Gefühle zu verdammen, liefert ihm die Munition, die er gegen Sie einsetzen kann.

Judy wollte ihre Mutter nicht besuchen, die sich die Hüfte gebrochen hatte. Sie war erschöpft von der Arbeit, sie brauchte Zeit für sich selbst, und sie ärgerte sich darüber, dass sie nun auch noch hundert Kilometer weit fahren sollte, um ihre Mutter im Krankenhaus zu besuchen. Sie fuhr trotzdem, aber noch monatelang machte sie sich Vorwürfe, weil sie gezögert hatte zu fahren.

Erinnern Sie sich an das Gleichnis von dem Mann, der zwei Söhne hatte (Matthäus 21,28–32)? Er bat die beiden, im Weinberg zu arbeiten. Der eine sagte zu, ging aber nicht. Der andere sagte zuerst Nein, doch später änderte er seine Meinung und ging. Jesus lobte den gehorsamen Sohn. Welcher war das? Natürlich der, der ging. Die Frage war hier nicht, ob er Lust hatte zu gehen. Jesus verurteilte ihn nicht für seine Gefühle. Dasselbe gilt auch für Sie.

Sich für vollkommen normale Gefühle zu verurteilen verhindert, dass Sie sie Gott gegenüber eingestehen und loslassen können. Dies ist eine Bindung, die Sie von Gott trennt.

Sie brauchen nicht nur Gott, um zu überleben, sondern auch andere Menschen. Wenn Sie in der Pflege Ihrer alten Mutter isoliert sind, werden Sie einsam, Ihr Selbstbild wird herabgesetzt, Sie werden einen guten Austausch vermissen. Ihre Niedergeschlagenheit wird sich unweigerlich auf andere geliebte Menschen auswirken. Ihre Mutter wird sich als Last empfinden und zunehmend depressiv und schwierig werden, was wiederum Ihre Depressionen steigert. Wenn dies bereits passiert, sollten Sie den Teufelskreis so bald wie möglich durchbrechen. Sie können das tun, indem Sie bewusst einige Entscheidungen treffen:

Entscheidung 1: Leben Sie!

Wir müssen unsere Bedürfnisse und Gefühle kennen. Menschen, die ihre Bedürfnisse und Gefühle leugnen, leben bald losgelöst von sich selbst und von Gott. Es ist nicht selbstsüchtig, sich einzugestehen, dass wir Bedürfnisse haben. Gott hat diese Bedürfnisse in uns hineingelegt. Ihr Vorhandensein zu leugnen würde bedeuten, das Leben zu leugnen, das er uns gegeben hat, und statt des Lebens den Tod zu wählen. Wenn Sie eine Pflege übernommen haben, dann haben Sie ganz bestimmt die Bedürfnisse eines anderen Menschen vor Ihre eigenen gestellt, aber das ist kein Grund, sich komplett zu verleugnen. Weil Sie das Essen für Ihre Familie zubereiten, bedeutet das doch noch lange nicht, dass Sie nicht auch zu essen brauchen.

Wenn Sie sich eingestehen, dass Sie es nicht allein schaffen und dass Sie Hilfe brauchen, dann haben Sie eine Entscheidung für das Leben getroffen.

„Wie fühlst du dich?“, fragte ich eine Frau, die eine Pflege übernommen hatte, einmal am Telefon.

„Lausig!“, erwiderte sie.

„Preist den Herrn“, flüsterte ich. Sie hatte zum ersten Mal zugegeben, dass es ihr nicht gut ging. Sie war ein ernstlich depressiver Mensch, der seinen Schmerz hinter einem aufgesetzten Lächeln verbarg, und sie hatte gerade den ersten Schritt getan, sich nach Hilfe auszustrecken.

Entscheidung 2: Um Hilfe bitten

Menschen, die ihre Eltern pflegen, widerstrebt es häufig, enge Familienmitglieder um Hilfe zu bitten. Ich halte das für verständlich, denn um Hilfe zu bitten bedeutet, eine Zurückweisung zu riskieren. Es ist gleichzeitig ein Eingeständnis, dass man verletzlich und nicht vollkommen ist. Verletzter Stolz könnte die Folge sein.

Sie verstehen nicht, warum die anderen ihre Hilfe nicht anbieten, bevor Sie darum bitten? Aber war Ihnen klar, was mit einer Pflege alles verbunden ist, bevor Sie sie übernommen haben? Das bezweifle ich. Es liegt an Ihnen, sich bemerkbar zu machen, wenn möglich, auf ruhige und liebevolle Weise, um anderen zu erklären, was Sie und der ältere Mensch brauchen. Selbst dann wissen die anderen vielleicht noch nicht, was genau sie tun können. Stellen Sie eine Liste der Aufgaben zusammen, die Sie im Zusammenhang mit der Pflege Ihrer Eltern übernommen haben. Legen Sie diese Liste Ihren Verwandten vor, und fragen Sie, welche Aufgaben sie übernehmen könnten und für welche Aufgaben man eine bezahlte Hilfskraft engagieren sollte. Wenn Sie finanzielle Unterstützung dafür brauchen, zögern Sie nicht, auch darum zu bitten.

„Ich bin so ausgelaugt", sagte Ruth, eine Freundin von mir, die ihre Großmutter pflegte. „Großmutter hat sechs Kinder und zwei ihrer Söhne wohnen in derselben Stadt, aber alles bleibt an mir hängen."

„Hast du deine Onkel denn jemals um Hilfe gebeten?"

Genau wie ich vermutet hatte, hatte sie dies nicht getan. Als sie sich dazu überwand, sagte einer von ihnen: „Aber, Liebes, du hast nie irgendetwas gesagt, deshalb dachte ich, du kommst prima allein klar." Von da an führte er seine Mutter einmal pro Woche zum Mittagessen aus und gab Ruth Geld, damit sie eine Hilfe einstellen konnte. Denn im Gegensatz zu ihr hatte er genügend Geld dafür zur Verfügung.

Ihr großes Engagement hindert Ihre Angehörigen vielleicht an der Hilfe. Versuchen Sie, andere in Ihrer Pflege mit einzubinden.

Manchmal lassen sich selbst unwillige Familienmitglieder dazu bewegen.

Cathys Mutter lebte in einem Altenheim. Cathy war die Einzige, die sich um sie kümmerte, obwohl sie ganztags arbeitete. Ihr Bruder, der ganz in der Nähe lebte, tauchte fast nie auf. An einem Wochenende beschloss Cathy (die von ihrem Bruder die Nase voll hatte), für ein paar Tage zu verreisen, ohne ihm oder dem Altenheim, in dem ihre Mutter lebte, Bescheid zu sagen. (Das Heim hatte für den Notfall die Telefonnummer ihres Bruders.)

Was kann in drei Tagen schon passieren?, dachte sie.

In dieser Zeit stürzte ihre Mutter. Das Personal des Altenheimes rief Cathys Bruder an. Zum ersten Mal sah er die Schmerzen und Angst seiner Mutter und spürte den gegen ihn gerichteten Zorn. Er telefonierte mit ihrem früheren Arzt, der sich jedoch weigerte zu kommen. Dann rief er einen anderen Arzt an und überredete ihn, sich mit ihm im Altenheim zu treffen. Cathys Bruder, so zum Handeln gezwungen, verweigerte sich nicht.

„Wissen Sie", lachte Cathy, „er ist jetzt sehr viel verständnisvoller mir gegenüber als früher."

Die Hilfe, die hier ein Ergebnis trauriger Umstände war, könnte viel selbstverständlicher werden, wenn die betreffenden Personen nicht denken würden, sie müssten alles allein machen.

Wenn die Eltern daran gewöhnt sind, dass Sie alles tun, werden sie sich gegen eine weitere Unterstützung zur Wehr setzen. Das mag sehr schmeichelhaft sein, aber gehen Sie nicht darauf ein. Es ist normal, dass kranke oder gebrechliche Menschen sich schnell um sich selbst drehen. Sie ahnen unter Umständen nicht, welche Arbeit Sie leisten. Auf Dauer müssen Sie darauf achten, was für Ihre Eltern und für Sie selbst das Beste ist, und Ihre Eltern werden auch tief in ihrem Innersten nicht wollen, dass Sie ausgelaugt sind und zusammenklappen.

Entscheidung 3: Hören Sie auf, alles regeln zu wollen

Einige haben das ungesunde Bedürfnis, das Leben der geliebten Menschen organisieren zu wollen. Ich habe schon Sätze gehört wie: „Wenn ich alles tue, was ich kann, wird Gott mir die Kraft geben, Mutter zu Hause zu pflegen. Dann wird sie nicht in einem Pflegeheim untergebracht werden müssen."

Seltsam, aber in meiner Bibel habe ich nichts gefunden, was eine solche Aussage belegt. Wo steht geschrieben, dass Gott uns etwas schuldig ist, wenn wir uns genügend anstrengen? Vorsicht: Der Grat zwischen Glauben und Anmaßung ist sehr schmal und viele Menschen haben ihn unbewusst überschritten.

Wenn Sie fälschlicherweise glauben, dass Sie – nicht Gott – die Lebensumstände Ihrer Eltern in der Hand haben, so ist das ein falscher Glaube. Sie sagen vielleicht: „Ich bin verantwortlich für Mutters Glück." In Wahrheit jedoch ist jeder für sein eigenes Glück verantwortlich.

Oder Sie sagen: „Ich bin verantwortlich für Mutters Gesundheit." Die Wahrheit ist aber, dass jeder geistig gesunde Mensch selbst für seine Gesundheit verantwortlich ist.

Eine weitere falsche Annahme lautet: „Wenn ich es nicht tue, wird es niemand tun." Die Wahrheit ist: Häufig meinen Sie mit einer solchen Aussage eigentlich: „Wenn ich es nicht tue, habe ich nicht mehr länger alles in der Hand."

Noch eine falsche Annahme: „Wenn ich es richtig mache, bekomme ich die Liebe, den Respekt und den Dank, die mir zustehen." Die Wahrheit ist, dass Sie vielleicht viel eher Zorn und Feindschaft ernten als Dank.

Wenn Sie aufhören, alles regeln und tun zu wollen, geben Sie Gott Raum, Ihnen etwas abzunehmen. Ich habe viele Wunder erlebt, wenn Menschen, die ihre Eltern pflegten, Gottes Handeln endlich zuließen.

Entscheidung 4: Lernen Sie, Grenzen zu setzen

Was ist Ihr langfristiges Ziel? Ist es, dass Ihre Eltern so lange wie möglich allein zurechtkommen? Wenn Sie Gefahr laufen, dass Sie selbst ausbrennen, ist eine Heimbetreuung weit besser. Wenn Sie selbst Grenzen setzen, erreichen Sie Ihr Ziel viel eher.

Erforderlich ist ...

1. realistisch einzuschätzen, was Ihre Eltern brauchen (nicht was sie wollen),
2. zu wissen, welche dieser Bedürfnisse Sie erfüllen können, wobei Sie Ihre Verantwortung sich selbst und anderen Familienmitgliedern gegenüber im Blick behalten müssen, und
3. herauszufinden, wer außer Ihnen mithelfen könnte.

Wenn Sie Grenzen setzen, dann sollten Sie die Pflege nicht als persönlichen Dienst betrachten, sondern als „Pflegemanagement". Der professionelle Pflegemanager findet heraus, wie die Bedürfnisse seines Klienten (in diesem Fall die Ihrer Eltern) erfüllt werden können, und engagiert dann andere, die diese Dienste erledigen (mehr darüber in Kapitel 7).

Zu lieben heißt auch, Grenzen zu setzen. Als Janes Kräfte nachließen, brachte sie ihre Mutter in einem Altenheim ganz in ihrer Nähe unter.

„Jetzt kann ich meine Mutter wieder lieben", sagte Jane.

Sie meinte damit, dass sie jetzt von der Pflege rund um die Uhr nicht mehr so erschöpft war und die Gesellschaft ihrer Mutter wieder genießen konnte. Ihre Eltern sind glücklicher dran mit einer fröhlichen und ausgeruhten Person, die gern mit ihnen zusammen ist, als mit einer erschöpften und verärgerten, die gar nicht mehr auf sie eingehen kann. Ihre Fähigkeit, Grenzen zu setzen, wird darüber entscheiden, wie Ihr Verhältnis zueinander aussehen wird.

Grenzen bedeuten Sicherheit. Ihre Eltern sind vielleicht erleichtert, wenn sie wissen, wo sie dran sind. Einige Eltern probieren aus, wie weit sie gehen können, um diese Grenzen zu entdecken. Ein fehlender Rahmen kann sie letztlich beunruhigen. Die Unfähigkeit, Nein zu sagen, lässt immer auf ein Problem in uns selbst schließen, dem wir uns widmen sollten.

Das beginnt bei lästigen Telefonanrufen. Wenn Ihre Mutter beispielsweise mehrmals am Tag anruft und Sie dadurch in Ihrem Familienleben stört, wenn nichts sie davon abhalten kann, sollten Sie sich vielleicht einen Anrufbeantworter anschaffen. Dann können Sie mit ihr sprechen, wenn *Sie* das möchten und es zeitlich passt.

Entscheidung 5: Planen Sie Zeit für sich ein

Der beste Weg, Zeit für sich zu finden, ist, die Techniken des Zeitmanagements einzusetzen. Erstellen Sie eine Liste von Dingen, die Sie täglich, wöchentlich, monatlich oder wann auch immer zu tun haben, und ordnen Sie sie nach ihrem Stellenwert. Wenn sich auf Ihrer Liste mehr Dinge befinden, als der Tag Stunden hat, dürfen Sie auf keinen Fall streichen, was wichtig für Ihre Gesundheit und Ihr Wohlergehen ist. Alles andere, für das Sie keine Zeit mehr haben, muss entweder von einem anderen – einem Familienmitglied oder einem freiwilligen Helfer – übernommen werden oder unerledigt bleiben.

Bereiten Sie mindestens für einen Monat Listen für jeden Tag der Woche vor (zum Beispiel im Kalender), und „blocken" Sie die Zeit, die Sie für Schlafen, Essen (dazu gehören auch Einkaufen und Kochen) und Sport brauchen. Als Nächstes „blocken" Sie Zeit für die Dinge, die Ihnen besonders wichtig sind:

- Zeit allein mit Gott
- Zeit für mindestens eines Ihrer Hobbys
- Zeit für Entspannung
- Wenn Sie verheiratet sind[4]: Zeit für Ihren Ehepartner und Ihre Kinder.

Die einzelnen Dinge müssen dabei nicht besonders viel Zeit in Anspruch nehmen. Zehn Minuten des konzentrierten Bibellesens und des Gebetes ist einer ganzen Stunde unkonzentrierten „Studiums" durchaus vorzuziehen.

Treffen Sie Vereinbarungen mit sich selbst – und halten Sie sie ein. Wenn Sie jeden Tag etwas tun, das Ihnen Freude macht, hilft Ihnen das, Ihren Geist zu erfrischen. Das muss nichts Großartiges sein. Wenn Sie Pflanzen mögen, kaufen Sie sich eine neue und beobachten ihr Wachstum. Wenn Sie gern Handarbeiten erledigen, suchen Sie sich etwas, das man leicht mitnehmen kann, zum Beispiel in das Wartezimmer eines Arztes. Vielleicht telefonieren Sie aber auch einfach nur mit einer Freundin, gehen zum Friseur oder schreiben in Ihr Tagebuch.

Wichtig ist, dass Sie sich Zeit für die eigene Entspannung nehmen und diese einhalten, bevor Sie den ganzen Tag nur damit beschäftigt sind, dringende Aufgaben zu erledigen, die Sie auslaugen.

Entscheidung 6: Pflegen Sie Ihren Körper

Stress zeigt sich in erster Linie an Ihrem Körper. Wenn Sie an Gewicht zunehmen oder dieses verlieren, wenn Sie unter Schlafstörungen leiden oder körperliche Beschwerden auftreten wie zum Beispiel Kopfschmerzen, Magenschmerzen, Rückenkrämpfe, hoher Blutdruck etc., dann sind dies möglicherweise Anzeichen dafür, dass Sie unter Stress stehen und etwas dagegen unternehmen sollten. Sie müssen mit Ihrem Körper leben und in einem gestressten Körper gibt es keinen heiteren Geist.

Glücklicherweise können Sie einen Teil Ihres Kummers oder der Sorgen, die Sie quälen, umkehren, indem Sie Ihren Körper pflegen. Sport baut Spannung ab, hilft Ihnen, besser zu essen und zu schlafen, hält Ihre Herz- und Lungenfunktionen und die Funktionen anderer Körperorgane aufrecht und bessert Ihre Stimmung. Mehr Spaß macht es, mit jemand anderem zusammen Sport zu treiben, weil das zudem Ihre gesellschaftlichen Bedürfnisse befriedigt. Und Tätigkeiten wie Graben im Garten oder Holzhacken können Ihnen helfen, Emotionen abzubauen.

Wenn ich von Sport rede, so muss das nicht unbedingt Aerobic oder Langlauf sein. Die Ärzte sagen, es gäbe keine bessere Sportart als das Gehen. Dazu brauchen Sie keine besondere Kleidung oder Ausrüstung und Sie können es jederzeit tun. Während Sie spazieren gehen, können Sie beten, einen Psalm singen oder Gott für die Schönheit des Tages loben.

Eine Frau aus unserer Selbsthilfegruppe hat sich mit einer anderen zusammengetan, und die beiden fingen an, jeden Morgen ganz früh einen Spaziergang zu machen, bevor ihre Mütter aufstanden. Eine andere Frau schloss sich einem Wanderverein aus dem Ort an. Für die Zeit, die sie unterwegs war, engagierte sie jemanden, der auf ihre Mutter aufpasste. Die Vorteile, so berichten diese Frauen, seien enorm. Am schwierigsten sei es am Anfang. Doch wenn man sich einmal dazu überwunden hätte, würde man sich viel besser fühlen, und es sei auch viel leichter, den Tag zu überstehen.

Neben dem regelmäßigen Sport, den Sie betreiben sollten, könnte es Ihnen auch helfen, bestimmte Übungen zu machen, die Spannungen reduzieren. Massage, ein Bad in einem Whirlpool, ein Saunagang, sogar ein heißes Bad oder eine heiße Dusche helfen, verspannte Muskeln zu lockern. Tiefes Atmen entspannt ebenfalls. Anspannung und Sorgen lassen Sie manchmal fast das Atmen vergessen. Flaches Atmen ist der Grund dafür, dass Ihr Gehirn mit zu wenig Sauerstoff versorgt wird. Sie fühlen sich müde und träge.

Lernen Sie, sich kleine Auszeiten zu gönnen. Dies ist eine Art geistiger Sport. Wenden Sie den Blick von Ihren allgegenwärtigen Aufgaben ab und denken Sie an eine hübsche Szene in der Natur. Machen Sie eine Pause und legen Sie Ihre Lieblings-CD ein. Nehmen Sie Ihre Umgebung wahr. Hören Sie auf den guten Rat einer Frau, die ebenfalls ihre Eltern pflegte: „Lernen Sie, die kleinen Dinge zu erkennen und zu genießen." Freuen Sie sich an einem wunderschönen Sonnenaufgang, an dem Lächeln eines Babys im Supermarkt, am Singen der Vögel, am frischen Tau auf dem Gras. Dann können Sie inmitten des größten Trubels sagen: „Das Leben ist schön!"

Auch gesunde Ernährung ist wichtig für Ihren Körper. Sehr viele Menschen, die die Aufgabe einer Pflege übernommen haben, essen zu wenig, schlingen in aller Eile „Fastfood" in sich hinein oder sie essen zu viel und werden übergewichtig. Die Ernährung wirkt sich auf Ihre Stimmungen aus. Wenn Sie Ihren Eltern keine ungeduldige, leicht erregbare Pflegeperson sein wollen, müssen Sie gesunde Nahrung zu sich nehmen.

Dazu gehören Vollkornkost, frisches Obst und Gemüse anstatt fetter Fertiggerichte. Das ist nicht leicht, aber eine Umstellung muss nicht von heute auf morgen vonstatten gehen. Vielleicht brauchen Sie die Unterstützung anderer Menschen, um diese Veränderungen vorzunehmen. Häufig finden Sie in Zeitschriften Rezepte, die zeigen, was für eine wichtige Rolle die Ernährung bei der Vorbeugung von Herzkrankheiten, Schlaganfällen und Krebs spielt. Probieren Sie sie aus und Sie werden sehen, dass es Ihnen guttut.

Entscheidung 7: Lachen Sie mehr

Bei den Sioux-Indianern gibt es ein Sprichwort: „Das Erste, was ein Mann nach seinem Tod sagt, ist: ‚Warum bin ich nur so ernst gewesen?'" Man kann sich so in seine Pflegeaufgabe verbeißen, dass man den Blick für das Leben vollkommen verliert. Lachen kann helfen, sich wieder darauf auszurichten.

In der Bibel wird das folgendermaßen ausgedrückt: „Ein fröhliches Herz bringt gute Besserung" (Sprüche 17,22).

Diese Erkenntnis ist in neuerer Zeit von Norman Cousins, einem bekannten Verleger, bestätigt worden, der seine, wie die Ärzte sagten, unheilbare Krankheit behandelt hat, indem er sich lustige Filme ansah. In einigen Krankenhäusern gibt es jetzt sogar schon „Lachräume" für die Patienten.

Wenn jemand von außen einmal zu einem Treffen unserer Selbshilfegruppe kommen würde, wäre er erstaunt, wie viel wir lachen. Menschen, die eine Pflege übernommen haben, brauchen das Lachen. Wenn wir uns austauschen, kommen oft die komischsten Begebenheiten zutage, sodass wir immer etwas zum Lachen haben.

Ein Mann, der seine oft sehr schwierige Mutter pflegt, schafft es, sie aus ihren Launen zu holen, indem er mit ihr scherzt. Dies ist eine Kunst, die Sie als Betreuer Ihrer Eltern erlernen und einsetzen sollten.

Wenn es Ihnen schwerfällt, irgendetwas Schönes an Ihrem Alltag zu finden, suchen Sie nach etwas, worüber Sie lachen können. Kaufen Sie sich ein Witzebuch oder einen Comic, suchen Sie in der Bibliothek nach humorvollen Büchern oder leihen Sie sich lustige Videos aus. Und dann lachen Sie. Es wird Ihren Körper und Ihren Geist entspannen.

Entscheidung 8: Entfliehen Sie Ihrem Alltag so oft wie möglich

Früher gab es das Wort „Pause" in meinem Wortschatz nicht. Doch als ich die Pflege meiner Mutter übernahm, lernte ich schon bald, dass ich genau das am dringendsten brauchte. Es war allerdings ein Bedürfnis, das sich besonders schwer erfüllen ließ.

Im Wörterbuch wird „Pause" als eine kurze Phase der Ruhe oder Entspannung definiert.

Sich eine Pause zu gönnen bedeutet nicht, alles stehen und liegen zu lassen. Es ist eine kurze Ruhephase, die Ihnen die Kraft gibt, Ihre Pflichten weiterhin zu erfüllen.

Menschen mit positiver Lebenseinstellung (Entscheidung 1) haben vermutlich kein Problem damit, dieses Bedürfnis nach einer Pause zu erkennen, aber sie wissen vielleicht nicht, wie sie sich eine Phase der Ruhe verschaffen können, sei es nun eine mehrstündige Pause, in der Sie mit einer Freundin Essen gehen, ein ganzes Wochenende oder sogar eine ganze Woche Urlaub.

Wenn andere Angehörige in der Nähe wohnen, bitten Sie sie doch, in der Zeit die Pflege zu übernehmen, damit Sie sich eine Pause gönnen können. Bestimmt sind Schwester oder Bruder, Nichte oder Neffe, Cousine oder Cousin gern bereit, vorübergehend für Sie einzuspringen. Auch wenn sie es nicht von sich aus anbieten, werden einige grundsätzlich bereit sein, wenn sie darum gebeten werden. Das Problem ist wahrscheinlich nur, dass Sie ungern fragen. Aber Sie müssen lernen, es zu tun.

Wenn kein Angehöriger zur Verfügung steht, haben Sie, je nach Finanzlage, mehrere Möglichkeiten. Bestimmt sind auch Freunde, Gemeindemitglieder oder Nachbarn bereit, vorübergehend für Sie einzuspringen. Außerdem gibt es Hilfsprogramme für Menschen mit niedrigem Einkommen. (In Kapitel 7 wird das noch näher ausgeführt.) In Pflegeheimen stehen normalerweise Betten für eine kurzzeitige Versorgung zur Verfügung (Kurzzeitpflege). Man muss natürlich einen Eigenanteil bezahlen, aber im Normalfall liegt dieser niedriger als in der stationären Dauerpflege.

Generell ist zu sagen, dass regelmäßige Pausen wichtiger sind als eine längere Abwesenheit oder eine weite Reise. Unterbrechung in der Routine ist das, was erfrischt, darum wird Ihnen ein Campingwochenende in der Nähe (vorausgesetzt Sie mögen Camping) sehr viel mehr bringen als zwei Wochen Hawaii. Halten Sie nicht an eingefleischten Gewohnheiten fest und klammern Sie sich nicht an einen „Traumurlaub“ irgendwann in der Zukunft. Wenn sich die Gelegenheit ergibt, dem Alltag zu entfliehen, ergreifen Sie sie. Sie wissen nicht, was die Zukunft bringt.

Entscheidung 9: Suchen Sie Hilfe

Sie brauchen emotionale Unterstützung genauso sehr wie Ihre Eltern. Auch Sie brauchen einen Ort, an dem Sie Ihre negativen

Gefühle loswerden können, jemanden, der Sie als Person versteht und wertschätzt und für Sie da ist. Einige Betreuer finden Unterstützung in ihrer Familie, bei Freunden und Nachbarn. Andere sind nicht so gut dran und müssen sich eine Selbsthilfegruppe suchen.

Erst Jahre nachdem ich die Pflege meiner Mutter übernommen hatte, kam ich auf den Gedanken, ich könnte die Hilfe einer Selbsthilfegruppe brauchen, um mit meinen Pflichten klarzukommen. Vorher sah ich keinen Sinn darin. Die Pflege war mein Problem und ich steckte darin fest; nichts konnte das ändern. Schließlich sah ich ein, wie gestresst ich war und wie verzweifelt ich das Gefühl brauchte, nicht allein zu sein. Ich betete um Hilfe, und Gott erhörte mein Gebet, indem er mir Helen über den Weg schickte, die mir sagte: „Du willst eine Selbsthilfegruppe? Dann fang doch eine an!"

Was ist eine Selbsthilfegruppe?

Es ist eine Gruppe von fünf bis zwölf Leuten, die ein gemeinsames Problem haben und sich treffen, um über dieses Problem sowie über ihre Erfahrungen und den Umgang mit diesem Problem zu sprechen. Selbsthilfegruppen für pflegende Angehörige werden auch in Deutschland immer beliebter. In der Zwischenzeit ist man zu der Erkenntnis gekommen, dass Menschen mit großen psychischen Belastungen, nicht immer professionelle Hilfe brauchen, um ihre Probleme zu lösen. Die Menschen, die ein bestimmtes Problem durchlebt haben, wissen am besten Bescheid darüber. Leidensgenossen fühlen sich hier verstanden, sie können über alles reden und bekommen gute Tipps.

Während ich dies niederschreibe, liegt auf meinem Schreibtisch ein Informationsblatt des örtlichen Krankenhauses, in dem die von ihm gesponserten Selbsthilfegruppen aufgeführt sind. Dazu gehören Gruppen, die sich mit Anorexie/Bulimie, Arthritis, Tod, Krebs und Schlaganfällen beschäftigen, aber auch Gruppen für Familien von Menschen, die einem Verbrechen zum Opfer gefallen sind, für Überlebende eines Selbstmords, für Witwen und Witwer.

Selbsthilfegruppen sind keine Gruppentherapiestunden und werden in der Regel auch nicht von Psychiatern oder Psychologen geleitet. Gruppen, die sich mit gesundheitlichen Problemen beschäftigen, werden häufig von Schwestern geleitet, Selbsthilfegruppen zu geistigen Problemen von Sozialarbeitern. Eine christliche Selbsthilfegruppe ist ähnlich aufgebaut, doch zusätzlich schöpft sie aus Gottes Kraftreserven, die unendlich groß sind.

Hüten Sie sich vor einer Gruppe, in der Sie Schuldgefühle bekommen, sich minderwertig fühlen oder in der auf irgendeine Weise Ihre Last vergrößert wird. Dies gilt auch für Entspannungsübungen wie Autogenes Training, Meditation und Fantasiereisen.

Was können Sie von einer Selbsthilfegruppe erwarten?

- Genaue Informationen über das Problem im Allgemeinen, was immer es auch sein mag. Die Art und Weise, wie diese Informationen weitergegeben werden, mag unterschiedlich sein. Manchmal werden Informationen im Gespräch ausgetauscht, manchmal werden sie aber auch in Form von gedrucktem Material, Vorträgen, Filmen und Audiovorträgen weitergegeben.
- Eine anteilnehmende Atmosphäre und die Gelegenheit, Ihre Geschichte zu erzählen. Die Gruppenteilnehmer sollten Ihnen zuhören, ohne Sie zu verurteilen, herunterzumachen oder Ihnen Schuldgefühle für Ihre Gefühle einzureden.
- Die Vertraulichkeit muss gesichert sein. Dies ist eine Grundregel in allen Selbsthilfegruppen. Alles, was erzählt wird, muss vertraulich behandelt werden.
- Der Gruppenleiter sollte ein warmherziger, liebevoller Mensch sein, der das Gespräch leitet, aber nicht beherrscht.
- Akzeptanz. Die Gruppe sollte ein Ort sein, an dem es in Ordnung ist zu weinen, doch sollte dort keine Weltuntergangsstimmung herrschen. Christliche Standpunkte dürfen nicht bekämpft werden. Ehrlichkeit sollte gefördert, gleichzeitig aber Selbstmitleid gedämpft werden.
- Die Leiter sollten auch zwischen den einzelnen Treffen erreichbar sein und die Teilnehmer ermutigen, freundschaftlichen Umgang mit anderen Gruppenmitgliedern zu pflegen (zum Beispiel durch Austausch von Telefonnummern).

Das diakonische Werk und die Caritas sind hier Vorreiter, aber vielleicht ist es auch möglich, im evangelikalen Bereich Selbsthilfegruppen für pflegende Angehörige zu gründen.

Aber Selbsthilfegruppen sind nicht für jeden das Richtige. Einige Menschen bauen sich sehr erfolgreich ihr eigenes informelles Selbsthilfenetzwerk auf, das ihnen hilft, schwierige Zeiten zu überstehen. Andere haben Probleme, sich Fremden mitzuteilen, und brauchen vielleicht eine Beratung unter vier Augen.

„Das bringt Sie um" – Helmas Geschichte

Helma ist eine alleinstehende, pensionierte Sozialarbeiterin, die vor sechs Jahren ihre Mutter zu sich genommen hat. Das ist ihre Geschichte:

Mein Leben hat sich vollkommen verändert, als ich meine Mutter bei mir aufnahm. Sie hatte in der Nähe meines Bruders und seiner Frau gewohnt (rund achthundert Kilometer von mir entfernt), aber jetzt konnte sie nicht mehr allein leben. Als sie hierherkam, war sie sehr viel verwirrter, als ich gedacht hatte.

Wenige Monate zuvor war ich in Pension gegangen. Ich hatte eigentlich vorgehabt, noch einmal zu studieren und eine zweite Laufbahn zu starten. Ein Jahr wollte ich mir Zeit nehmen, um mich zu informieren und über meine Möglichkeiten nachzudenken. Das hatte sich nun auf einen Schlag erledigt!

Ich hatte das Gefühl, ein Kind zu haben (obwohl ich keine eigenen Kinder habe). Mutter war sechsundachtzig, konnte nicht allein gelassen werden, wurde aber sehr wütend, wenn ich eine Aufsicht für sie organisierte. Eine Freundin kam und „besuchte" sie, während ich unterwegs war, und eine andere Freundin, die mir schon jahrelang im Haushalt half, kam an zwei Tagen in der Woche. Das war die einzige Zeit, in der ich entweder ein wenig Schlaf nachholen oder etwas unternehmen konnte.

Mein Bruder und meine Schwägerin kamen drei- oder viermal im Jahr und machten einen Ausflug mit ihr. Und dann waren sie auch schon wieder fort. Das war es. Mutter hatte keine anderen Besucher. Sie kannte niemanden hier. Schließlich bat ich die Gemeinde, dass doch einmal im Monat jemand käme, um sie zu besuchen. Daraufhin kam der Pastor einmal im Jahr und gab ihr das Abendmahl. Andere Hilfe von der Gemeinde bekam ich nicht.

Viele meiner Freunde verschwanden; sie kamen mich einmal besuchen und dann nie wieder. Es war, als wäre ich geschieden, denn alle meine Freunde blieben fort – fast so, als hätte ich eine ansteckende Krankheit. Ich musste mir einen vollkommen neuen Bekanntenkreis aufbauen.

Es war schwer, Mutter irgendwie zu beschäftigen. Ich brachte meinen Garten in Ordnung, damit Mutter mir von ihrem Rollstuhl aus ein wenig helfen konnte. Vermutlich hätte ich bessere Ideen gehabt, wenn ich Kinder gehabt hätte …

Mein ganzes Leben spielte sich nur noch zu Hause ab. Das machte mir sehr zu schaffen. Als ich noch Sozialarbeiterin gewesen war, konnte ich meine Probleme im Büro zurücklassen. Mit der Pflege meiner Mutter ging das nicht.

Dann bekam ich gesundheitliche Probleme. Mein Rücken machte nicht mehr mit – ich hatte permanent Schmerzen. Mein Arzt sagte mir schließlich: „Sie müssen etwas tun. Sie können so nicht weitermachen. Das bringt Sie um."

Vor etwa zwei Jahren brachte Helma ihre Mutter in einem Pflegeheim unter, wo sie sich gut eingelebt hat. Aber nun litt Helma unter Schuldgefühlen. Ein Gutes ist jedoch aus Helmas Leiden entstanden:

Die unglaubliche Anspannung brachte mich dazu, eine Therapie zu machen. Das hatte ich nie beabsichtigt. Doch aus reiner Verzweiflung entschloss ich mich dazu. Aber das hat mir sehr gutgetan. Ich fand heraus, dass ich mich meiner Mutter nie nahe oder von ihr geliebt gefühlt hatte. Ich stellte auch fest, dass ich den Tod meines Vaters nie richtig betrauert hatte. Meine Therapie drehte sich in erster Linie um Trauer und Verlust.

Nun habe ich angefangen, als ehrenamtliche Helferin in einem Krisenzentrum für Vergewaltigungsopfer zu arbeiten. Meine Ausbildung als Sozialarbeiterin kommt mir bei dieser Arbeit sehr zugute. Was ich in Zukunft machen will, weiß ich noch nicht. In einer gemeinnützigen Organisation mitarbeiten? Wieder zur Schule gehen? Was ich aber weiß, ist, dass ich aufgrund meiner Erfahrungen jetzt sehr viel ruhiger und gelassener bin als früher.

Lebendig begraben: Karens Geschichte

Ich möchte Ihnen gern die Geschichte von Karen erzählen und davon, wie die Selbsthilfegruppe für pflegende Angehörige ihr in ihrer persönlichen Situation geholfen hat:

Karen und ihre Mutter waren beide verwitwet. Sie hatten sich sehr nahe gestanden, darum erschien es ihnen naheliegend zusammenzuleben. Karens Vorstellungen von dem Zusammenleben mit ihrer Mutter ähnelten vermutlich dem, was sie aus der Fernsehserie *Golden Girls* kannte. Aber die Wirklichkeit sah ganz anders aus.

Karens Mutter erkrankte an Parkinson. Am Anfang waren die Symptome nur schwach vorhanden, doch als die Krankheit fortschritt, konnte Karens Mutter die normalen Haushaltspflichten nur noch schlecht und schließlich gar nicht mehr erledigen. Doch ihr eigentlicher Zustand blieb Außenstehenden verborgen.

„Es kam die Zeit, wo Mutter die Leute nicht mehr erkannte", erzählte Karen. „Und sie fragte mich: ‚Wer ist das?' Ich erklärte es ihr, und dann begrüßte sie die betreffende Person, als würde sie sie kennen."

Die wachsende Hilflosigkeit ihrer Mutter zwang Karen dazu, ihren Beruf aufzugeben, um sich um ihre Mutter kümmern zu können. Das brachte finanzielle Probleme mit sich, aber sie konnte sie mit einem Teilzeitjob bewältigen. Der Job war jedoch sehr anstrengend, sodass sie kaum noch Kraft und Energie für den Haushalt und ihre Mutter aufbrachte, darum fiel es ihr nicht schwer, ihn ganz aufzugeben. Aber sie kündigte ein Jahr bevor sie eine Firmenrente bekommen hätte. Wie viele Frauen müssen wie Karen ohne eigene oder mit geringer Rente dem Alter entgegensehen?!

Als ein Neurologe schließlich bei Karens Mutter die Parkinsonkrankheit diagnostizierte, waren die beiden Frauen sehr niedergeschlagen.

„Wir sind beide Menschen, die sich gern über ein Krankheitsbild informieren", erzählte Karen, „darum gingen wir in die Bibliothek und holten uns zwei Bücher über die Parkinsonkrankheit. Keiner von uns hat sie zu Ende gelesen. Es war zu deprimierend. Auch die Selbsthilfegruppe für Parkinsonpatienten und ihre Angehörigen haben wir nur einmal besucht. Wir sahen diese Menschen an und wussten, was vor uns lag."

Nach Weihnachten schritt die Krankheit schnell voran, und Karen wurde klar, dass ihre Mutter nicht mehr allein bleiben konnte.

Wenn man alleinstehend ist und einen älteren Menschen betreut, ist man schlimm dran. Man hat niemanden zu Hause, der einem die emotionale Unterstützung gibt, die man braucht, niemanden, der die Last mit einem trägt. Im Laufe der Jahre bauen sich alleinstehende Menschen ein Netzwerk von Angehörigen, Freunden und Bekannten auf. Doch wenn sie dann Vater oder Mutter zu sich nehmen, sind diese Freunde plötzlich alle fort. Die Folge kann eine gefährliche soziale Isolation sein. Und genau das erlebte Karen.

Als Karens Mutter eingezogen war, besuchte Karen mit ihr zusammen deren Gemeinde und verlor dadurch den Kontakt zu ihrer Heimatgemeinde.

„Leider verlor ich dadurch auch die geistliche Unterstützung, die ich früher gehabt hatte", erzählte Karen. „Und die Kommunikation mit meinen Arbeitskollegen war auch Vergangenheit. Jetzt gab es nur noch meine Mutter und mich. Ihr Leben wurde mein Leben.

Natürlich hatte ich Kontakt zu meiner Familie – mein Enkelkind kam einmal in der Woche –, aber meine Söhne erkannten nicht, was ich durchmachte. Parkinson ist eine seltsame Krankheit. Die Patienten haben gute und schlechte Tage. Meine Familie erlebte meine Mutter immer an guten Tagen und dachte, alles sei in Ordnung. Sie waren der Meinung, ich würde sie zu sehr bemuttern.

Eine Hilfskraft zu engagieren war zu teuer. Gelegentlich verbrachte meine Mutter eine Woche bei meinem Bruder und seiner Frau. Wenn sie abgeholt wurde, hatte ich das Gefühl, von einer großen Last befreit zu sein. Und am Tag bevor sie zurückkam, begann ich ihre Rückkehr zu fürchten!"

Die Parkinsonkrankheit wirkt sich auf das Gehirn der Patienten aus. Je weiter sie fortschreitet, desto mehr werden die Patienten wie Alzheimerpatienten. Manchmal erkannte Karens Mutter ihre Tochter nicht mehr. Sie wurde unruhig und begann nachts herumzuwandern.

„Ich wusste, ich brauchte eine Selbsthilfegruppe, Menschen in einer ähnlichen Situation, mit denen ich über meine Probleme sprechen und von denen ich lernen konnte. Und dann entdeckte ich den Artikel über die Selbsthilfegruppe für pflegende Angehörige in der Zeitung. Ich schnitt ihn aus, aber es dauerte sechs Monate, bis ich Kontakt zu der Gruppe aufnahm. Ich dachte immer: *Das brauche ich nicht. Ich komme damit klar.* Erst als ich ganz tief am Boden lag, erkannte ich, dass ich es eben nicht schaffte."

Isoliert mit einer verwirrten Mutter zu leben bedeutet fast „lebendig begraben" zu sein. Man weiß, dort draußen gibt es eine Welt, man weiß, es gibt einen Gott, der sich um einen kümmert, man weiß, es gibt andere Menschen, die helfen könnten, aber man schafft es nicht, den Hörer abzunehmen, zuzugeben, dass man nicht mehr weiterweiß, und um Hilfe zu bitten. Und das ganz besonders, wenn Sie wie Karen dazu erzogen sind, mit allen Emotionen selbst fertigzuwerden. Mit „Außenstehenden" über Familienangelegenheiten zu sprechen ist tabu. „Ich habe das Gefühl, dass es nicht richtig ist, mit Ihnen über meine Mutter zu sprechen", sagte eine Frau.

Ich erinnere mich noch an die erste Gruppensitzung mit Karen. Sie kam mir vor wie ein zu Stein erstarrter Mensch. Ich war sicher, dass sie tief in ihrem Inneren litt. Während der ersten Sitzung sprach sie fast kein Wort. Dann rief sie mich an und wir unterhielten uns beinahe eine Stunde lang. Bei der nächsten Sitzung bemerkte ich, wie sehr sie mit sich kämpfte. Schließlich brach der Damm.

Das war erst der Anfang. Im Laufe der folgenden Monate kam Karens eigentliches Ich zum Vorschein. Sie schloss Telefonfreundschaften mit anderen Mitgliedern aus der Gruppe. Sie schrieb ermutigende Karten und Briefe. Ihre Gebete waren hilfreich. Beinahe war ein tief geistlicher Mensch vor seiner Zeit begraben worden.

Gleichzeitig verschlimmerte sich der Zustand der Mutter immer mehr. Sie bekam ein paar leichtere Schlaganfälle und schließlich einen schweren. Als die Zeit kam, dass Karen ihre Mutter nicht mehr zu Hause behalten konnte, gab sie sie zuerst in ein Altenheim und schließlich in eine Einrichtung ganz in der Nähe ihres Bruders. Nun war ihr Bruder für sie verantwortlich.

Loslassen ist nicht leicht, und für Karen war es sehr bedrückend, in ein Haus zu kommen, in dem überall noch die Sachen ihrer Mutter standen, während diese weg war. Aber sie ist nicht mehr die erschöpfte und ausgebrannte Pflegerin ihrer Mutter, die ich kennengelernt hatte. Sie ist jetzt ein Mensch, wie Gott ihn haben wollte: mitfühlend, geistlich gereift und eine große Hilfe und Ermutigung für andere.

Kapitel 5: Befreiung von der Gefangenschaft der Vergangenheit

Der Geist des Herrn ist auf mir,
weil er mich gesalbt hat, Armen gute Botschaft zu verkündigen;
er hat mich gesandt, Gefangenen Befreiung auszurufen,
und Blinden, dass sie wieder sehen,
Zerschlagene in Freiheit hinzusenden …
Lukas 4,18

Fast jeder trägt unbewältigte familiäre Konflikte aus der Vergangenheit mit sich herum. Doch solange man es schafft, Eltern und Geschwister auf Distanz zu halten, kann man darüber hinwegsehen. Wenn jedoch die Familienmitglieder durch eine Pflege gezwungen sind, eng zusammenzuarbeiten, kommen unter Umständen alte Gefühle aus der Kindheit plötzlich in ihrer früheren Intensität wieder hoch.

Manche Menschen sind buchstäblich Gefangene ihrer Vergangenheit. Sie werden beherrscht von Ereignissen aus ihrer Familiengeschichte, die dreißig, vierzig, fünfzig Jahre zurück liegen. Wenn Sie feststellen, dass Sie einige der Vorschläge aus den vorhergehenden Kapiteln nicht in die Praxis umsetzen können – dass Sie den Forderungen Ihrer Eltern keine Grenzen setzen oder sie so annehmen können, wie sie sind, dann könnte es nötig sein, dass Sie sich von irgendeiner Sache aus der Vergangenheit befreien müssen, die Sie bedrückt. Wenn Sie nicht zulassen, dass Gott Sie befreit, werden Sie nicht in der Lage sein, Ihre Eltern in einer gesunden Weise zu betreuen.

Und Sie stellen vielleicht fest, dass nicht einmal der Tod Sie von den Zwängen, in die Sie durch Ihren Vater oder Ihre Mutter gelangt sind, befreit.

Wie die Mutter, so die Tochter

Marilyn war um die fünfzig, sie war Christ und hatte gleich zwei Aushilfsstellen. Gleichzeitig versuchte sie, sich eine private Beratungspraxis aufzubauen. Obwohl sie sich für kompetent und selbstbewusst hielt, versank sie immer tiefer in Depressionen. Sie brauchte abends mindestens zwei Martinis, um überhaupt klarzukommen. Als sie versuchte, ihren Alkoholkonsum herunterzuschrauben, stellte sie zu ihrem Entsetzen fest, dass sie es nicht konnte.

Während sie immer tiefer in ihrem Elend versank, zog sie sich mehr und mehr zurück. Freunde und Familienmitglieder beklagten sich, sie wäre so zerstreut und würde ständig irgendetwas verlieren. Sie versuchte es mit Ratgeberbüchern, dann suchte sie das Gespräch mit einem Pastor und einem Psychiater. Nichts half. Sie trank nur noch mehr. Bis eines Abends etwas passierte ...

Von der Tagesarbeit fühlte ich mich ausgelaugt. Ich saß in meinem Wohnzimmer und spielte mit einem leeren Cocktailglas herum, als plötzlich schmerzliche Erinnerungen auf mich einstürmten. Meine Gedanken drehten sich um meine Mutter, die schon seit zwanzig Jahren tot war.

Ich hatte immer gedacht, ich käme nach meinem Vater, aber an diesem Abend fiel mir auf, wie ähnlich meine Mutter und ich uns waren. Äußerlich glichen wir uns ohnehin sehr. Als meine Geschwister und ich das Haus verließen, wurde sie depressiv. Genau wie ich, als meine Kinder auszogen (wobei ich die Leere mit Arbeit zu füllen versuchte). Sie hatte sich immer bemüht, sich selbstsicher zu geben, und bat niemals um Hilfe. Ich konnte das genauso wenig. Sie nahm Medikamente und trank

Alkohol. Und ich? Seit zehn Jahren genehmigte ich mir jeden Abend mehrere Martinis.

Ich bekam schreckliche Angst. War Mutter Alkoholikerin gewesen? War ich vielleicht auch Alkoholikerin?

Marilyn lief zum Telefon und rief eine Freundin an, die von ihrer Alkoholsucht geheilt worden war. Nach der Therapie in einer Entzugsklinik schloss Marilyn sich einer Gruppe der *Anonymen Alkoholiker* an, wo sie liebevolle Unterstützung fand. In der Zwischenzeit erneuerte sie ihre Beziehung zu Gott. Aber das war noch nicht alles:

Ich sprach mit Ron, einem Freund mit ähnlicher Familiengeschichte. Er verblüffte mich, als er sagte: „Marilyn, du hast deine Mutter noch nicht begraben." Plötzlich wurde mir klar, dass Gott durch Ron zu mir sprach.

Ich fertigte eine Liste an und schrieb auf, welche meiner Ängste mit meiner Mutter zu tun hatten und welchen Groll ich gegen sie hegte. Damit ging ich zu einem christlichen Seelsorger. Ich zählte alles auf, eins nach dem anderen, ganz detailliert. Plötzlich hörte ich mich sagen: „Ich weiß gar nicht, ob meine Mutter mich richtig geliebt hat", dann weinte ich wie ein Baby.

Jahrelang hatte Marilyn geleugnet, dass sie ihrer Mutter glich, dabei hatte sie denselben Weg eingeschlagen, war in ihre Fußstapfen getreten wie von einem unsichtbaren Seil gezogen. Wie ihre Mutter hatte sie ihre Ängste und ihren Zorn unterdrückt und ihre Verletzungen mit Alkohol betäubt. Erst als Marilyn in der Lage war, alle diese Verletzungen offenzulegen und Gott in ihr Leben zu lassen, wurde sie endlich von der Herrschaft der Vergangenheit befreit. Sie hatte nun auch die Freiheit, ihrer Mutter zu vergeben, einer kranken Frau, die versucht hatte, ihr Bestes zu geben, und konnte sich in Liebe und Mitgefühl an sie erinnern. Sie wurde geheilt.

Bitten Sie Gott, Ihnen die Wahrheit zu zeigen

Haben Sie in der Gegenwart Ihrer Eltern immer noch das Gefühl, ein Kind zu sein? Sprechen sie noch immer mit Ihnen, als wären Sie zwölf Jahre alt? Dann ist dies ein Hinweis auf künftige Probleme. Eine Studie über Töchter, die ihre Mütter pflegen, zeigte, dass die Tochter bei der Pflege weniger Stress erfährt, wenn die Mutter-Tochter-Beziehung ausgeglichen, das heißt eine Beziehung unter Erwachsenen ist. Das bestätigt meine eigenen Beobachtungen. Erwachsene Kinder, die sich noch nicht von der Kontrolle ihrer Eltern befreien konnten, leiden, wenn sie deren Pflege übernehmen.

Viele dieser Menschen machen sich jahrelang etwas vor und denken, sie seien innerlich frei, obwohl sie das eigentlich nicht sind. Wie Marilyn mögen sie den kontrollierenden Elternteil vielleicht nicht. Vielleicht leugnen sie, dass sie diesem Elternteil gleichen. Aber die Wahrheit sieht ganz anders aus.

Hören Sie, was eine Frau namens Laura herausgefunden hat:

Meine Mutter brauchte gar nichts zu sagen. Sie brauchte bloß ein missbilligendes Gesicht zu machen, und obwohl ich schon zweiundfünfzig war und sie achtundachtzig, war ich wieder das ängstliche Kind. Wenn ich als Kind „dieses Gesicht“ gesehen hatte, wusste ich, dass ich dran war. Mein Magen krampfte sich zusammen, ich schlich auf Zehenspitzen herum und versuchte, sie nur ja nicht zu verärgern. Doch dann ging sie auf mich los, und ich zürnte innerlich, war machtlos, sie aufzuhalten oder mich selbst zu verteidigen. Jetzt erkenne ich, dass sie mich in die Ecke drängte, um mich in den Griff zu bekommen. Doch irgendwie schien dieses Wissen mir nicht zu helfen. Es machte mir zu schaffen, weil ich erkannte, dass ich dieselbe unkontrollierbare Wut empfand, wann immer meine Tochter oder meine Schwiegertochter etwas taten, das mich an meine Mutter erinnerte. Kleine Kinder können so jähzornig sein – nicht aber Erwachsene. Ich bat Gott, mir zu zeigen, was ich tun sollte.

Als er mich die Wahrheit erkennen ließ, war das sehr schmerzlich. Ich war meiner Mutter sehr ähnlich.

Schon sehr früh in meinem Leben beschloss ich, niemals so zu werden wie sie. Ihr Nörgeln und Kritisieren trieben mich zur Verzweiflung. Sie sah immer nur das Negative in allem und die Schwächen und Fehler der Menschen. ... Jetzt hackte ich nur auf ihren Schwächen und Fehlern herum – und das hatte ich immer getan! Genau wie meine Mutter! Auch mir war es immer leichter gefallen zu kritisieren, und ich hatte Probleme, Worte des Lobes zu finden. Genau wie meine Mutter! Meine Kinder beklagten sich, dass ich einen bestimmten Tonfall in der Stimme hatte und einen gewissen Ausdruck auf dem Gesicht, wenn ich ärgerlich auf sie war. Genau wie meine Mutter! Ich hatte meine Kinder mit viel zu viel Kritik und viel zu wenig Lob und Bestätigung erzogen. Immer hatte ich geleugnet, dass ich wie meine Mutter war, und dabei hatte ich mich genauso verhalten wie sie.

Ich ging mit dieser Erkenntnis, die Gott mir geschenkt hatte, zu einem christlichen Seelsorger und begann über meine Gefühle zu sprechen. Mein größtes Problem war, dass ich nicht wusste, was ich mit meinem Zorn tun sollte. Ich war noch immer zu zornig auf meine Mutter, um ihr von Herzen zu vergeben, obwohl ich wusste, dass sie selbst eine schreckliche Kindheit gehabt und ihr Bestes getan hatte. Ich wusste genau, dass Vergebung sehr wichtig war.

Je mehr ich versuchte, einige Zwischenfälle aus meiner Kindheit zu vergessen, desto mehr dachte ich darüber nach. Es gab Dinge, die ich meinem Seelsorger verschwiegen hatte – Erinnerungen, die so schmerzlich und sogar beschämend waren, dass ich sie noch niemandem je erzählt hatte. Ich hatte den Eindruck, es wäre sehr unloyal, darüber zu sprechen. Meine Mutter hatte mir immer sehr eindrücklich klargemacht, dass Familienangelegenheiten in der Familie zu bleiben hatten. Wir wuschen unsere schmutzige Wäsche nicht in der Öffentlichkeit. Aber ich war verzweifelt.

Darum ging ich mit diesen Erinnerungen zu meinem Seelsorger und redete mir alles von der Seele. Es war so befreiend. Einige dieser Zwischenfälle waren fast zu geringfügig, um sie zu erwähnen – wie zum Beispiel eine ungerechte Bestrafung oder die Tatsache, dass ihr nie ein Geschenk gefiel, das ich ihr machte. Aber die Emotionen, die mit diesen Erinnerungen ans Tageslicht kamen, waren unglaublich. Ich weinte und konnte nicht mehr aufhören.

Als alles vorüber war, konnte ich sagen: „Ich vergebe dir alles!", und ich meinte es wirklich ehrlich. Eine enorme Last wurde mir von den Schultern genommen. Von da an konnte ich mich in der Nähe meiner Mutter aufhalten, ohne alle diese alten kindlichen Gefühle zu empfinden. Ich bin sicher, dass diese Gespräche mit meinem Seelsorger mich vor dem Wahnsinn bewahrt haben. Mutter hörte nie auf, nur das Negative zu sehen, aber ihre schneidenden Bemerkungen trafen mich nicht mehr. Ich fing an, ganz bewusst auf ihre guten Seiten und ihre Stärken zu achten und mich nicht immer auf ihre Schwächen und Fehler zu konzentrieren.

Wen der Sohn frei macht, der ist wirklich frei (vgl. Johannes 8,36).

Die Eltern zur Rede stellen

Manchmal wird ein Seelsorger Ihnen raten, Ihrem Vater oder Ihrer Mutter gegenüber Ihre Schwierigkeiten und Frustrationen offen zur Sprache zu bringen, sie mit Ihren Gefühlen zu konfrontieren. (In Lauras Fall hätte das nichts gebracht, weil ihre Mutter sich einfach geweigert hat, über die Vergangenheit zu sprechen.) Was ist eine Konfrontation? Es ist kein Streit und darf auch nicht im Zorn geschehen. Es bedeutet, zur Mutter zu gehen, sie liebevoll anzusehen und zu sagen: „Mutter, es gibt ein paar Dinge, über die wir beide einmal sprechen sollten." Und dann sagen Sie ihr, was Sie empfinden, ohne sie anzuklagen, zu beschuldigen oder Vorwürfe zu machen. Sagen Sie vor allem, welche Gefühle die Art, wie sie Sie behandelt, in Ihnen weckt. Formulieren Sie es zum Beispiel folgendermaßen: „Wenn du das und das tust, fühle ich mich so und so. Ich würde mir wirklich wünschen, dass wir eine bessere Beziehung hätten."

Eine Konfrontation wird jedoch nicht gelingen, wenn die Mutter geistig verwirrt ist. In diesem Zustand ist sie nicht mehr in der Lage, sich so zu verändern, dass es der Verbesserung der Beziehung dient. Die Kombination einer geistig verwirrten Mutter und einem erwachsenen „Kind“, das immer noch nach elterlicher Zuwendung sucht, die es in der Kindheit nicht von ihr bekommen hat, kann tödlich sein.

Das zurückgesetzte Kind

Eva hat sich als Kind ihrer Mutter nie nahe gefühlt. Wie Marilyn zog sie ihren Vater vor. Nach dem Tod ihres Vaters wohnte Evas Mutter weiterhin ein gutes Stück entfernt in der Nähe von Evas einziger Schwester. Ihre Mutter wurde krank und musste ins Krankenhaus. Ohne mit Eva zu sprechen, brachte Evas Schwester ihre Mutter in einem Pflegeheim unter. Eva war außer sich.

Im Pflegeheim wurde ihr gesagt, ihre Mutter sei geistig verwirrt. Unsinn, meinte Eva, sie sei nur ein wenig beeinträchtigt. Sie holte ihre Mutter aus dem Pflegeheim und nahm sie zu sich.

Über Nacht wurde Eva in einen Albtraum gestürzt, der sich „Sechsunddreißig-Stunden-Tag“ nannte. Evas Mutter musste gebadet, gefüttert, angezogen und gewaschen werden. Sie konnte ihre Blase nicht mehr kontrollieren und hatte häufig „Unfälle“. Sie schlief schlecht und begann nachts umherzuwandern, sodass Eva sie auch dann nicht eine Sekunde aus den Augen lassen konnte. Die Mutter kämpfte mit Evas Mann und deren erwachsenem Sohn um Evas Aufmerksamkeit. Nach einigen Monaten war es den beiden zu viel. Evas Mann ließ sich scheiden.

Eva verlor alle ihre Freunde; sie war schon ganz verbittert und zornig auf ihre Familie, aber sie machte weiter. Sogar als ein Arzt darauf bestand, dass ihre Mutter zu ihrer eigenen Sicherheit in einem Pflegeheim untergebracht werden müsste, weigerte Eva sich. Als sie dann schließlich gezwungen wurde, ihre Mutter doch in einem Pflegeheim unterzubringen, besuchte sie sie jeden Tag und mischte sich in die Pflege ein. Sie konnte sie einfach nicht loslassen.

Die wunderschöne Geschichte einer aufopferungsvollen Frau? Nein. Der Schlüssel zu Evas Verhalten liegt in der folgenden Aussage: „Ich gab ihr, was ich als Kind gern von ihr bekommen hätte."

Indem sie ihre Mutter bemutterte, versuchte Eva in Wahrheit, sich selbst zu bemuttern. Da ihr in der Kindheit die zärtliche Liebe ihrer Mutter verweigert worden war (ihre Schwester war bevorzugt worden), war Eva, sobald sie ihre Mutter „zu fassen bekam", entschlossen, sie nicht mehr loszulassen, bis die Vergangenheit neu geschrieben war und sie es besser gemacht hatte als ihre Mutter.

Warum ist das tödlich?

„Ich begann Fantasien darüber zu haben, dass ich uns beide umbrachte", erklärte Eva. „In diesem Augenblick wusste ich, dass ich am Ende war und Hilfe brauchte."

Eva ist ein extremes Beispiel für eine lieblose Kindheit. Autor Doug Manning beschreibt dieses Muster in seinem Buch *When Love Gets Tough: The Nursing Home Decision*: Ein Kind ist aus irgendeinem Grund nicht das Lieblingskind. Ein Elternteil oder beide halten ihre Zuneigung zurück. Manche Kinder werden dagegen rebellieren, andere verdoppeln ihre Anstrengungen, ihren Eltern zu gefallen. Wenn sie sich anstrengen, um Liebe zu bekommen, werden sie Opfer des Verhaltensmusters eines Kindes, das sich nach der Anerkennung der Eltern sehnt.

„Solange sie sich die Anerkennung verzweifelt wünschen, sind sie verletzlich", schreibt Manning. „Da hier etwas erzwungen werden soll, jagt das Kind einer Fata Morgana (Wunschtraum) nach."[1]

Häufig wird dieses „zurückgesetzte Kind" die Betreuung der Mutter übernehmen, um so ihre Anerkennung zu gewinnen. Unbewusst denkt die Tochter: *Wenn ich meine Mutter versorge, wird sie erkennen, wie gut ich in Wirklichkeit bin, und mich schließlich am meisten lieben.*

Doch in Wirklichkeit bekommt das pflichtbewusste Kind, das alles für die Mutter tut, nichts als Missbilligung. Wenn das Lieblingskind, das keinen Handschlag tut, zu Besuch kommt, wird es gelobt.

Nancy betreute ihre Mutter und war so zornig, wie ich selten einen Menschen erlebt habe.

„Nichts, was ich tue, scheint meiner Mutter zu gefallen“, wütete sie. „Sie verschenkt ihren gesamten Haushalt an meine beiden Brüder, während ich nichts bekomme. Und doch tue ich alles für sie und sie tun nichts. Bin ich denn ihr Stiefkind?“

Trotz ihres Zorns erfüllte sie pflichtbewusst alle Wünsche ihrer Mutter, wie ungelegen sie ihr manchmal auch kamen.

„Es gibt eine ganz einfache Lösung für Ihr Problem, das Wort hat vier Buchstaben“, riet ich ihr. „Das heißt ‚nein‘.“

Nancy allein hielt den Schlüssel zu dieser Falle, in der sie eingeschlossen war, in den Händen, doch sie konnte sich nicht überwinden, ihn zu gebrauchen. Wenn sie auch in der Vergangenheit vielleicht nicht das zurückgesetzte Kind gewesen war, so wurde sie aber sicherlich jetzt von ihrer Mutter so behandelt.

Kurz nach diesem Gespräch feierte die christliche Selbsthilfegruppe für pflegende Angehörige ihren dritten Geburtstag mit einem großen Festbankett. Als Redner hatten wir Ned Holmgren eingeladen. In seiner Rede schlug er vor, den betreuten Menschen liebevoll zu berühren und zu sagen: „Gott liebt dich!“

Nancy berichtete uns später, dass sie es versucht habe und ein Wunder geschehen sei. Ihre Mutter fing an, ihr Dinge zu sagen wie: „Ich weiß gar nicht, was ich ohne dich tun würde; du bist die Einzige, die sich um mich kümmert.“ Auch schenkte Nancys Mutter ihr sogar einige Dinge, die Nancy sich so sehr gewünscht hatte, um die sie aber nie zu bitten gewagt hätte.

Wenn Sie meinen, ein zurückgesetztes Kind zu sein, ist Ihre einzige Hoffnung, sich von dem Zwang Ihrer Eltern zu befreien, das Streben nach Zuwendung aufzugeben. Sonst werden Sie diese Hörigkeit nie abwerfen können. Nancy erwartete nicht mehr, die Liebe ihrer Mutter zu bekommen. Stattdessen beschenkte sie sie mit dem, was sie selbst entbehren musste. Sie handelte, anstatt zu reagieren. Die Veränderung von Nancys Mutter war nicht von Dauer. Sie wurde erneut sehr fordernd und zornig, aber Nancy war nun innerlich frei.

Die nichtchristlichen Eltern

Gläubige Betreuer können es sehr schwer haben, wenn ihre Eltern nicht gläubig sind. *Was wird aus ihnen werden?*, fragen sie sich. *Warum erhört Gott mein Gebet für sie nicht?*

Es kann schwierig für Sie sein, Ihre Mutter zu Christus zu führen, wenn Sie etwas von ihr erwarten, das sie Ihnen früher schon verweigert hat. Unbewusst wird sie spüren, dass Ihr Versuch, ihr zu helfen, an Bedingungen geknüpft ist: Sie geben ihr Liebe und Zuwendung im Austausch für ihre Bekehrung. Auf der anderen Seite ist es wichtig, dass Sie die Hoffnung nicht aufgeben. Jemand anderes ist vielleicht in der Lage, ihr geistlich zu helfen, wenn Sie es nicht können. Das Wichtigste ist jedoch, dass Sie loslassen können.

„Meine Mutter erstaunt mich immer wieder", sagte Elaine. „Seit sie bei uns eingezogen ist, fängt sie an, zur Kirche zu gehen. Seit mehr als vierzig Jahren, seit dem Tod meines Bruders, hat sie keine Kirche mehr betreten. Nach Vaters Tod dann hatte sie das Bedürfnis zurückzukehren, wusste aber nicht, wie. Dass sie zu uns gezogen ist, war die Lösung des Problems. Direkt am ersten Sonntag stand sie fertig angezogen bereit, um uns zum Gottesdienst zu begleiten, ohne dass ich auch nur ein Wort gesagt hätte. Ich war vollkommen aus der Fassung."

Manchmal ist es so, dass ein älterer Mensch eine komplette Umkehr vollzieht, nachdem die Umstände, die ihn davon abgehalten haben, Christus anzunehmen, aus dem Weg geräumt wurden. Vielleicht hatte die Mutter nicht die Kraft, sich dem eigenwilligen, dominierenden Partner zu widersetzen.

Marion war Witwe und ihre Eltern wollten mit dem Glauben nichts zu tun haben. Ihre Mutter war besonders ablehnend. Sie drohte, ihren Mann zu verlassen, falls er jemals „einer von diesen religiösen Fanatikern" werden würde. Marion schilderte, was dann passierte: „Vater bekam Krebs und sie hat ihn trotzdem verlassen! Ich glaube, sie wollte ihn einfach nicht pflegen. Demnach scheinen sie all die Jahre über sehr unglücklich gewesen zu sein, aber mir fällt es noch immer sehr schwer, das zu akzeptieren.

Auf jeden Fall nahm ich ihn nach seiner Operation zu mir und er starb sechs Monate später in unserem Haus. Aber dies waren die schönsten sechs Monate, die ich je erlebt habe! Er nahm Jesus als Herrn seines Lebens an und konnte gar nicht genug über ihn erfahren. Jeden Tag lasen wir gemeinsam in der Bibel und beteten miteinander. Ich konnte sehen, dass er noch bis zuletzt im Glauben wuchs."

Selbst wenn Ihre Eltern geistlichen Dingen gegenüber ablehnend eingestellt sind und sich jedem Versuch, Ihnen Christus liebzumachen, widersetzen, können Sie sie um die Erlaubnis bitten, laut in ihrer Gegenwart zu beten. Sie werden ein Gebet, das die aufrichtige Sorge um ihr Wohlergehen zum Ausdruck bringt und Gott um seinen Segen für sie bittet, nur selten abschlagen.

Manchmal werden erwachsene Kinder unangenehm überrascht, wenn die Mutter, die ihr ganzes Leben lang Christ gewesen ist, auf einmal zur Spötterin wird. „Ist es ihre Krankheit, die sie so sprechen lässt oder ihr eigentliches Ich?", fragen sie. „Oder hat sie vorher eine Maske getragen und zeigt nun ihr wahres Gesicht?" Das ist schwer zu sagen, aber geben Sie die Hoffnung nicht auf. Die Abwendung von Gott mag eine Reaktion auf ihre Trauer und ihre Verlusterfahrungen sein. Streiten Sie nicht mit ihr. Jetzt gilt es, das eigentliche Problem herauszuhören, wie ich es in Kapitel 3 beschrieben habe, und zu beten. Wenn sie über ihre Gefühle sprechen kann, ist es Ihrer Mutter vielleicht möglich, Gott auf noch tiefere Weise zu erkennen.

Gestatten Sie sich zu trauern

Wenn Sie einen Wunsch begraben müssen – sei es nun die Hoffnung, Zuneigung von Ihrer Mutter zu bekommen, oder die Hoffnung, mit ihr über Christus sprechen zu können –, so ist die natürliche Reaktion Traurigkeit. Gestatten Sie sich zu trauern. Ja, Trauer ist schmerzlich, aber sich an eine falsche Hoffnung zu klammern, wird auf Dauer noch schmerzlicher sein. Dieses Festhalten wird genau den gegenteiligen Einfluss auf Ihr Denken haben und Sie geistlich blockieren.

Jesus sagt uns: „Glückselig die Trauernden“ (Matthäus 5,4). Der Schmerz des Trauerns ist zwar sehr intensiv, aber zeitlich begrenzt. Wenn Sie sich selbst gestatten zu trauern, dann wird Gott Sie trösten, das hat er versprochen. Und wenn es vorbei ist, dann ist es vorbei. Wenn Sie sich weigern zu trauern, werden Sie es nie überwinden.

Rivalität unter Geschwistern

Wenn Sie ein gutes Miteinander mit ihren Geschwistern haben, kann dies eine Kraftquelle sein, aus der Sie in schwierigen Zeiten schöpfen können. Aber wenn die negativen Gefühle dominieren, wird eine ohnehin schlimme Situation durch Zorn, Neid und Verärgerung noch verschlimmert.

Leider scheint es so zu sein, dass viele, die einen Elternteil betreuen, sehr viel mehr unter der Beziehung zu den Geschwistern leiden als unter der Beziehung zu ihren Eltern.

Eine Universitätsstudie unter Frauen und Männern zwischen fünfundzwanzig und neununddreißig ergab, dass fast 75 % der Befragten Rivalität zu ihren Geschwistern empfinden. Diese Rivalität begann schon in jungen Jahren, als sie miteinander um die Liebe und Aufmerksamkeit der Eltern wetteiferten. In den meisten Familien wird diese Rivalität, wenn die Kinder erwachsen sind, vergessen. Aber es kann sein, dass sie nie richtig überwunden wurde. Das wird sich zeigen, wenn die Geschwister die alten Eltern versorgen müssen. Wenn die Rivalität nie richtig überwunden wurde, wird sie wieder zutage treten und die Geschwister in der Planung der Pflege der Eltern beeinträchtigen.

Einige Eltern ermutigen ihre Kinder indirekt zum Wettstreit um ihre Liebe, um sie dadurch im Griff zu haben. Kinder, die eine solche Erziehung erfahren haben, zu bitten, sich über die Pflege eines Elternteils zu einigen, gleicht dem Versuch, Kain und Abel zu bitten, einer Friedenskonferenz beizuwohnen.

Carol hat diese Art der Rivalität erlebt. „Ich komme gerade aus dem Krankenhaus", sagt sie verärgert. „Mutter soll bald entlassen werden und kann nicht in ihre Wohnung zurückkehren. Meine Schwester ist der Meinung, ich sollte sie zu mir nehmen.

Ich weiß, das erscheint logisch. Diane hat einen Job und ich nicht; sie ist den ganzen Tag weg, ich bin zu Hause. Ich sollte diese Aufgabe tatsächlich übernehmen.

Doch wann immer ich meine Mutter besucht habe, hat sie immer nur von Diane gesprochen. Diane hier, Diane da. Wie großartig sie aussieht. Wie gut sie in ihrem Job ist. Wie viel sie trotz ihrer Arbeit für sie getan hat. Diane bringt ihr ein paar Blumen, und das ist wundervoll. Ich habe einen ganzen Tag damit verbracht, ihre Pflege zu organisieren, aber das wird mit keinem Wort erwähnt.

So war das schon immer. Diane war immer der Star der Familie. Ich war die ‚Gute, die Stille', die immer getan hat, was ihr aufgetragen wurde. Ich kann das nicht mehr ertragen! Diane versteht das vielleicht nicht, aber ich bin einfach zu wütend, um meine Mutter bei mir aufzunehmen. Und ich werde nicht zulassen, dass Diane mich dazu überredet."

Wenigstens macht sich Carol nicht vor, dies sei ihre Chance, Diane als Lieblingskind abzulösen. Sie gibt sich keinen Illusionen über die Situation hin, aber sie ist auch nicht ruhig darüber. Das Traurige an der Geschichte ist, dass die Mutter nicht einmal selbst ihren Fehler bemerkt hat. Und die Schwestern verpassen ihre Gelegenheit, jetzt Freundinnen zu werden, weil sie an der Rivalität ihrer Kindheit festhalten.

Setzen Sie sich zusammen, um Entscheidungen zu treffen

Am besten ist es, wenn sich alle erwachsenen Kinder zusammensetzen, um Möglichkeiten für die Pflege eines Elternteils durchzusprechen. In der Regel übernimmt jedoch das am nächsten wohnende erwachsene Kind die Pflege, ohne es mit den Geschwistern abzusprechen. Wenn das passiert, haben die Geschwister vermutlich wenig Interesse, Hilfestellung zu geben, weil sie bei der Entscheidung übergangen wurden.

Das kann einen Keil zwischen Geschwister treiben. Der Betreuer fühlt sich als das „gute Kind" – immer zur Stelle, immer bereit zu geben – und drängt die Geschwister in die Rolle der „bösen Kinder". Die Verärgerung des Betreuers auf seine Geschwister steigt. Er tut alles und sie tun nichts. Doch ihm ist vielleicht gar nicht klar, wie sehr man selbst für die unbefriedigende Situation verantwortlich ist.

Wenn ein Bruder oder eine Schwester anruft, sagt die betreuende Person vielleicht Dinge wie: „Reg doch Mutter jetzt nicht auf, indem du über Geld sprichst." Die unausgesprochene Botschaft lautet: „Du solltest langsam wissen, wer für Mutter verantwortlich ist. Ich nämlich. Sieh doch nur, wie gut ich für sie sorge. Ich habe nur ihre Interessen im Blick. Du bist unwichtig. Sieh nur zu, dass du dich nicht in den Vordergrund drängst!"

Der für die Pflege nicht verantwortliche Geschwisterteil ärgert sich vielleicht darüber, dass ihm gesagt wird, wie er sich verhalten soll. Die Bemerkungen mögen als Kritik ankommen, doch sie werden letztlich aus Verärgerung und Eifersucht angeheizt. Was von dem die Mutter betreuenden „Kind" als abfällige Bemerkung verstanden wurde, ist vielleicht nur ein Versuch, bei der Pflege mitzureden. Geschwister verrennen sich schnell in ein unausgesprochenes Gegeneinander, das hätte vermieden werden können, wenn man sich zusammengesetzt und als erwachsene Menschen miteinander über das Problem gesprochen hätte. Dann hätten alle das Gefühl, ihren Beitrag geleistet zu haben.

Der unbeteiligte Bruder

Normalerweise ist es so, dass die Töchter die Pflege der alten Eltern übernehmen, nicht die Söhne. Und in der Regel tragen die Töchter 100 % der Verantwortung und die Söhne 0. Dabei ist den Töchtern vielleicht gar nicht klar, dass sie kritiklos das Klischee übernommen haben, dass Pflege „Frauenarbeit“ ist. Darin werden sie von ihren Eltern, vor allem den Müttern, bestärkt.

Wenn die Söhne sich aus allem heraushalten, werden die Mütter sie entschuldigen mit Bemerkungen wie: „Der arme Samuel ist so beschäftigt!“ Und wenn die Tochter sie nur um die kleinste Kleinigkeit bittet, macht die Mutter ein riesiges Theater und die Tochter schäumt vor Wut. Eine Tochter ist bespielsweise sogar von ihrer Mutter über ihre „Pflicht“ aufgeklärt worden, sich um ihre Brüder zu kümmern – die beide schon über fünfzig, verheiratet und Großväter sind!

Normalerweise hat eine Mutter zu viel in ihre Kinder investiert, um das unbeteiligte erwachsene Kind zu ignorieren oder zu entschuldigen. Das Problem der Pflegeperson liegt im eigenen Verhältnis zu den Geschwistern begründet, die Eltern haben damit nichts zu tun. Die Tochter muss sich klarmachen, dass dieses Heraushalten ihres Bruders auch darauf zurückzuführen ist, dass sie selbst nicht mitgeteilt hat, was die Mutter braucht. Sie muss ihm unmissverständlich sagen, dass sie auch von ihm einen Beitrag erwartet. Jeder – auch der an der Pflege nicht beteiligte Bruder – kann etwas beitragen, sei es Geld, die Übernahme der Aufsicht für eine gewisse Zeit, sodass die betreuende Person eine Ruhepause haben kann, Telefonanrufe oder Aufmerksamkeit dem Elternteil gegenüber. Die Liste ist endlos.

Jan berichtete: „Meine Schwägerin sagte mir, mein Bruder Bill liebe Mutter aufrichtig, aber er könne mit Alter und Krankheit einfach nicht umgehen!“

Nur selten geben die Geschwister dies zu, aber es gibt Menschen, die emotional mit der Pflege überfordert sind. Dann muss man es akzeptieren und allein weitermachen. Die Ursachen dafür liegen in jedem Einzelnen selbst oder sind Folge einer gestörten Eltern-Kind-Beziehung. Sie können den Grund dafür nicht erforschen und Sie können diese Beziehung auch nicht heilen. Wenn Ihre Geschwister es nicht schaffen, erwachsen zu werden, liegt es nicht in Ihrer Macht, etwas daran zu ändern.

Wenn Sie jedoch erkennen können, dass ihre Unfähigkeit, mit der Situation umzugehen, Schwäche und nicht Bösartigkeit zur Ursache hat, wird Ihre Wut vielleicht von Mitgefühl verdrängt. Auf jeden Fall werden Ihre Geschwister wenigstens als Quelle der Frustration wegfallen, wenn Sie nicht zu viel von ihnen erwarten.

Richtlinien für Betreuer und ihre Geschwister

Können die Geschwister etwas tun, um sich die Situation zu erleichtern? Ja, wenn sie bereit sind, den Umgang miteinander zu verändern.

1. Sprechen Sie miteinander. In vielen Familien haben die erwachsenen Geschwister die Angewohnheit, indirekt miteinander zu kommunizieren, zum Beispiel durch die Eltern, normalerweise die Mutter. Joan ruft ihre Mutter an, um sich bei ihr für das Geburtstagsgeschenk zu bedanken, und sagt: „Ach übrigens, geht es Betty gut? Ich habe nicht einmal eine Karte von ihr bekommen." Die Mutter greift nach Beendigung des Gesprächs sofort zum Hörer, ruft Betty an und fragt: „Warum hast du deiner Schwester keine Geburtstagskarte geschickt?" Wenn Ihre Eltern für Sie die Kommunikation mit Ihren Geschwistern übernommen haben, dann ist es Zeit, das zu unterbinden und selbst die Verantwortung dafür zu übernehmen. Wenn die Mutter im Krankenhaus liegt und nicht mehr als Vermittler fungieren kann, dann ist es für Joan und Betty zu spät zu lernen, direkt miteinander zu sprechen.

2. Informieren Sie als Betreuer Ihrer Eltern Ihre Geschwister über alles, was Ihre Eltern betrifft, ohne darauf zu warten, dass sie von sich aus fragen. Wenn Sie das nicht tun, werden Ihre Geschwister nur eine Entschuldigung dafür haben, sich aus der Pflege herauszuhalten. Andererseits könnten sie auch vermuten, dass Sie etwas zu verbergen haben. Dies gilt vor allem in Bezug auf finanzielle Angelegenheiten. Es sollte keine Geheimnisse geben.
3. Die Geschwister sollten ihrer für die Pflege der Eltern verantwortlichen Schwester beziehungsweise dem Bruder Hilfe anbieten, bevor sie/er darum bittet. Nehmen Sie nicht an, dass alles in Ordnung ist, nur weil die Schwester oder der Bruder schweigt. Als die Person, die die Eltern pflegt, zögert sie/er, um Hilfe zu bitten. Überlegen Sie sich etwas Bestimmtes, was Sie tun können, und tun Sie es.
4. Bekunden Sie sich gegenseitig Anerkennung. Sagen Sie Ihrer Schwester/Ihrem Bruder, die/der Ihre Mutter versorgt, dass sie/er ihre/seine Sache gut macht – sie/er braucht diese Bestätigung. Suchen Sie die Stärken der Geschwister und zeigen Sie Ihre Bewunderung dafür. Geschwister versuchen wie alle anderen Menschen auch, den Erwartungen, die an sie gestellt werden, zu entsprechen. Wenn Sie das Schlimmste voneinander erwarten, werden Sie das vermutlich auch bekommen.
5. Weigern Sie sich, in alten Kindheitsmustern zu verharren. Das Lieblingskind hat nicht darum gebeten, bevorzugt zu werden; es trägt keine Schuld daran. Wenn Sie das Lieblingskind sind, empfinden Ihre Geschwister unweigerlich Schmerz; spielen Sie sich ihnen gegenüber nicht als Chef auf und bilden Sie zusammen mit Ihrer Mutter oder Ihrem Vater keine Front gegen die anderen und schließen Sie sie nicht aus.
6. Äußern Sie Ihren Geschwistern gegenüber, ohne Verletzungen aus der Vergangenheit anzusprechen, offen Ihre Empfindungen. Vielleicht sind beide Parteien sehr überrascht. Dies könnte der Anfang neuer Offenheit und Ehrlichkeit zwischen Ihnen sein.

Vergebung ist der Schlüssel zu innerem Frieden

Nicht immer ist es möglich, das Verhältnis zu einem Bruder oder einer Schwester zu heilen. Bereitschaft auf Ihrer Seite ist nur der erste Schritt. Für die Heilung ist auch Ihr Bruder oder Ihre Schwester mit verantwortlich. Nehmen wir zum Beispiel einmal an, Ihr Bruder ist alkoholabhängig und handelt unverantwortlich. Oder er hat eine Frau geheiratet, die Ihnen und oder Ihren Eltern gegenüber feindlich eingestellt ist. Seine Lebensphilosophie bringt ihn vielleicht dazu, sich selbst für den Größeren zu halten. Auf seine Handlungsweise haben Sie keinen Einfluss, sehr wohl aber auf Ihre eigene. Genau wie bei der Bereinigung Ihrer Beziehung zu Ihren Eltern ist der Schlüssel zu innerem Frieden die Vergebung. Wenn Sie Ihren Eltern oder auch Ihren Geschwistern nicht vergeben können, bleibt nach der Pflege bei Ihnen vielleicht ein bitterer Nachgeschmack zurück. Diese Erfahrung kann Sie selbst zu einem verbitterten und unglücklichen alten Menschen machen.

Aber Vergebung ist weder leicht noch kommt sie automatisch. Viele Christen wissen mit dem Begriff „Vergebung" nichts mehr anzufangen. Man geht davon aus, es wäre leicht, einem anderen Menschen zu vergeben. Einige christliche Schriftsteller und Redner sagen: „Gott hat uns aufgetragen, einander zu vergeben. Jetzt handelt danach!" Wenn das nicht so leicht geht wie erwartet, dann fühlen sich viele beschämt, frustriert und niedergeschlagen.

David W. Brewer, ein christlicher Therapeut, hatte persönlich mit dem Problem Vergebung Mühe. Er schreibt folgendes:

Entmutigt hat mich, dass es keine effektiven Hilfen zum Thema „Vergebung" gibt. Ich habe Bücher gelesen, Vorträge gehört und Seminare besucht, und anschließend war ich noch geknickter, weil die Vergebung bei allen so einfach zu sein schien. Ich fühlte mich schuldig, weil ich nicht so vergeben konnte, wie Christus mir vergeben hat, und entmutigt, weil niemand in der Lage zu sein schien, mir den Schlüssel zu geben, den ich brauchte, um mein Herz aufzuschließen und die Bitterkeit zu vertreiben, von der es gefangen gehalten wurde.[2]

Der Prozess des Vergebens

Brewers Erklärung für unsere Schwierigkeiten haben mir persönlich sehr weitergeholfen: Gott vergibt und vergisst aufgrund seines göttlichen Wesens sofort (vgl. Jeremia 31,34). Aber wir sind nicht wie Gott. Unsere Selbstwertgefühle sind zerbrechlich. Wir fühlen uns durch unsere Mitmenschen bedroht und verletzt. Um vergeben zu können, wie Christus uns vergeben hat, müssen wir, wie Brewer schreibt, vier Phasen durchmachen:

Phase 1: „Reaktion"
Eine Verletzung wird uns zugefügt, und wir reagieren, indem wir uns von der Quelle des Schmerzes zurückziehen.

Phase 2: „Bewertung"
Wir denken über das nach, was uns zugestoßen ist, und kommen zu einer Beurteilung. Wir fühlen uns bedroht und reagieren mit noch mehr Schmerz und Wut.

Phase 3: „Entscheidung"
Wir entscheiden uns zu vergeben, aber unsere Vergebung ist vielleicht nicht aufrichtig gemeint. Es gibt zwei Arten von falscher Vergebung:

1. „Blinde Vergebung": Wir leugnen, dass etwas Nenneswertes passiert ist. Wir bringen uns vielleicht dazu zu vergessen, indem wir den Zwischenfall verdrängen; wir stürzen uns in Arbeit (vor allem in „religiöse" Aktivitäten), um uns selbst abzulenken. Die Folge ist ein oberflächliches Christsein.
2. „Vergebung mit Erwartungshaltung": Unsere Vergebungsbereitschaft hängt davon ab, ob die Person, der wir vergeben sollen, sich auf eine ganz bestimmte Weise verhält. („Wenn es ihr leid tut, werde ich ihr vergeben", sagen wir vielleicht.) Auf diese Weise bestimmt der andere unser geistliches Leben.

Phase 4: „Aktion“
Aufrichtige Vergebung. Dazu gehört, dass man sich voll bewusst ist, inwiefern einem die zugefügte Verletzung dauerhaft zu schaffen macht. Dazu gehört auch, dass man den Schmerz aushält, der durch die Verletzung verursacht wurde. Wir müssen uns darüber klar werden, was wir verkehrt machen, wenn wir den Zorn lebendig halten. Wir sollten uns unser Versagen und unsere Gefühle ehrlich eingestehen und unser Selbstwertgefühl allein von Gott abhängig machen.[3]

Wie können wir wissen, ob wir dem anderen aufrichtig vergeben haben? Wenn wir an das, was er getan hat, denken können, ohne Schmerz und Zorn zu empfinden, und wenn wir ihm ganz aufrichtig nur das Beste wünschen.

Die Möglichkeit der Vergebung und die Heilung der durch die Beziehung zu den Eltern und Geschwistern entstandenen Verletzungen gehört zu den ganz besonderen Geschenken Gottes, die er uns macht, wenn wir die alten Eltern pflegen.

Anmerkungen

1 Manning, Doug, *When Love Gets Tough: The Nursing Home Decision*, Hereford, Texas, In-Sight Books, 1983, S. 65.

2 Brewer, David W., *„Why Can't I Forgive?“*, *Discipleship Journal*, Ausgabe 46, 1988, S. 27.

3 Entnommen aus Brewer, S. 27–29.

Kapitel 6: Finanzen, Testament und gesetzliche Betreuung

Wenn aber jemand von euch Weisheit mangelt,
so bitte er Gott, der allen willig gibt und keine Vorwürfe macht,
und sie wird ihm gegeben werden.
Jakobus 1,5

Wenn Sie sich entscheiden, einen Elternteil oder einen älteren Menschen in der häuslichen Umgebung zu pflegen, müssen Sie sich über die Auswirkungen, die das auf Ihre Familie und auf Ihre Ehe haben wird, im Klaren sein. Nichts bleibt, wie es ist. Überlegen Sie gut, ob Sie diesen Schritt tun wollen und ob Sie in der Lage sind, diese Aufgabe zu übernehmen. Wie gut, dass wir Gott um Weisheit bitten dürfen, der uns versprochen hat, sie denen zu geben, die ihn darum bitten (vgl. Jakobus 1,5). Wir dürfen für jegliche Dinge um Weisheit bitten, egal, ob es um die Frage nach der Pflege überhaupt geht, um die Frage nach den finanziellen Aufwendungen oder um die, ob eventuell ein Platz in einer Pflegeeinrichtung das Richtige ist. Egal, welche Entscheidung Sie treffen, sie wird immer Auswirkungen auf die Finanzen haben.

Pflege und Finanzierung

Jede Pflegesituation – egal, ob zu Hause, also ambulant, oder die stationäre Versorgung – zieht Aufwendungen nach sich. Die stationäre Versorgung ist deutlich teurer als die der Pflege zu Hause in Verbindung mit einem ambulanten Pflegedienst. Grundsätzlich wird in den gesetzlichen Bestimmungen (Sozialgesetzgebung) der ambulanten Pflege der Vorrang eingeräumt. Eine Unterstützung durch die Pflegekassen tritt allerdings erst bei einer durch die medizinischen Dienste der Krankenversicherungen anerkannten Pflegestufe ein.

Ab welchem Grad der Pflegebedürftigkeit und der damit verbundenen Pflegeintensität die jeweiligen Pflegestufen zuerkannt werden, erfahren Sie bei Ihrer jeweiligen Pflegeversicherung (Teil der Krankenkasse). Dort wird man Sie darüber informieren, dass – immer unter der Voraussetzung einer anerkannten Pflegestufe – für den zu Pflegenden beziehungsweise dessen Angehörigen Leistungen zur Verfügung stehen. Im ambulanten Bereich kann man sich entscheiden, ob man lieber eine Sachleistung oder eine Geldleistung in Anspruch nehmen möchte. Bei der Sachleistung kann, je nach Abhängigkeit der Pflegestufe, die Rechnung des Pflegedienstes direkt mit der Krankenkasse abgerechnet werden. Die Geldleistung, also schlicht eine Überweisung der Pflegekasse an Sie, beträgt in der Regel rund die Hälfte der Sachleistung. Egal, welche Leistung Sie wählen, in der Regel übersteigt die eigene Aufwendung oder die des Pflegedienstes bei Weitem die Unterstützung durch die Pflegekasse.

Ebenso verhält es sich bei der stationären Unterbringung. Immer ist die Leistung der Pflegekasse nur eine „Teilkaskoversicherung“, sodass der höhere Betrag zur Deckung der Heimpflegekosten durch die Familie selbst zu tragen ist.

Informationen über die aktuellen Leistungen der Pflegekasse oder auch über die Heimpflegekosten erhalten Sie bei Ihren örtlichen Pflegediensten oder bei den vor Ort ansässigen Pflegeheimen. Gerne geben Ihnen aber auch die lokalen Behörden Auskunft über die vor Ort ansässigen Unternehmen. Viele Kommunen haben mittlerweile schon Seniorenberatungsstellen eingerichtet, die Ihnen umfangreiche Hilfen an die Hand geben. Weitere Informationen und Adressen finden Sie im Anhang am Ende dieses Buches.

Geld ist häufig ein Grund zur Besorgnis bei den Überlegungen, die Pflege eines älteren Menschen zu übernehmen. Sie fragen sich vielleicht: *Wird meine Mutter genug Geld für ihren Lebensabend haben? Wie lange wird sie noch am Leben bleiben? Reicht es für die medizinische Versorgung, die Bezahlung eines Pflegeheims, falls eine Unterbringung dort notwendig werden sollte? Werden wir irgendwann in der Zukunft finanzielle Hilfe benötigen?*

Dies sind vernünftige Bedenken, aber nur selten werden sie zwischen Eltern und ihren erwachsenen Kindern offen ausgesprochen. Ihre Eltern haben vielleicht immer ein Geheimnis aus ihrer finanziellen Situation gemacht. Die ausgesprochene oder unausgesprochene Botschaft, die Sie erhalten haben, lautete: „Das geht dich nichts an!" Erwachsene Kinder haben den Eindruck, dass die Eltern denken, sie würden aus finanziellen Gründen nur auf ihren Tod lauern, damit sie ihr Geld in die Finger bekommen, wenn sie dieses Thema ansprechen.

Liebe und Geld sind schwer voneinander zu trennen. Im Gleichnis vom verlorenen Sohn war der Sohn, der zu Hause geblieben war, zornig darüber, dass sein Vater seinem Bruder das Erbe ausbezahlt hatte und ihn, nachdem dieser es verschleudert hatte, wieder mit offenen Armen zu Hause aufnahm. Und mehr noch, der Vater gab sogar noch Geld aus, um ein Fest für seinen Bruder zu geben. *Für mich hat er nie ein Fest veranstaltet,* dachte er. *Vermutlich liebt er meinen Bruder mehr als mich. Dass er das Geld für ihn ausgibt, ist doch ein Beweis dafür!*

Trotz dieser Bedenken müssen erwachsene Kinder mit ihren Eltern über Geld sprechen. Dies sollte geschehen, *bevor* die Eltern Pflege brauchen. Realität ist, dass die Menschen heutzutage länger leben und die Kosten für die Pflege entsprechend steigen. Wenn Sie die Pflege eines Elternteils übernehmen müssen, geht es Sie sehr wohl etwas an, wie viel Geld Ihre Mutter zur Verfügung hat. Daran entscheidet sich, wo sie leben und wie viel sie für Hilfeleistungen ausgeben kann.

Sie stellen möglicherweise fest, dass Ihre Eltern mit fortschreitendem Alter immer geiziger und geheimniskrämerischer werden.

Die Entwicklung dieser Eigenschaften hat nicht etwa mit dem Älterwerden an sich zu tun, sondern schlicht damit, dass ältere Leute befürchten, ihr Geld könnte ihnen vor ihrem Tod ausgehen. Nichts bedrängt ältere Leute mehr als die Sorge, ihren Kindern finanziell zur Last zu fallen.

Pflege kontra Erhaltung des finanziellen Besitzes

Auf alle diese Fragen gibt es keine simplen Antworten. Aber es wäre hilfreich, wenn Eltern ihren Kindern mitteilen würden, wie sie finanziell stehen. Dann sind beide Generationen vielleicht in der Lage, sich darauf zu verständigen, dass die Versorgung der Eltern im Alter oberste Priorität hat und es nicht darum geht, den Besitz zu erben.

Für viele ältere Menschen ist es eine Sache des Stolzes, ihren Besitz, so klein er auch sein mag, an ihre Kinder weiterzugeben. Sie sparen, knausern und entsagen sich vieles. Häufig weigern sie sich sogar, eine dringend benötigte Hilfe zu engagieren, damit sie in ihrer Wohnung bleiben können. Letztlich führt das nur dazu, dass sie früher in ein Pflegeheim gehen müssen, als es eigentlich nötig gewesen wäre.

Und wenn es so weit ist, müssen sie häufig feststellen, dass dieser Aufenthalt ihr gesamtes Erspartes auffrisst. Man sollte sich daher rechtzeitig über eventuelle Aufenthaltskosten in einem Senioren- oder Pflegeheim informieren und darüber, inwieweit das eigene Vermögen eingebracht werden muss.

Die erwachsenen Kinder müssen ihren Eltern unbedingt klarmachen, dass sie in erster Linie für sich Sorge tragen und sich wegen des Geldes keine Gedanken machen sollten. Dies sollte Konsens aller Kinder sein. Zwistigkeiten können entstehen, wenn ein Kind möchte, dass die Eltern ihr Geld für eigene Zwecke verwenden, während das andere lieber möglichst viel für die Pflege erhalten möchte.

Doch wenn die Notwendigkeit einer Pflege entsteht, ist es zu spät für Ihre Eltern, langfristige finanzielle Pläne zu schmieden. Selbst wenn Ihre Eltern im Augenblick noch gesund und munter sind, ist ein Gespräch über Finanzen dringend notwendig.

„Bestelle dein Haus"

Wie können Sie das Thema Finanzen bei Ihren Eltern ansprechen?

Sie könnten Sie auffordern, „ihr Haus zu bestellen" (vgl. 2. Könige 20,1). Sie könnten etwa Folgendes sagen: „Du weißt, Vater (oder Mutter), wir lieben dich, und wir hoffen, dass du noch viele Jahre bei uns bist. Aber in diesem Leben gibt es keine Sicherheiten, und niemand weiß, wann der Herr dich heimrufen wird. Wir kennen sehr viele Leute, deren Eltern gestorben sind und ein finanzielles Chaos hinterlassen haben, das die Kinder dann entwirren mussten. Wenn so etwas geschieht, ist es schwierig, deine Finanzen zu ordnen, da wir dann ja emotional von deinem Tod und den Umständen davor und danach noch sehr mitgenommen sein werden. Wir hoffen, dass du uns das ersparen willst. Wir sollten daher deine finanziellen Angelegenheiten regeln, solange du noch gesund bist."

Vielleicht sind Ihre Eltern nicht sofort damit einverstanden. Es ist ein großer Schritt für sie, darüber nachzudenken, dass sie in Zukunft vielleicht nicht mehr in der Lage sein werden, für sich selbst zu sorgen.

Bestandsaufnahme und Vorbereitung

Was müssen Ihre Eltern tun, um ihr Haus zu bestellen?

Sie müssen ihre Vermögenswerte, also den gegenwärtigen Wert ihres Hauses samt seiner Einrichtung kennen, sie sollten wissen, über welche Ersparnisse sie verfügen, was an Aktien, Lebensversicherungen usw. vorhanden ist. Eine Liste dieser Vermögenswerte sowie andere wichtige Informationen könnten in einer Dokumentenmappe aufbewahrt werden, wo sie im Bedarfsfall sofort zugänglich sind.

Die nachfolgende Checkliste könnte hilfreich sein.

Persönliche Aufzeichnungen

Eltern können dem hinterbliebenen Partner und anderen Erben sehr helfen, wenn sie alle wichtigen Aufzeichnungen und Dokumente an einem Ort aufbewahren.

Die Originale sollten an einem feuersicheren Ort (zum Beispiel in einem Tresor) aufbewahrt werden. Fertigen Sie eine Liste an und haken Sie jeden einzelnen Punkt ab, wenn die entsprechenden Unterlagen vorhanden sind. Legen Sie die Liste zu den Dokumenten.

- handschriftlich oder öffentliches verfasstes Testament mit Namen und Adresse des Rechtsanwalts
- Lebens-, Kranken- und andere Versicherungspolicen mit Namen und Adresse des Versicherungsagenten
- Besitzurkunden, Grundbuchauszüge, Unterlagen über Hypotheken auf das Haus, geleistete Zinszahlungen, Steuernummer und Steuerzahlungen etc.
- Mietverträge, Anschrift des Vermieters/Hausverwalters mit Telefonnummer
- Name und Adresse des Finanzberaters, evtl. Aktienzertifikate und genaue Auflistung der Gelder, falls diese aus den angefügten Unterlagen nicht ersichtlich sind
- Name der Bank, Kontonummern, Name des Bankangestellten, der die Eltern betreut
- Aufstellung aller Immobilienwerte mit Ortsangabe (einschließlich aller dazugehörigen Unterlagen)

- Sparbücher oder Notizen, bei welchen Banken und Sparkassen sie bestehen
- Bankschließfachschlüssel, Name und Adresse der Bank, Schließfachnummer
- Familienstammbuch (Heiratsurkunde)
- ggf. Scheidungsurkunde
- Fahrzeugbrief und Fahrzeugschein
- Sozialversicherungsnummer (Rentenversicherung)
- Personalausweise der Eltern
- Erteilte Vollmacht
- abgeschlossene Verträge (einschließlich Ratenzahlungsvereinbarungen)
- Geschäftsvereinbarungen
- Kreditkarten
- Quittungen, Gutachten oder Bewertungen für Gegenstände von substanziellem Wert wie zum Beispiel Schmuck, Möbel, Silber, Kunstgegenstände, Antiquitäten etc.
- Liste von nahen Angehörigen mit Adresse und Telefonnummer
- Anweisungen für die Beerdigung
- Grabnutzungsvertrag
- allgemeine Anweisungen für den hinterbliebenen Partner oder die Kinder, samt Liste mit möglichen Ratgebern

Diese Unterlagen werden sehr hilfreich sein, wenn Sie einen Anwalt oder einen anderen Ratgeber aufsuchen.

Das Testament

Jeder muss damit rechnen, vielleicht schon in jungen Jahren einer todbringenden Krankheit oder einem Unfall zum Opfer zu fallen. Jeder sollte sich daher rechtzeitig Gedanken machen, wie er am besten „sein Haus bestellt“. Für den Todesfall sollte auch zum Beispiel einem Vertrauten eine „Kontovollmacht über den Tod hinaus" erteilt werden, damit dieser die ersten anfallenden Kosten bis zur Erteilung eines Erbscheines abdecken kann.

Liegt kein Testament oder Erbvertrag vor, so tritt nach deutschem Erbrecht die gesetzliche Erbfolge ein. Grundsätzlich erben nur Verwandte, also Personen, die gemeinsame Eltern, Großeltern, Urgroßeltern, aber auch noch entferntere gemeinsame Vorfahren haben. Gibt es keine Angehörigen, erbt der Staat.

Vorüberlegungen zur Testamentaufsetzung

Wer soll nach dem Tod Erbe sein? Gibt es Stiefkinder, die nicht ohne Erbteil ausgehen sollen? Soll eventuell ein Teil des Besitzes einer wohltätigen Organisation, einem Missionswerk oder anderen Werken vermacht werden? Soll verhindert werden, dass der missratene Neffe das gesamte Erbe erhält?

Die Erstellung eines Testaments ist in jedem Fall wichtig, besonders dann, wenn größere Werte vorhanden sind. Hat nämlich der Verstorbene ein Testament hinterlassen, so überlagert dies die Vorschriften über die gesetzliche Erbfolge. Es erben also nur diejenigen, die im Testament erwähnt werden – mit Ausnahme der Pflichtteilberechtigten.

Bevor ein Testament aufgesetzt wird, sollte man sich unbedingt darüber informieren, was es auf jeden Fall beinhalten und welche Form es haben muss, um rechtsgültig zu sein. Kostenlose Broschüren können bei der Verbraucherzentrale oder beim Bundesministerium für Justiz angefordert werden. Wer eine individuelle Beratung wünscht, sollte sich an seinen Anwalt wenden.

Das eigenhändige Testament (§ 2247 BGB)

Hier einige Tipps: Das eigenhändige Testament muss handschriftlich verfasst und unterschrieben sein, einschließlich Orts- und Zeitangabe. Ist das Testament mit Computer geschrieben worden oder fehlt die Unterschrift, ist das Testament ungültig. Ehepaare dürfen auch ein gemeinschaftliches Testament verfassen. In diesem Fall müssen beide das von einem von ihnen eigenhändig geschriebene Testament unterzeichnen.

Man sollte nicht vergessen, mit dem ganzen Namen, also mit Vor- und dem Zunamen, zu unterschreiben, damit kein Irrtum darüber aufkommen kann, wer das Testament tatsächlich verfasst hat.

Das öffentliche Testament

Wer sichergehen will, bei der Abfassung seines Testaments keinen Fehler zu machen, sollte ein öffentliches Testament – auch notarielles Testament genannt – anfertigen. Der Notar ist verpflichtet, den Klienten dabei zu beraten und bei der Formulierung zu helfen. Er wird auch auf steuerliche Folgen hinweisen. Das notarielle Testament wird immer amtlich verwahrt und nach dem Tod des Erblassers eröffnet.

Ihre Eltern sollten also ein Testament aufsetzen, und Sie sollten wissen, wo es hinterlegt ist, wenn Sie es brauchen.

Was ist nach dem Tod eines Elternteils zu beachten?

Nach Abwicklung der üblichen Formalitäten, das heißt nach der Benachrichtigung eines Arztes, eines Beerdigungsinstitutes, nachdem der Tod dem Standesamt gemeldet wurde etc. empfiehlt es sich, mit der Suche nach einem etwaigen Testament zu beginnen. Jedes aufgefundene Testament muss beim Nachlassgericht (Amtsgericht; in Baden Württemberg: Notariat) abgeliefert werden. Das abgelieferte oder das in amtlicher Verwahrung befindliche Testament wird vom Nachlassgericht eröffnet und die Erben werden benachrichtigt.

Erbschein

Haben Sie die Erbschaft angenommen, dann werden Sie zum Nachweis Ihres Erbrechts oft einen Erbschein benötigen. Der Erbschein ist beim Nachlassgericht zu beantragen. Dort werden Sie erfahren, welche Urkunden Sie beizubringen haben und welche Erklärungen Sie gegebenenfalls abgeben müssen.

Miterben

Nicht selten fällt der Nachlass an mehrere Erben und wird dann gemeinschaftliches Vermögen der Erbengemeinschaft. Deshalb können die Miterben nur gemeinsam über einzelne Gegenstände des Nachlasses verfügen.

Testamentvollstrecker

Bitten Sie Ihre Eltern, eine Vertrauensperson zu benennen, die nach ihrem Tod die Testamentsvollstreckung überwacht. Wenn Sie als pflegende Angehörige dafür infrage kommen, sollten Sie sich erkundigen, was in diesem Fall an Behördengängen und Regelungen auf Sie zukommt, einschließlich der Aufgaben des Nachlasses.

Erbschaftsteuer

Die Erbschaftsteuer gehört zu den ältesten Steuerformen überhaupt und wird nach den Steuerklassen I bis IV erhoben. Informieren Sie sich, wie das neueste Erbschaftsteuergesetz im Einzelnen lautet und welche Freibeträge es vorsieht.

Grundsätzlich ist zu sagen: Komplizierte Erbangelegenheiten sollten in jedem Fall mit einem Rechtsanwalt oder Notar besprochen beziehungsweise geregelt werden. Kurzinformationen enthält auch die vom Bundesministerium der Justiz herausgegebene Broschüre „Erben und Vererben" (www.bmj.de). Außerdem führt auch der Buchhandel praktische Ratgeberliteratur.

Steuerreduzierung evtl. durch Schenkung

Die Eltern sollten auch um Steuernachteile der Erben wissen und ob es bei sehr großem Vermögen im Einzelfall nicht ratsamer wäre, vor dem Tod Teile des Besitzes zu überschreiben oder eine Schenkung vorzunehmen. Andererseits schmilzt bei Krankheit und Pflegefall, besonders wenn die Ansprüche gehoben sind, auch ein größeres Vermögen schnell dahin, sodass eine Einzelfallprüfung dringend erforderlich ist. Die alten Eltern sollten nicht in ihrer letzten Phase um die Früchte ihrer Lebensarbeit betrogen werden und ihren Kindern gegenüber verbittern.

Nicht vom gegenwärtigen gesunden Zustand für das Alter planen

Doch zusammen mit dem rechtlichen Teil, der das Testament, Vollmachten und Vermögensregelungen umfasst, gilt es, die Kernfrage zu beantworten: „Wo sollen meine Eltern wohnen?“ Allen, die in diesem Entscheidungsprozess stehen, empfehlen wir, die seelsorgerlichen Ratschläge in Kapitel 8 nachzulesen. Nicht immer sind Erfahrungen übertragbar, aber sie helfen uns oftmals zur Klärung unseres eigenen Weges.

Wenn diese Frage so besonnen wie nur irgend möglich geklärt ist und der Finanzrahmen – auch für eine eventuelle Heimpflege – ungefähr steht, können weitere Schritte geplant werden.

Ältere Menschen als Opfer finanzieller Betrügereien

Es ist traurig, aber wahr, dass ältere Menschen häufig Opfer von Betrügereien werden. Immer wieder ziehen kriminelle Leute durch die Lande und bieten älteren Menschen, die mit sehr geringem Einkommen auskommen müssen, „billige" Reparaturarbeiten und minderwertige Waren an. Wenn der Betrug dann entdeckt wird, sind die Betrüger schon längst weitergezogen und haben sich ihr nächstes Opfer ausgesucht.

Vertrauensselige ältere Menschen haben schon Tausende von Euro für Versicherungen ausgegeben, die sie nicht brauchten, oder für reizvolle Aktivitäten, die sie nie in Anspruch nehmen konnten, ganz zu schweigen von all den „sicheren" Investitionen, die sich später als sehr riskant oder gar betrügerisch herausstellten und nur die Ersparnisse schrumpfen ließen. Es kann sehr schwierig sein, Ihre Eltern vor dieser Art der Abzockerei zu schützen.

Nur wenige Senioren besprechen Käufe und Investitionen mit ihren Kindern, bevor sie sie tätigen. In den meisten Familien ist es üblich, dass die Eltern ihren Kindern finanzielle Ratschläge geben und nicht umgekehrt. Aber vielleicht sind Ihre Eltern bereit, auf Warnungen der örtlichen Polizei und der Medien zu hören. Mitunter helfen auch Erzählungen darüber, wie Ältere im Bekanntenkreis hereingelegt wurden.

Unerklärliches Verschwinden von Geld kann das erste Anzeichen dafür sein, dass die geistigen Kräfte Ihrer Eltern nachlassen. Sie werden mit ihnen darüber sprechen müssen (sehr taktvoll natürlich). Ein älterer Mann wurde nach dem Tod seiner Frau zum Alkoholiker. Ein Nachbar „freundete" sich mit ihm an und übernahm die Verwaltung seines Bankkontos, von dem er stets hohe Beträge abhob, wenn sein „Freund" sturzbetrunken war und nicht mehr mitbekam, was vor sich ging. Ein anderer Nachbar verständigte daraufhin die Angehörigen. Sie konnten der Sache ein Ende setzen, bevor das gesamte Geld weg war.

Wenn so etwas passiert, erkennt der ältere Mensch vielleicht selbst die Notwendigkeit, dass sein erwachsenes Kind sein Konto verwaltet und die Bezahlung der Rechnungen übernimmt. Manchmal reicht jedoch selbst ein solcher Schock nicht.

Viele Familien weigern sich zu glauben, dass ein älterer Mensch geistig stark abbaut. Jane musste diese Erfahrung machen. Als der Rechtsanwalt ihres Vaters sie anrief, um sie zu warnen, dass die geistigen Kräfte ihres Vaters nachließen und er bald ein williges Opfer für skrupellose Betrüger sein würde, war Jane zunächst skeptisch. Ihr schien er ganz in Ordnung zu sein. Doch innerhalb weniger Monate hatten Nachbarn ihn überredet, den Anwalt zu wechseln und sie in seinem Testament zu bedenken.

„Ich erzähle diese Geschichte, damit andere erkennen, dass es Alterungsprozesse gibt, die Betrüger bei älteren Menschen ausnutzen", erklärt Jane. „Jetzt ist mir klar, dass dieser Rechtsanwalt aus Freundschaft gehandelt hat. Aber jene Leute, die meinen Vater übers Ohr gehauen haben, sind schon seit dreißig Jahren seine Nachbarn! Wie konnten sie so etwas nur machen?"

Als der Arzt ihres Vaters Jane riet, für den alten Herrn eine Altersvollmacht zu übernehmen, war es bereits zu spät. Der Vater war nicht mehr in der Lage, der Tochter eine Vollmacht auszustellen und sich somit zu schützen. Es blieb nur der Weg, über das Amtsgericht eine gesetzliche Betreuung zu beantragen.

Vermutlich gibt es nur wenige Eltern wie Rons Vater, der zu seinem Sohn sagte: „Mein Sohn, ich bin bald vielleicht geistig nicht immer so auf der Höhe wie jetzt noch, und jemand könnte versuchen, mich auszunutzen und mir mein Geld zu stehlen. Wenn das passiert, möchte ich, dass du für mich handelst. Ich möchte dir eine Vorsorgevollmacht ausstellen. Dann hast du, wenn du sie brauchst."

Gesetzliche Betreuung

Erkundigen Sie sich bei Seniorenberatungsstellen oder in örtlichen Pflegeheimen, wie eine Vorsorgevollmacht aussieht. Ein gutes Muster ist die Christliche Patientenvorsorge (www.ekd.de/download/patientenvorsorge.pdf). Liegt nämlich im Notfall eine solche Vollmacht nicht vor, kann es zu unnötigen Problemen kommen, weil die Beteiligten (Ärzte, Pfleger usw.) keine Entscheidungen treffen können.

Leidet der ältere Mensch an Demenz, Alzheimer oder an schweren Depressionen, die eine psychiatrische Versorgung notwendig machen, kann die Betreuung für den pflegenden Angehörigen äußerst kompliziert werden. Einerseits sind Vater und Mutter wirklich nicht mehr zurechnungsfähig, und sie tun Dinge, die sie bei klarem Verstand niemals getan hätten, andererseits sind Ihnen die Hände gebunden. Wer mit alten Leuten zu tun hat, weiß um die kuriosesten Dinge, die eigentlich sehr, sehr traurig sind.

39 % aller Personen mit ständigem Pflegebedarf leiden an „geistigen Behinderungen", 37 % „an geistigem Abbau", 18 % an „seelischen Behinderungen" und 15 % an „psychischen Erkrankungen". In Pflegeeinrichtungen beträgt der Anteil an Demenz erkrankter Bewohner zwischen 70 % und 90 %. Es ist also sehr unsicher, ob wir alle unseren Lebensabend wachen Geistes erleben werden. Bedenken Sie im Gespräch mit Ihren Eltern auch, dass es bei Verwirrung wichtig ist, ihnen zum Schutz einen „Betreuer" zur Seite zu stellen. Das bedeutet, dass dem verwirrten Elternteil die Rechtskraft entzogen wird und er nicht mehr eigenmächtig für sich entscheiden darf. Früher nannte man diesen Schritt unschön „entmündigen" – heute regelt alles das sogenannte Betreuungsgesetz. Der/die Betreuer/in sollte möglichst eine nahestehende verwandte Person sein und muss dem Betreuungsgesetz entsprechen. Über das Betreuungsrecht informiert die Website des Bundesministeriums für Justiz, von der auch Formulare zur Betreuung und zur Vorsorgevollmacht heruntergeladen werden können (www.bmj.de/buerger/gesellschaft/patientenverfuegung).

Handeln Sie, bevor es zu spät ist

Wie oft ist es schon vorgekommen, dass sich Geschwister wegen Erbschaftsangelegenheiten hoffnungslos zerstritten haben?! Wir brauchen uns nur die alttestamentlichen Könige und ihre Kinder anzusehen. Dort finden wir schreckliche Beispiele. Diese Geschwister schreckten vor nichts zurück, nicht einmal vor Mord.

Jakobus sprach diese Dinge an, als er schrieb: „Denn wo Neid und Eigennutz ist, da ist Zerrüttung und jede schlechte Tat. ... Woher kommen Kriege und woher Streitigkeiten unter euch? Nicht daher: Aus euren Lüsten, die in euren Gliedern streiten? Ihr begehrt und habt nichts; ihr tötet und neidet und könnt nichts erlangen; ihr streitet und führt Krieg" (Jakobus 3,16; 4,1–2).

Wie die Bibel sehr deutlich sagt, sind Neid und Eigennutz die Ursachen für dieses Verhalten, aber manchmal bezieht sich die Gier nicht nur auf materielle Dinge. Manchmal bezieht sie sich auch auf die Liebe der Eltern, um die sich das erwachsene Kind betrogen fühlt. Welche andere Erklärung kann es dafür geben, dass Kinder sich nach dem Tod der Eltern um Dinge streiten, die nur wenig materiellen Wert haben? Der ideelle Wert geht wesentlich tiefer.

Wenn das Haus Ihrer Eltern „bestellt" ist, wenn alles in Harmonie geregelt werden konnte, wird man sich in finanziellen Dingen relativ schnell einig. Neid, Eifersucht oder Gier sollten keinen Raum finden. Was für ein Segen für die Erben!

Kapitel 7:
Die Pflege der Eltern und wo Sie Hilfe finden

Gott ist uns Zuflucht und Stärke,
als Beistand in Nöten reichlich gefunden.
Psalm 46,2

In Deutschland lebten Anfang 2010 16,9 Millionen Menschen, die 65 Jahre oder älter sind.[1] Dieser Bevölkerungsanteil wird in 30 Jahren vermutlich auf 33 % angewachsen sein. Hinzu kommt, dass die Menschen immer älter werden. Man rechnet damit, dass im Jahr 2020 6,0 Millionen Menschen in Deutschland 80 Jahre oder älter sind, 2060 sind es wahrscheinlich bereits 9,2 Millionen über 80-Jähriger. Alter ist daher keine kurze Phase mehr. Langfristige Planung ist notwendig. Die Familie ist Deutschlands größter Pflegedienst. 69 % aller Pflege wird zu Hause geleistet. Über 1 Million Menschen haben eine dauerhafte Pflegeverantwortung für einen Angehörigen übernommen. Dies bedeutet zusätzliche Belastung, Einschränkung der persönlichen Freiheit, finanzielle Nachteile und oft auch völlige Überforderung. Eine Umfrage hat ergeben, dass bei Personen mit ständigem Pflegebedarf der Betreuer fast rund um die Uhr verfügbar ist. Hinzu kommt, dass die meisten Wohnungen nicht altersgerecht eingerichtet sind; es gibt keine behindertengerechte Toilette oder Dusche.

Wer sich für die häusliche Pflege entscheidet, den erwartet in jeder Hinsicht eine schwere Aufgabe. In Deutschland wurde dieses Problem frühzeitig erkannt, sodass es eine Reihe von Hilfen und Entlastungsmöglichkeiten gibt.

Menschen, die einen älteren Angehörigen pflegen, schreien manchmal zu Gott um Hilfe und berufen sich auf die Zusagen aus Psalm 46,2 und anderen Bibelstellen, übersehen aber gleichzeitig, dass Hilfe meistens durch andere Menschen gegeben wird. Sie kann von der Gemeinde kommen, in der der Helfende zu Hause ist, und wenn nicht von dort, dann vielleicht von anderen Organisationen in der Stadt. Gott ist souverän – er kann von allen möglichen Stellen Hilfe schicken.

Aber wird der Betreuer eines älteren Menschen sie annehmen? Viele bitten Gott, ihnen die Kraft zu geben, die Pflege allein bewältigen zu können. Ihnen kommt gar nicht der Gedanke, dass der Ausdruck „die Last des anderen tragen" nicht nur bedeutet, dass man Hilfe geben soll, sondern auch, dass da gleichzeitig jemand ist, der die Hilfe in Anspruch nimmt, wenn sie gebraucht wird.

Rat und Information suchen

Sehr kompetente Hilfe finden Sie bei den verschiedenen kirchlichen und staatlichen Stellen. Dies sind zum einen die konfessionellen Wohlfahrtsverbände wie Diakonie und Caritas, zum anderen die nichtkonfessionellen wie die AWO, das DRK oder der paritätische Wohlfahrtsverband.

Außerdem gibt es seit Anfang 2011 ein bundesweites Servicetelefon des Familienministeriums „Wege zur Pflege" (Tel.: 01801/507090; weitere Informationen unter www.wege-zur-pflege.de).

Hier können Sie alle Ihre individuellen Sorgen ansprechen und weitere Adressen bekommen (siehe auch Anhang).

Keine Scheu vor dem Gang zum Sozialamt

Hilfen für das Alter, zum Beispiel für den Umbau Ihrer Wohnung, damit sie behindertengerecht wird, werden von Steuergeldern bezahlt. Es ist das gute Recht der älteren Generation, die diesen Staat maßgeblich mit aufgebaut hat, diese Unterstützung auch in Anspruch zu nehmen.

Das Sozialamt ist zuständig für die „Altenhilfe" und hat hier nach dem 12. Sozialgesetzbuch (SGB XII) den gesetzlichen Auftrag zur Grundsicherung im Alter. Keineswegs also ist das Sozialamt, wie viele fälschlich meinen, nur für die Hilfe in finanziellen Notlagen da. „Sozialhilfe" ist nur eine von vielen sozialen Hilfen dieses Amtes, wenn auch eine sehr wichtige.

Sozialämter sind unterschiedlich organisiert. Welche Angebote und Hilfen das Sozialamt bei Ihnen vor Ort anbietet, hängt ganz von der Größe der Stadt oder Gemeinde ab und auch davon, wie verschiedene Ämter bestimmte Arbeitsgebiete untereinander aufteilen. In jedem Fall aber werden die Mitarbeiter der Stadt- oder Gemeindeverwaltung den Weg zur richtigen Stelle für ein angesprochenes Problem weisen. Dabei kann es um so unterschiedliche Dinge gehen wie:

- die Beschaffung und Erhaltung einer altersgerechten Wohnung
- die Vermittlung mobiler sozialer Hilfsdienste
- Fragen der häuslichen Pflege und häuslichen Krankenpflege
- Beratung in allen – auch finanziellen – Fragen einer Heimübersiedlung
- die Vermittlung eines Heimplatzes
- Angebote zur Freizeitgestaltung für ältere Menschen

Psychosoziale Dienste in Anspruch nehmen

Oft kommt eine Pflegesituation ganz plötzlich, zum Beispiel durch einen Unfall oder einen Schlaganfall. Hier helfen die Sozialen Dienste weiter, die den meisten Krankenhäusern angegliedert sind. Bei vielen Stadt- und Kreisverwaltungen sind sozialpsychiatrische Dienste eingerichtet, die Hilfeleistungen und Rat für Notfälle bieten. Zudem sind die psychosozialen Telefondienste der Krebsberatung zu empfehlen, zum Beispiel:

- Psychosoziale Krebsberatungsstelle der deutschen Krebsgesellschaft e. V., Paul-Ehrlich-Str. 41, 60596 Frankfurt
- Deutsche Krebshilfe, Thomas-Mann-Str. 40, 53111 Bonn

Die Pflegeversicherung – Wer ist pflegebedürftig?

Pflegebedürftig sind Personen, die wegen einer körperlichen, geistigen oder seelischen Krankheit oder Behinderung für die gewöhnlichen und regelmäßig wiederkehrenden Verrichtungen im Ablauf des täglichen Lebens auf Dauer – voraussichtlich für mindestens sechs Monate – in erheblichem oder höherem Maß der Hilfe bedürfen.

Als solche Krankheiten oder Behinderungen gelten:

1. Verluste, Lähmungen oder andere Funktionsstörungen am Stütz- und Bewegungsapparat
2. Funktionsstörungen der inneren Organe oder der Sinnesorgane
3. Störungen des Zentralnervensystems wie Antriebs-, Gedächtnis- oder Orientierungsstörungen sowie endogene Psychosen, Neurosen oder geistige Behinderung

Wie wird Pflegebedürftigkeit begutachtet?

Der Pflegebedürftige oder einer seiner Betreuer muss einen Antrag auf Leistungen bei seiner Krankenkasse stellen. Die Tochter/der Sohn des Pflegebedürftigen meldet zum Beispiel bei der Pflegekasse einen Hilfsbedarf in den Bereichen „Mobilität", „Haushaltsführung" und „Körperpflege" an und beantragt die Zahlung einer Geldleistung.

Zu einem vorher angekündigten Termin kommt dann der Medizinische Dienst zur Begutachtung des Pflegefalls. Es folgt eine Befragung und Begutachtung des pflegebedürftigen Menschen. Ein umfangreicher Begutachtungsfragebogen wird ausgefüllt, um die „Bestimmung der Pflegebedürftigkeit" vorzunehmen. Das Ergebnis, in welche Pflegestufe (I, II oder III; s. S. 131) der ältere Mensch eingestuft wird, erhalten die Angehörigen meist schon vor Ort. Zur Vorbereitung ist es ratsam, ein Pflegetagebuch zu führen, in dem alle pflegerischen Verrichtungen (auch Hilfstätigkeiten) aufgeschrieben werden, um den Zeitumfang der Pflege gegenüber dem Gutachter zu dokumentieren.

Nicht richtig eingestuft? – Wie man Widerspruch einlegt

Wer an der Richtigkeit der Einstufung durch die Pflegekasse zweifelt, kann gegen den Bescheid Widerspruch einlegen. Wichtig ist, dass dabei bestimmte Fristen eingehalten werden. Findet sich auf dem Schreiben der Pflegekasse eine Rechtsmittelbelehrung – das ist der Hinweis auf Widerspruchsmöglichkeit und Fristen –, muss innerhalb dieses Zeitraums Widerspruch eingelegt werden. Ratsam ist, den Widerspruch so bald wie möglich zu verfassen. Dazu reichen im Prinzip wenige Zeilen wie zum Beispiel: „Gegen Ihren Bescheid vom ... lege ich Widerspruch ein. Mit der Ablehnung der Pflegebedürftigkeit/Mit der Einstufung in die Pflegestufe ... bin ich nicht einverstanden."

Sinnvoller ist jedoch, den Widerspruch so ausführlich wie möglich zu begründen, wobei die ausführliche Begründung dem formlosen Widerspruch auch nachgereicht werden kann. In der Begründung des Widerspruchs sollte auf die Feststellungen des Gutachters genau eingegangen werden. Dazu muss man natürlich das Gutachen des Medizinischen Dienstes kennen. Die Pflegekasse ist verpflichtet, Ihnen auf Aufforderung eine Durchschrift davon zukommen zu lassen. Die Beurteilung des Gutachters sollte mit den eigenen Aufzeichnungen verglichen werden. Wenn Begutachtungsergebnisse nicht mit der wirklichen Situation und dem Ausmaß der Pflegebedürftigkeit übereinstimmen, sollte man dies möglichst konkret im Widerspruch aufführen.

Empfehlenswert ist es auch, den Haus- und Facharzt zu bitten, medizinische Unterlagen zur Verfügung zu stellen, die den tatsächlichen Pflegebedarf deutlich machen. Wer bereits Kunde eines Pflegedienstes ist, kann sich von diesem ein „Pflegegutachten" erstellen lassen, in dem alle anfallenden Pflegeverrichtungen aufgeführt sind.

Ist der Widerspruch bei der Pflegekasse eingegangen, geht er zunächst meist an den Erstgutachter des Medizinischen Dienstes. Dieser hat zu prüfen, ob er anhand der Widerspruchsunterlagen oder aufgrund neuer Aspekte zu einer anderen Einstufung kommt. Ist das nicht der Fall, wird in der Regel ein neues Gutachten von einem Zweitgutachter erstellt. Dieser muss dazu meist einen erneuten Hausbesuch abstatten. Sollte auch der Zweitgutachter zu keinem anderen Einstufungsergebnis kommen, setzt sich in vielen Fällen der Widerspruchsausschuss mit dem Fall auseinander. Wird der Widerspruch endgültig abgelehnt, bleibt dem Pflegebedürftigen beziehungsweise seinem Betreuer als nächster Rechtsweg, innerhalb eines Monats eine Klage beim Sozialgericht einzureichen. Das Verfahren ist kostenfrei. Wer allerdings hierzu einen Anwalt (für Sozialrecht) einschaltet, muss die Kosten für den Rechtsbeistand zahlen, falls die Klage abgewiesen wird.

Die Pflegestufen

Für die Gewährung von Leistungen sind pflegebedürftige Personen drei Pflegestufen zuzuordnen. Das Pflegegeld richtet sich nach der jeweiligen Pflegestufe, ebenso die Pflegesachleistung.

Pflegestufe I: Erhebliche Pflegebedürftigkeit
Darunter fallen Personen, die bei der Körperpflege, der Ernährung oder der Mobilität für wenigstens zwei Verrichtungen aus einen oder mehreren Bereichen mindestens einmal täglich Hilfe benötigen und zusätzlich mehrfach in der Woche Hilfe bei der hauswirtschaftlichen Versorgung brauchen. Die Hilfe muss im Tagesdurchschnitt mindestens 90 Minuten in Anspruch nehmen, davon müssen mehr als 45 Minuten auf die Grundpflege entfallen.

Pflegestufe II: Schwerpflegebedürftigkeit
Hier sind Personen einzuordnen, die bei der Körperpflege, der Ernährung oder der Mobilität mindestens dreimal täglich zu verschiedenen Tageszeiten Hilfe brauchen und zusätzlich mehrmals in der Woche Hilfe bei der hauswirtschaftlichen Versorgung benötigen. Die Hilfe muss im Tagesdurchschnitt mindestens drei Stunden in Anspruch nehmen, davon müssen mindestens 120 Minuten auf die Grundpflege entfallen.

Pflegestufe III: Schwerstpflegebedürftigkeit
Darunter fallen Personen, die bei der Körperpflege, der Ernährung oder der Mobilität täglich rund um die Uhr, auch nachts, Hilfe brauchen und zusätzlich mehrfach in der Woche Hilfe bei der hauswirtschaftlichen Versorgung benötigen. Die Hilfe muss im Tagesdurchschnitt mindestens fünf Stunden in Anspruch nehmen, davon müssen mindestens vier Stunden auf die Grundpflege entfallen.

Anmerkung: Bitte informieren Sie sich bei Ihrer Krankenkasse nach den neuesten Pflegebedürftigkeitsrichtlinien. Hier erhalten Sie auch Auskunft, wie hoch das Pflegegeld ausfällt.

Leistungen der Sozialen Pflegeversicherung für pflegebedürftige Personen zu Hause

Die Leistungen der Sozialen Pflegeversicherung werden in zwei Bereiche unterteilt: die ambulanten und die stationären Leistungen.

a) Ambulante Pflege
Die häusliche Pflege hat Vorrang vor einer stationären Unterbringung. Je nach Schweregrad der Pflegebedürftigkeit (I, II und III) werden als Sachleistung Pflegeeinsätze durch ambulante Pflegedienste erbracht.

b) Pflegevertretung
Bei Urlaub oder sonstiger Verhinderung der Pflegeperson besteht ein Anspruch auf eine Pflegevertretung für bis zu vier Wochen pro Jahr.

c) Tages- und Nachtpflege
Lässt sich die häusliche Pflege nicht ausreichend sicherstellen, ist teilstationäre Pflege in Einrichtungen (Altenwohn-, Pflegeheim) der Tages- oder Nachtpflege möglich. Über die Kosten und Finanzierungsmöglichkeiten (zum Beispiel durch die Pflegeversicherung) kann man sich direkt bei den Tages- und Nachtpflegeeinrichtungen informieren.

d) Kurzzeitpflege
In Fällen, in denen weder häusliche Pflege noch teilstationäre Pflege möglich ist, kann der Pflegebedürftige in eine Kurzzeitpflegeeinrichtung aufgenommen werden. (Bitte erkundigen Sie sich eingehend bei Ihren örtlichen Einrichtungen.)

Sozialstationen und andere ambulante Pflegedienste

Pflegende Angehörige und allein lebende Menschen können also Hilfe von ambulanten Pflege- und Sozialdiensten beantragen.

Ambulante Pflege wird sowohl von Wohlfahrtsverbänden – zumeist über ihre Sozialstationen – als auch von privaten Pflegedienstleistern angeboten.

Die Pflegekassen haben mit den meisten Anbietern Versorgungsverträge abgeschlossen. Darin ist geregelt, dass die Dienste Pflegesachleistungen direkt mit der Kasse abrechnen. Für diese Pflegedienste gelten vertraglich festgeschriebene Vergütungseinrichtungen und Qualitätsrichtlinien.

Bei den vielen Pflegediensten, die sich anbieten, ist es nicht leicht, den richtigen für die eigenen Erfordernisse und Wünsche zu finden. Damit sich Betroffene besser über den Markt orientieren können, sind die Pflegekassen verpflichtet worden, jedem Pflegebedürftigen mit dem Leistungsbescheid eine Anschriftenübersicht sowie eine Preisvergleichsliste der nächstgelegenen Pflegeeinrichtungen zu schicken.

„Neben den Verbänden der Freien Wohlfahrtspflege, den Sozialämtern oder den Interessenvertretern der ambulanten Initiativen sind es vor allem auch die Krankenpflegekassen, die Rat und Hilfe bieten und, falls gewünscht, einen entsprechenden Dienst auch vermitteln. Die Anschrift und Telefonnummer der Geschäftsstelle Ihrer Krankenkasse finden Sie im Telefonbuch oder im Internet. Rufen Sie dort an, schildern Sie ohne Scheu Ihre pflegerischen Probleme und fragen Sie nach Entlastungsmöglichkeiten. Fragen Sie, wie und durch wen Ihnen rasch geholfen werden kann. Jede Pflegekasse wird Sie sachgerecht und umfassend informieren – auch darüber, mit welchen ambulanten Pflegediensten sie Vertragsbeziehungen unterhält. Bestandteile dieser Verträge sind – neben anderen – Regelungen zur Qualifikation der eingesetzten Pflegekräfte, zur Fort- und Weiterbildung des Pflegepersonals, aber auch zur Qualitätskontrolle.“[2]

Leistungen von Sozialstationen

Worin besteht die Hilfe bei der sogenannten „Grundpflege“?

Sie besteht in den gewöhnlichen und regelmäßig wiederkehrenden Verrichtungen:

1. im Bereich der Körperpflege: Waschen, Duschen, Baden, Zahnpflege, Kämmen, Rasieren, Darm- oder Blasenentleerung
2. im Bereich der Ernährung: mundgerechtes Zubereiten oder die Aufnahme der Nahrung
3. im Bereich der Mobilität: Aufstehen und Zubettgehen, An- und Auskleiden, Gehen, Stehen, Treppensteigen oder das Verlassen und Wiederaufsuchen der Wohnung
4. im Bereich der hauswirtschaftlichen Versorgung: Einkaufen, Kochen, Reinigen der Wohnung, Spülen, Wechseln und Waschen der Wäsche und Kleider, das Beheizen u. v. a.

(Entscheidungshilfen für die Wahl der ambulanten Pflege: siehe Literaturhinweis im Anhang)

Normales Altwerden – Gefahrenquellen

Verluste im sensorischen Bereich sind normal für einen alternden Körper. Ältere Leute sehen nicht mehr so gut, können Farben schlecht unterscheiden, brauchen mehr Zeit, sich an Veränderungen der Lichtverhältnisse anzupassen, sie brauchen einerseits mehr Licht und sind andererseits lichtempfindlich. Außerdem leiden fast 30 % der älteren Leute unter einer makularen Degeneration, dem Verlust der zentralen Sehfähigkeit. Andere häufige Augenkrankheiten sind der graue Star (eine Trübung der Linsen) und der grüne Star (schädliche Erhöhung des Augeninnendrucks), der zur Erblindung führen kann, wenn er nicht behandelt wird.

Einige einfache Anpassungen in der Wohnung können hier sehr viel bewirken. Sorgen Sie für besseres Licht. Bringen Sie Nachtlichter im Schlafzimmer und im Bad an. Sorgen Sie für Kontraste, damit Gegenstände sich von ihrem Hintergrund hervorheben (zum Beispiel ein weißer Teller auf einer dunkelblauen Tischdecke oder ein dunkler Lichtschalter auf einer hell gestrichenen Wand). Markieren Sie die Treppenstufen mit reflektierenden Bändern (Leuchtstreifen), die im Dunkeln leuchten.

Tasthilfsmittel helfen Menschen mit schlechter Sehfähigkeit, auch weiterhin kleine Arbeiten zu verrichten. Sie könnten auch die normalen Werkzeuge und Haushaltsgegenstände mit hellorangefarbenen Punkten markieren. In der Bücherei finden Sie Bücher in Großdruck. Wenn Sie in der Nähe eines Blindenzentrums wohnen, werden Sie dort weitere gute Ratschläge bekommen, wie Sie Ihren Eltern bei nachlassender Sehfähigkeit helfen können.

Ihren Eltern zu helfen, sich an ihre nachlassende Hörfähigkeit anzupassen, könnte schwieriger sein. Sie stellen vielleicht fest, dass Ihre Mutter sich mehr und mehr zurückzieht und in Depressionen versinkt. Häufig fangen ältere Menschen an, sich zu isolieren, wenn sie aufgrund mangelnder Hörfähigkeit Gesprächen nicht mehr folgen können. Gehörverlust kann sogar zu Paranoia führen. Ihre Eltern fangen womöglich an zu glauben, dass andere Leute über sie sprechen, wenn sie deren Worte während einer Unterhaltung nicht richtig verstehen können. Oder sie verdrehen, was gesagt wird, oder sie verstehen etwas Falsches.

Mittlerweile gibt es hervorragende Hörgeräte, die die Lebensqualität der Gehörgeschädigten erheblich verbessern. Die Kosten für ein Hörgerät werden von den Krankenkassen übernommen.

Ihre Eltern müssen ihr Radio oder Fernsehgerät nicht mehr auf höchste Lautstärke stellen, um verstehen zu können, was gesagt wird. Ein einfaches Verstärkersystem, das Sie in jedem Radio- und Fernsehgeschäft bekommen, wird ihnen helfen, das Gesagte besser zu verstehen. Telefonverstärker sind in jedem Elektrofachmarkt erhältlich. Das Klingeln von Türglocke, Telefon oder Feueralarm kann mit Blinklichtern gekoppelt werden, sodass es zu dem akustischen auch noch ein visuelles Signal gibt.

Nachlassende Geschmacks- und Geruchsfähigkeit sind sehr schwer festzustellen und können bei älteren Menschen unbemerkt bleiben. Nicht selten führen sie zu schwerwiegenden gesundheitlichen Problemen. Ist der Geschmack verloren gegangen, verliert der ältere Mensch auch den Appetit. Gewichtsverlust bis hin zur Unterernährung kann die Folge sein. Auch nachlassender Geruchssinn birgt gewisse Gefahren. Ältere Menschen können ausströmendes Gas nicht wahrnehmen, auch merken sie nicht, wenn Lebensmittel in ihrem Kühlschrank verderben. Wenn ältere Menschen noch allein leben, sollten ihre Kinder sehr genau auf Gasgeruch achten und den Kühlschrank überprüfen, um die ungenießbaren Lebensmittel auszusortieren.

Mit dem Alter wird die Haut dünner und die Wahrnehmung von Berührung nimmt ab. Die Fettdrüsen sind weniger aktiv und die Blutzirkulation zur Haut ist reduziert. Die Haut reißt schon bei sehr geringem Druck, was die Gefahr des Wundliegens bei bettlägerigen älteren Menschen erhöht. Trockene Haut kann außerdem unerträglich jucken. Sie sollte seltener gebadet und häufiger mit Lotion gepflegt werden. Mit dem Alter steigt die Gefahr von Hautkrebs; alle verdächtigen Flecken sollten daher von einem Dermatologen begutachtet werden.

Mit dem Alter verliert der Körper zum Teil die Fähigkeit, eine normale Körpertemperatur zu halten. (Kreislaufprobleme sind bei Diabetikern nicht ungewöhnlich – siehe Kapitel 9.) Der ältere Mensch ist sehr hitze- und kälteempfindlich.

Hypothermie (Unterkühlung) entsteht, wenn der Körper Hitze schneller verliert, als sie ersetzt werden kann. Körpertemperaturen unter 35 Grad können lebenswichtige Organe schädigen und den Tod zur Folge haben. Die normale Reaktion auf Kälte (Zittern und die Verengung der Blutgefäße) kann bei einem sonst ganz gesunden Menschen verzögert eintreten oder ganz fehlen. Die ersten Symptome von Hypothermie können undeutliches Sprechen, Trägheit oder geistige Verwirrung sein. Einige chronische Krankheiten, Medikamente und unzureichende Ernährung steigern das Risiko der Hypothermie.

Es sollte daher auf eine angenehme Raumtemperatur für ältere Personen geachtet werden. Experten empfehlen eine Raumtemperatur von mindestens 22 Grad. Ich habe die Erfahrung gemacht, dass ältere Menschen bei einer Raumtemperatur von 22 Grad oft noch frieren, während sich jüngere Menschen bei dieser Temperatur durchaus wohlfühlen. Ältere Menschen sollten sich daher wärmer anziehen. Gefütterte Jacken und Flanellschlafanzüge und Nachthemden für den Winter sind empfehlenswert.

Heizdecken können hilfreich sein, aber wenn der ältere Mensch geistig nicht mehr so weit auf der Höhe ist, um sie regulieren zu können, besteht eine gewisse Gefahr; elektrische Heizdecken oder Heizkissen können nämlich Verbrennungen verursachen.

Falls ein älterer Mensch tatsächlich unter Hypothermie leidet, ist sofortige medizinische Hilfe geboten. Das gilt auch in Bezug auf Hitze. Während einer extremen Hitzeperiode sterben vorwiegend ältere Menschen. Der ältere Mensch sollte deshalb bei solchem Wetter tagsüber im Haus bleiben, leichtere Kleidung tragen, viel trinken und (falls möglich) sollten Ventilatoren oder Klimaanlagen eingesetzt werden.

Immer wieder wird darauf hingewiesen, wie wichtig Sport in jedem Alter ist (auch für Senioren), um einer Muskelschwäche vorzubeugen und fit zu bleiben. Ihre Eltern können nichts Schlimmeres tun, als zu viel zu sitzen oder im Bett zu liegen, aber leider tun ältere Menschen genau das am liebsten. Sie sind der Meinung, sie hätten sich Ruhe verdient, und sie halten Sie vielleicht für gemein und lieblos, wenn Sie darauf drängen, dass sie sich mehr bewegen. Einige Einrichtungen bieten Seniorengymnastik an. Erkundigen Sie sich am besten vor Ort.

Anpassung der Wohnung und medizinische Hilfsmittel

Ein wesentlicher Punkt dafür, dass Senioren möglichst lange in ihrer Wohnung bleiben und auch dort gepflegt werden können, ist die barrierefreie Umgebung. Dies bedeutet nicht nur, dass mögliche Schwellen und Stolperfallen entfernt werden müssen, sondern auch, dass der Zugang zu den lebenserhaltenden Dingen vereinfacht werden muss.

Die meisten älteren Menschen möchten in „ihren eigenen vier Wänden" alt werden, bedenken aber nicht, dass die Wohnungseinrichtung entsprechend ihrer Bedürftigkeit angepasst werden muss. So bleiben oft alle seit Jahrzehnten angesammelten Möbel in überfrachteten Zimmern stehen und werden zu Stolperfallen. Unbedingt zu entfernen sind auch die so beliebten Läufer und Teppiche. Danach ist zu überlegen, inwieweit ein baulicher Eingriff sinnvoll ist, um Stufen innerhalb des Hauses durch Rampen zu ersetzen und insbesondere Bäder schwellenfrei zu machen. Hierzu bieten Kommunen, Pflegekassen und Programme der Bundesregierung finanzielle Anreize und Möglichkeiten. Informieren Sie sich zum Beispiel auf der Internetseite des Bundesministeriums für Familie und Senioren (www.wege-zur-pflege.de) unter der Rubrik „Wohnen".

Teilweise werden auch zinsverbilligte Darlehen zur Verfügung gestellt, um die Wohnung entsprechend den Bedürfnissen anzupassen. Viele Menschen sind im Alter auf Rollstuhl und Gehhilfen angewiesen. Auf fremde Hilfe kann manchmal weitgehend verzichetet werden, wenn im Haushalt des älteren Menschen entsprechende Hilfsmittel eingesetzt werden, die den Alltag erleichtern. Das reicht vom Strumpfanzieher bis hin zum Toilettenaufsatz.

Inzwischen gibt es über 150 Wohnberatungsstellen, die über mögliche Umbaumaßnahmen informieren sowie die Planung übernehmen. Die KDA-Broschüre „Wohnungsanpassung – Kleine Maßnahmen mit großer Wirkung", die mit Unterstützung des Bundesseniorenministeriums erstellt wurde, informiert auf 120 Seiten über Beispiele gelungener Wohnungsanpassungsmaßnahmen und

Finanzierungsmöglichkeiten. Die Broschüre kann im Internet heruntergeladen werden (http://www.kda.de – einfach als Stichwort „Wohnungsanpassung – Kleine Maßnahmen mit großer Wirkung" eingeben).

Der aktuelle „Pflegehilfsmittelkatalog" kann auf der Website des GKV-Spitzenverbandes eingesehen werden (http://www.gkv-spitzenverband.de – Stichwort „Pflegehilfsmittelkatalog" in die Suche eingeben).

Essen auf Rädern und kreative Angebote

Um den Lebensalltag von alten Menschen zu erleichtern und sie zu fördern, bieten die Kommunen eine Fülle von Angeboten an. Sie reichen von Essen auf Rädern bis zu Unterhaltungs- und Kreativangeboten, die sehr wichtig für soziale Kontakte und die Rehabilitation sind. Ansprechpartner ist u. a. das Rote Kreuz.

Wenn Eltern keine Hilfe wollen

Ihre Eltern könnten zu stolz sein, um fremde Hilfe anzunehmen, selbst wenn dadurch ihre Unabhängigkeit erhalten werden könnte. Es kann auch sein, dass sie Hilfe von außen nicht wünschen, weil sie dies als Einmischung ansehen. Ihre Generation hat viel aus eigener Kraft geschafft.

Manchmal gelingt es jedoch, diese Vorbehalte und Ängste abzubauen, und die Betreffenden kommen anschließend sehr gut mit dem Pflegedienst zurecht. Sollte dies nicht der Fall sein, gilt es trotzdem standhaft zu bleiben. Erklären Sie Ihren Eltern so oft wie möglich, warum Sie die Pflege nicht allein durchführen können. Erinnern Sie sie immer wieder an Ihr gemeinsames Ziel – dass sie so lange wie möglich in der eigenen Wohnung oder bei Ihnen im

Haus leben können –, und erklären Sie ihnen, dass dies nur möglich ist, wenn Sie Hilfe hinzuziehen. Betonen Sie auch, dass die Weigerung Hilfe anzunehmen, ein Handeln gegen Gottes Willen sein kann, da Gott auch fremde Menschen und staatliche Einrichtungen zu unserem Wohle einsetzen kann. Sollten sich Ihre Eltern weigern, diese Hilfen anzunehmen, die Gott ihnen schenken möchte, müssen sie leider selbst die Folgen tragen.

Wenn die Eltern weit entfernt wohnen

Wenn die gebrechlichen Eltern weit entfernt wohnen, so ist dies ein großes Problem. Sie brauchen Hilfe, doch sie wohnen zu weit weg, um von Ihnen betreut zu werden. Ihre Eltern bekommen vielleicht Unterstützung von Freunden und Angehörigen, die wiederum sind nicht in der Lage, konkrete Pflege zu übernehmen. Es bleibt zu klären, ob Ihre Eltern es verkraften würden, wenn sie zu Ihnen ziehen. Werden sie gesellschaftlich isoliert und einsam sein? Ein Umzug ist in jedem Alter eine große Belastung. Für ältere Menschen, die ohnehin gesundheitliche Probleme haben, gilt dies besonders. Wenn genügend Dienstleistungen für Senioren am Wohnort der Eltern verfügbar sind und die Finanzierung stimmt, ist zu prüfen, ob es verantwortet werden kann, dass sie an ihrem alten Wohnort bleiben.

Inwiefern kann die christliche Gemeinde helfen?

Hilfe für Familien der älteren Menschen wird von den Gemeinden nur spärlich gegeben. Als ein Ehepaar die 98-jährige Mutter zu sich ins Haus holte, bekam es von seiner Gemeinde eine Liste mit Namen von Leuten, die bereit waren, für sie einzuspringen, wenn die beiden einmal eine Pause brauchten und wegfahren wollten. Aber nach meiner Erfahrung ist dies eher die Ausnahme, nicht die Regel. Die meisten Betreuer, mit denen ich gesprochen habe, sagten: „Ich bekomme keinerlei Unterstützung von meiner Gemeinde." In Gemeinden mit guter Altenarbeit gibt es häufig das Amt des Diakons. Die Diakone kümmern sich darum, dass die Betroffenen Hilfe bekommen. Auch die verschiedenen Gruppen beteiligen sich vielleicht an der Altenbetreuung. Diese Initiativen können durch Schulungen unterstützt werden. Ein Hindernis der Glaubensgeschwister für den Dienst an älteren Menschen ist der Mangel an Unterweisung in der Altenarbeit. Gemeinden können sehr viel für ältere Menschen und ihre Familien tun, wenn sie ihre Kräfte bündeln. Im Jahr 1984 bezuschusste die Robert-Wood-Johnson-Stiftung in den USA 25 überkonfessionelle Projekte im ganzen Land. Die Zahl ist seitdem stark gewachsen. Die ehrenamtlichen Helfer für diese Projekte kommen aus den Gemeinden eines Bezirks. Zwölf bis vierzehn Gemeinden müssen sich beteiligen, damit Aufgaben angepackt werden können. Eine bezahlte Fachkraft koordiniert die Tätigkeit der ehrenamtlichen Helfer. Er stellt die Arbeit vor und lädt zur Mitarbeit ein. Ältere Menschen und Familien können sich an den Projektleiter wenden, wenn sie Hilfe brauchen. Geeignete ehrenamtliche Helfer werden den Hilfesuchenden zugewiesen. Zu den angebotenen Diensten gehören die folgenden: Fahrdienst, Besuche, rechtliche Beratung, häusliche Unterstützung, Einkäufe etc.

Die meisten ehrenamtlichen Helfer wurden zuvor gründlich geschult. In den meisten Fällen entwickelte sich eine sehr enge Beziehung zwischen den Helfern und denen, die die Hilfe in Anspruch nahmen. Wenn Sie Hilfe bei Ihrer christlichen Gemeinde gesucht und nicht gefunden haben, wäre es vielleicht an der Zeit, dafür zu beten, ob Sie eine solche Altenbetreuung anregen sollten.

Anmerkungen

1 www.destatis.de

2 AOK, Hamburg

Kapitel 8: Wo können Ihre Eltern wohnen?

Verwirf mich nicht zur Zeit des Alters;
beim Schwinden meiner Kraft verlass mich nicht.
Psalm 71,9

Immer wieder haben Studien gezeigt, dass die überwältigende Mehrheit älterer Menschen sich wünscht, im Alter im eigenen Haus oder in der eigenen Wohnung zu bleiben. Doch bei vielen (vielleicht sogar bei den meisten) machen Krankheit und Gebrechlichkeit dies unmöglich. Sie als Betreuer Ihrer Eltern haben vielleicht Ihr Möglichstes getan, damit diese in ihrer Wohnung bleiben können, doch schließlich müssen Sie sich eingestehen, dass es nicht mehr geht.

Falls und wenn dieser Zeitpunkt kommt, fühlen sich Ihre Eltern womöglich allein, beiseite geschoben und im Stich gelassen, auch wenn das nicht den Tatsachen entspricht. Sie könnten ihnen trotzdem helfen, eine Alternative zu finden. Ein Pflegeheim ist nicht die einzige Möglichkeit. Und selbst wenn es so ist, versichern Sie Ihren Eltern, dass Sie sie keinesfalls im Stich lassen werden.

Am besten treffen Ihre Eltern die Entscheidung, wo sie zukünftig wohnen möchten, selbst. Wenn sie noch relativ rüstig in einer Seniorenwohnanlage einziehen, können dort noch Freundschaften geschlossen und Beziehungen gepflegt werden. Häufig bietet sich in solchen Wohnanlagen, die Pflegeheimen angeschlossen sind, noch die Möglichkeit, anderen Senioren zu helfen. Nicht selten blühen manche rüstigen Älteren dann noch auf, da sie selbst im hohen Alter eine neue Wertschätzung durch ihre Hilfeleistung erfahren. Auch für alte Menschen kann der Dienst der Nächstenliebe noch viel Erfüllung bedeuten.

In der Regel treffen Eltern die Entscheidung zum Wohnungswechsel jedoch zu spät. Wenn Sie als Sohn oder Tochter eine gute Beziehung zu Ihren Eltern haben und ein Umzug grundsätzlich infrage kommt, versuchen Sie, Ihre Eltern in einer ruhigen und liebevollen Weise zu informieren. Viele Senioren haben durch eine negative Berichterstattung in den Medien eine völlig falsche Vorstellung vom Leben in einer Seniorenwohnanlage oder vom Leben in einer Heimeinrichtung. Vereinbaren Sie mit Ihren Eltern, dass Informationen über Einrichtungen besorgt werden. Sie können sich auch durch das Internet über Einrichtungen in Ihrer Nähe informieren. Oft kann man sich auf den Websites der Einrichtungen auch Videos ansehen. Wichtiger noch als gedruckte oder digitale Informationen ist ein persönlicher Besuch in der Einrichtung. Manche Häuser bieten den Interessenten in Gästehäusern die Möglichkeit, einige Tage dort zu wohnen, um sich einen persönlichen Eindruck zu verschaffen (zum Beispiel die Christlichen Seniorenhäuser Lützeln, 57299 Burbach, www.christliche-seniorenhaeuser.de).

Seniorenwohnanlagen

Die meisten Pflegeeinrichtungen vermieten im Hauptgebäude oder in dessen Nähe Seniorenwohnungen, die normalerweise barrierefrei sind und einen speziellen Komfort für Ältere bieten. „Betreutes Wohnen oder Wohnen mit Service" wird das genannt. In der Miete ist ein Anteil für die Betreuung enthalten. Der Mieter kann frei entscheiden, ob und welche Dienstleistungen er noch zusätzlich buchen möchte. Im Normalfall können sie eine vollständige hauswirtschaftliche Versorgung dazuwählen. Achten Sie bei allen Verträgen auf den Leistungsumfang. Oft sind relativ hohe Betreuungspauschalen enthalten, die nur wenig Betreuungsumfang beinhalten.

Wie wähle ich das richtige Heim?

Die beste Hilfe, um das richtige Pflegeheim zu finden, ist die Information bei anderen Familien, die selbst Erfahrungen gesammelt haben. Die Mundpropaganda für oder gegen eine Einrichtung sagt mehr als jeder schön gedruckte Prospekt. Es gibt viele Internetseiten, auf denen Seniorenheime vorgestellt und auch bewertet werden. Die Pflegekassen führen solche Listen, es gibt aber auch unabhängige, überregionale Plattformen wie zum Beispiel die der Bundesinteressenvertretung für Nutzer von alten Einrichtungen, deren Website Sie unter www.biva.de finden.

Nichts ist jedoch so gut und aussagekräftig wie der eigene Eindruck. Daher sollten Sie unbedingt die infrage kommenden Einrichtungen vorher besuchen und versuchen, mit Bewohnern ins Gespräch zu kommen.

Folgende Punkte können Ihnen bei Ihrem Besuch oder im Gespräch mit den Vertretern der Heimleitung als Gedankenstütze dienen:

- Ihr erster Eindruck: Ist die Einrichtung sauber und ordentlich? Riecht es unangenehm?
- Nimmt man sich Zeit zum Gespräch? Werden alle Ihre Fragen ausführlich beantwortet?
- Wie sieht das Heim auch in den weiter abgelegenen Fluren aus? Wirkt die Einrichtung nur im Eingangsbereich schön und gepflegt oder sind tatsächlich alle Bereiche des Hauses ordentlich und ansprechend gestaltet?
- Wie viele Einzel- und Doppelzimmer gibt es?
- Welche Besonderheiten bietet das Haus? Wo liegt der pflegerische Schwerpunkt? Wo liegt der geistliche Schwerpunkt?
- Gibt es eine geistliche Versorgung der Bewohner in Form eines Seelsorgers o. Ä.? Gibt es eine Hausgemeinde, die die Senioren einfach erreichen können?
- Welche Aktivitäten werden durch den Sozialen Dienst oder die Pflegemitarbeiter angeboten und durchgeführt?

- Gibt es einen klar strukturierten Wochen- oder Monatsplan, auf dem alle Aktivitäten und Veranstaltungen für die Bewohner zu finden sind?
- Gibt es ausführliche gedruckte oder digitale Informationen (eine aussagekräftige Website)?
- Wie sieht die ärztliche Versorgung aus? Wie viele Ärzte kommen ins Haus?

Sollten Ihre Eltern bei Ihnen wohnen?

Die letzte Zuflucht für die meisten älteren Leute sind die vier Wände des erwachsenen Kindes. Die Eltern können nicht mehr allein leben, sind aber nicht pflegebedürftig genug, um in einem Pflegeheim untergebracht zu werden. Andere Wohnformen kommen aus finanziellen Gründen nicht infrage. Andererseits fürchten die Eltern, die Unabhängigkeit zu verlieren, wenn sie bei einem Kind einziehen und eine Last werden. Haushalte, in denen drei Generationen zusammenleben, können wunderbar funktionieren. Kinderliebe Großeltern können in einer Familie sehr hilfreich sein. Sie sind nicht nur wunderbare Babysitter, sondern sorgen darüber hinaus für ein ausgewogenes Verhältnis zwischen Jung und Alt. Heranwachsende profitieren von der guten Prägung der Großeltern.

Prof. Dr. Ursula Lehr, eine angesehene Altenforscherin, hat jedoch recht, wenn sie schreibt: „Es ist gefährlich, Familienpflege generell als optimale Lösung anzupreisen. So wertvoll und hilfreich für die Familienmitglieder die Betreuung und Pflege des gebrechlichen Groß- oder Urgroßvaters oder der hinfälligen Groß- oder Urgroßmutter im Einzelfall auch sein kann, so kann sie in anderen Fällen auch zur Zerrüttung der Familie, zum Aus-dem-Haus-Treiben der heranwachsenden eigenen Kinder oder gar zur Zerstörung der partnerschaftlichen Beziehung führen."

Besonders günstig ist es, wenn die Oma noch relativ jung ist, wenn sie zu den Kindern zieht. Wird die Großmutter dann im

Laufe der Jahre alt und gebrechlich, ist dies oftmals leichter zu ertragen, da alle aneinander gewöhnt sind. Aber wenn die Großmutter von jetzt auf nachher mit achtzig in die Familie kommt, nachdem sie immer für sich gewohnt hat, oder wenn sie krank und vielleicht ein wenig verwirrt ist und jeden Tag viel Hilfe braucht, kann der Gewöhnungsprozess traumatisch verlaufen.

Die wichtigsten Fragen sind: „Möchte sie wirklich zu uns kommen?“, und: „Wollen wir sie wirklich bei uns haben?“ Am leichtesten fallen einschneidende Schritte, wenn man ein volles Ja dazu hat. Frauen, die ihre Mütter zu sich holen, um ihr Gewissen zu beruhigen, stellen in der Regel fest, dass die Mutter unglücklich ist – und ihr schlechtes Gewissen bleibt. Versuchen Sie, sich daher eine Tür offen zu halten, falls das Miteinander nicht funktioniert. Zum Beispiel dadurch, dass Sie das Haus Ihrer Eltern nicht sofort verkaufen, sondern erst einmal eine Probezeit von mehreren Monaten abwarten, in der beide Parteien sehen können, ob das Zusammenleben funktioniert.

Was hält Ihr Partner von der Idee, Ihre Eltern zu sich zu holen? Wenn Sie nicht seine volle Unterstützung haben, wird es Schwierigkeiten geben; Sie werden schließlich zwischen Ihrem Partner und Ihren Eltern stehen. Und was halten die noch im Haushalt lebenden Kinder von der Idee? Werden diese Opfer bringen, zum Beispiel ihr Zimmer aufgeben müssen? Wie war ihre Beziehung zu den Großeltern in der Vergangenheit? War sie herzlich und liebevoll? Wird dies allen Beteiligten über die Anfangsschwierigkeiten hinweghelfen? Wenn nicht, sind Konflikte vorprogrammiert.

Unterschiedliche Situationen erfordern ein unterschiedliches Miteinander. Da ist zum einen die ältere Witwe, die sich mit ihrer erwachsenen Tochter eine Wohnung teilt, die mit beider Möbel und Haushaltsgegenständen ausgestattet wird. Da ist zum anderen die pflegebedürftige verwitwete Mutter, die von ihrer Tochter total abhängig ist.

Wenn Ihre Eltern erwarten, gleichberechtigt einem gemeinsamen Haushalt anzugehören, während Sie davon ausgehen, alle Entscheidungen allein treffen zu können, wird es aufgrund der unterschiedlichen Erwartungshaltungen unweigerlich zu Konflikten kommen.

Wenn man in der Lage ist, sie zu lösen, sind Konflikte nicht unbedingt etwas Negatives. Eine ständige Angst, den anderen zu verletzen, bringt aber eine unerträgliche Spannung ins Haus.

Es gibt so viele Dinge, die besprochen werden müssen, bevor Ihr Vater oder Ihre Mutter zu Ihnen zieht. Dies sind ein paar wichtige Fragen, die geklärt werden müssen:

- Akzeptiert Ihre Mutter Ihren Mann als Oberhaupt der Familie? Gibt es jemanden im häuslichen Bereich, mit dem sie nicht klarkommt (evtl. auch Haustiere)?
- Gibt es Unterschiede im Lebensstil, die Konflikte auslösen könnten (zum Beispiel, dass sie gerne lange fernsieht, was Sie wiederum überhaupt nicht mögen)? Oder geht sie im Gegensatz zu Ihnen gern früh zu Bett, um auch früh aufzustehen?
- Wird sie ein Haustier mitbringen? Wer wird dafür sorgen?
- Wird sie Haushaltspflichten übernehmen (zum Beispiel kochen und putzen)? Wie werden diese Pflichten verteilt?
- Wird sie versuchen, sich in die Kindererziehung einzumischen, wenn die Kinder noch im Haus sind?
- Wird sie ihren eigenen Bereich haben? Wird sie ihre eigenen Möbel und ihr eigenes Fernsehgerät mitbringen?
- Werden Sie in Ihrem Haus altersgerechte Veränderungen vornehmen müssen, damit sie sich nicht verletzt (zum Beispiel Griffe in der Dusche, zusätzliche Beleuchtung im Treppenhaus, rutschfeste Teppiche)?
- Ist sie in der Lage, sich allein zu waschen, anzukleiden, zu duschen und zur Toilette zu gehen? Braucht sie Hilfe bei der Medikamenteneinnahme?
- Mag sie das Essen, das Sie kochen, oder benötigt sie eine spezielle Diät? Wenn Letzteres der Fall ist, heißt dies für Sie, zwei unterschiedliche Mahlzeiten zu kochen.
- Wie wird sie sich tagsüber in Ihrem Haus beschäftigen? Hat sie Interessen, denen sie nachgehen kann? Wenn Sie den ganzen

Tag zu Hause sind, wird sie von Ihnen erwarten, dass Sie ihr Gesellschaft leisten? Wenn sie allein bleiben muss, wird sie sich einsam fühlen, sich langweilen und womöglich depressiv werden?

- Werden andere Angehörige und Freunde sie besuchen können? Wird sie selbst Besuche machen können? Kann sie an den Gottesdiensten, an anderen gesellschaftlichen Ereignissen und Seniorenaktivitäten teilnehmen?
- Wird sie ihren Wagen und Führerschein behalten können? Wenn nicht, sind Transportmittel vorhanden oder werden Sie sie fahren müssen?
- Wird sie sich an den Haushaltskosten beteiligen? Ist jemand von Ihren Geschwistern bereit, konkrete finanzielle Unterstützung zu leisten, damit die Belastung nicht allein Sie trifft?
- Kann sie ihre Finanzen alleine regeln? Wenn nicht, wer wird diese Pflichten jetzt oder in der Zukunft übernehmen?
- Bleibt Ihnen persönlich genügend Zeit für Ihr Ehe- und Familienleben? Wie ist ein „Privatleben" möglich, ohne dass sich der ältere Mensch ausgeschlossen fühlt? Werden Sie in der Lage sein, ohne Mutter Urlaub zu machen? Welche Möglichkeiten gibt es für Ihre Mutter, ihren Urlaub zu verbringen?
- Könnte sie allein im Haus bleiben, wenn Sie verreisen? Ist sie bereit dazu?
- Wird jemand aus der Familie für Sie einspringen können und nach ihr sehen, wenn Sie mit Ihrem Partner einmal wegfahren wollen? Wenn nicht, wie werden Sie sich hin und wieder eine Ruhepause verschaffen? Versteht sie, dass Sie auch mal eine Pause brauchen, und ist sie bereit, ihren Beitrag dazu zu leisten? Wenn Sie krank werden, wer wird für Sie einspringen?
- Gibt es ein Testament? Wo bewahrt Ihre Mutter wichtige Papiere auf?
- Wird sie bei ihrem alten Hausarzt bleiben oder werden Sie einen neuen für sie suchen müssen? Werden Sie als pflegende(r) Angehörige(r) im Gespräch und in die medizinische Versorgung mit einbezogen? Wissen Sie, wie die Mutter über lebensverlän-

gernde Maßnahmen (Apparatemedizin, Organspende) denkt? Hat sie ihre Wünsche ihrem Arzt mitgeteilt?

- Wer wird für sie sorgen, wenn sie ein Pflegefall wird? Deckt ihre Kasse/Privatversicherung die medizinische Versorgung und die Pflege ab, wenn nötig auch langfristige Pflegekosten?
- Kennen Sie ihre Wünsche in Bezug auf das Erbe, die Verteilung ihres Besitzes? Sind die Beerdigungskosten geregelt und welche Wünsche hat sie für ihre Beerdigung?

Mögliche Problembereiche

Die meisten Menschen unterschätzen die Veränderungen, die im Körper eines älteren Menschen vor sich gehen und an die sich die Familienmitglieder gewöhnen müssen. Ältere Menschen werden langsamer. Der fortschreitende Alterungsprozess bringt so einige Probleme mit sich und kann ganz schön an den Nerven zerren.

Sie sind vielleicht daran gewöhnt, die Heizung niedriger zu stellen, um Öl zu sparen, aber Ihre Mutter empfindet die Kälte sehr viel stärker als Sie. Wenn Sie die Raumtemperatur niedrig halten, kann sie an Unterkühlung leiden. Wenn Sie die Heizung hochdrehen, damit es ihr angenehm ist, werden Sie wiederum schwitzen.

Die Großmutter hört nicht gut, darum stellt sie Radio und Fernseher sehr laut – Sie aber lieben die Stille. Sie kann einem Gespräch nur folgen, wenn man ausschließlich sie anspricht, Geplauder am Esstisch mag sie nicht, weil sie sich dadurch ausgeschlossen fühlt. Sie schmollt.

Sie erwartet zwei warme Mahlzeiten am Tag, Ihre Familie wärmt sich aber gewöhnlich das Essen in der Mikrowelle auf. Jeder isst, wenn er kommt.

Sie wird leicht müde, und wenn Sie sie zu einem Familienausflug mitnehmen, möchte sie bereits nach einer Stunde wieder nach Hause, während der Rest der Familie noch bleiben möchte.

Sie kann kein Seniorenzentrum besuchen oder eigenen Aktivitäten nachgehen – oder sie möchte es nicht. Sie sind es jedoch nicht gewöhnt, so sehr auf andere Rücksicht zu nehmen. Bleiben Sie also zu Hause und ärgern sich oder unternehmen Sie trotzdem etwas und fühlen sich schuldig?

Sie hat sehr wenig zu tun, darum beobachtet sie Sie (und wenn etwas nicht klappt, dann gibt Sie Ihnen ständig „hilfreiche Tipps"). Wenn Sie es nicht gewöhnt sind, vor Menschen zu kochen und zu putzen, kann dies äußerst nervenaufreibend sein. „Aus diesem Grund habe ich aufgehört zu nähen", erklärte eine Frau. „Sie hat mich permanent beobachtet, und das hat mich so nervös gemacht, dass ich keinen Spaß mehr daran hatte."

Ich bin eigentlich kein negativer Mensch, doch als ich meine Mutter pflegte, fühlte ich mich ständig klein und schäbig, wenn andere mir sagten, wie schön es doch sei, einen älteren Menschen im Haushalt zu haben. Mir half es da zu wissen, dass ich nicht die Einzige war, die damit Probleme hatte.

Sie brauchen Flexibilität und Geduld. In manchen Bereichen werden Sie sich selbst umstellen müssen. Ältere Menschen kann man nicht hetzen. Manchmal können Sie vielleicht einen Kompromiss schließen. Sie können es sich zum Beispiel nicht leisten, die Heizung auf Hochtouren laufen zu lassen, aber Ihre Mutter kann wärmere Kleidung anziehen.

In anderen Bereichen wird sich Ihre Mutter nach Ihren Familiengewohnheiten richten müssen. Es ist zum Beispiel nicht in Ordnung, dass sie spätabends das Fernsehgerät auf volle Lautstärke stellt, wenn Sie und Ihr Partner schlafen müssen. Wenn sie sich weigert, sich Ihrem Haushalt ein wenig anzupassen, können Sie sie nicht länger bei sich behalten, ohne einen Nervenzusammenbruch zu bekommen.

Sie werden feststellen, dass es eine enorme Herausforderung ist, einen älteren Menschen bei sich aufzunehmen. Nur die Gnade Gottes macht dies möglich. Aber wenn beide Parteien bereit sind, sich diesen Herausforderungen zu stellen, ist es eine gute Sache.

Wenn Ihre Mutter sich bei Ihnen nicht wohlfühlt

Ich wünschte, ich könnte Ihnen ein Erfolgsrezept dafür geben, wie Ihre Mutter sich bei Ihnen wohlfühlt, aber das kann ich leider nicht. Einige ältere Menschen lassen sich leicht „verpflanzen", andere nicht. Hanna ist eine 92-jährige Dame, die bis vor zwei Jahren allein auf ihrer Ranch, meilenweit vom nächsten Nachbarn entfernt, wohnte. Ihr Sohn John erzählt ihre Geschichte:

Der Wendepunkt kam, als sie 90 wurde. Mutter wurde wegen Herzproblemen ins Krankenhaus eingeliefert. Gegen den Rat des Arztes und wider alle Vernunft brachte ich sie nach zehn Tagen nach Hause.

Einmal in der Woche fuhr ich zu ihr (eine dreistündige Fahrt) und brachte sie in die Stadt, damit sie einkaufen konnte. Ich merkte, dass sie Lebensmittel kaufte, die sie früher nie gekauft hatte. Sie ernährte sich nicht mehr richtig. Sie lebte von Toast, Honig und Milch. Manchmal wusste sie nicht einmal, ob sie überhaupt etwas gegessen hatte.

Jeden Tag kamen Freunde der Familie, um nach ihr zu sehen und ihre Tiere zu füttern. Sie erkannten, dass sich die Situation verschlimmerte. Aber Mutter dachte nicht daran, ihre Ranch zu verlassen. 1914 war sie als jung verheiratete Frau hierhergekommen. Ihr neues Zuhause lag nur fünf Meilen von der Ranch entfernt, auf der sie geboren wurde und die ihre Großeltern 1850 aufgebaut hatten. Sie liebte ihre Kühe, ihre Hühner, die Hunde und Katzen. Sie hatte ihr ganzes Leben lang nichts anderes gekannt als den eigenen Grund und Boden. Sie hatte immer hart gearbeitet. Bis zu ihrem 90. Lebensjahr weckte sie Gemüse und Obst aus dem Garten ein, als sei die ganze Familie noch zu Hause.

Aber sie war dort auf der Ranch nicht mehr glücklich. Sie schaffte die Arbeit nicht mehr, und das war ihr bewusst. Sie wurde ängstlich. Sie erzählte mir, dass zwei Männer mit einem Kleinlaster rückwärts in die Scheune gefahren seien und Heu gestohlen hätten und dass sie einen von ihnen erkannt hätte. Das war natürlich alles reine Fantasie. Der Mann, den sie ‚erkannt' hatte, war schon seit zehn Jahren tot.

Nach einer langen Zeit des Überlegens und nachdem ich mit meiner Familie, mit meinen Nichten und Neffen und unseren Freunden geredet hatte, erklärte ich ihr, die Zeit sei gekommen, die Ranch zu verlassen. Wir redeten vier oder fünf Stunden lang mit ihr. Schließlich stand sie auf und kam auf meinen Arm gestützt mit mir.

Aber sie war innerlich nicht froh. Ich brachte sie in einem Altenwohnheim in der Stadt unter, weil ich dachte, dass sie da wenigstens in der Nähe ihrer Angehörigen und Freunde bleiben könnte. Das Heim machte einen guten Eindruck, aber dort herrschten sehr strenge Regeln. Sie blieb nur einen Monat dort. Jetzt lebt sie in einem anderen Altenwohnheim ganz in meiner Nähe. Jeden Tag klagt sie: „Warum bin ich hier in diesem Gefängnis? Wann kann ich endlich nach Hause gehen? Was habe ich falsch gemacht? Warum bestraft Gott mich so?"

Ich fühle mich so schuldig. Immer wieder frage ich mich: Habe ich das Richtige getan? Hätte ich noch mehr tun können?

Die Antwort lautet: Nein, John hatte wirklich keine andere Möglichkeit. Mit der Hilfe von Angehörigen und Freunden hat er es seiner Mutter ermöglicht, sehr viel länger in ihrem eigenen Haus zu wohnen, als es anderen möglich ist. Als sie nicht mehr länger allein dort leben konnte – ihre Wahnvorstellungen waren ein deutlicher Ausdruck ihrer Angst vor dem Alleinsein –, brachte John sie an einen Ort, an dem sie die bestmögliche Hilfe bekam.

Sie auf der Ranch allein zu lassen wäre einer verbrecherischen Vernachlässigung gleichgekommen. John konnte sie auch nicht zu sich nehmen. Seine Frau litt unter ernsten gesundheitlichen Problemen und er konnte nicht beide pflegen. Seine Mutter hätte sich in seinem Haus auch nicht wohlgefühlt. Sie hatte deutlich gesagt, dass sie nur ihr eigenes Zuhause akzeptierte.

Es ist tragisch, dass diese einst so starke, tüchtige Dame nicht während der Arbeit sterben konnte. Aber dies ist nicht die Schuld des Sohnes, denn er hat seiner Mutter nichts als liebevolle Zuneigung gezeigt. Es ist nicht seine Schuld, dass sie sich an ein Leben außerhalb der Ranch einfach nicht gewöhnen kann.

Sie fragen vielleicht: „Und wenn ich meine Mutter zu mir nehme und sie nicht glücklich ist? Dann werde ich mich schuldig fühlen.“ Haben Sie einen Grund dazu? Nein. Sie sind nicht verantwortlich für die Tatsache, dass Ihre Mutter alt und gebrechlich geworden ist und da, wo sie lebt, nicht mehr allein für sich sorgen kann. Auch sind Sie nicht dafür verantwortlich, wie gut sie sich eingewöhnt.

Kapitel 9: Der Umgang mit gesundheitlichen Problemen des Alters

Du verstießest meine Seele aus dem Frieden,
ich habe vergessen, was Glück ist.
Klagelieder 3,17

Alte Menschen von Ende 70, Ende 80 und in den 90ern sind erstaunlich zäh. Sie haben eine Zeit überlebt, als es noch keine Impfungen und Medikamente wie heute gab. Aber das bedeutet nicht unbedingt, dass es ihnen gesundheitlich gut geht. Die medizinische Wissenschaft des 20. Jahrhunderts hat die meisten der Krankheiten besiegt, die sie in jüngeren Jahren überlebt haben. Doch nun müssen sie sich den Krankheiten stellen, die noch unbesiegt sind: Herzinfarkt, Schlaganfall, Krebs, Parkinsonkrankheit, Alzheimer und andere.

Im Gegensatz zu akuten Krankheiten (wie zum Beispiel der Lungenentzündung) sind die gerade genannten Leiden chronischer Art. Mit der entsprechenden Behandlung können die meisten Patienten viele Jahre lang am Leben erhalten werden. Chronische Krankheiten sind die Ursache für den größten Teil von Altersleiden. Und häufig leiden die älteren Menschen an mehr als nur an einer Krankheit. Das allein ist schon schwierig genug. Übrigens gehen in Deutschland Senioren sehr viel häufiger zum Arzt, sie kommen häufiger ins Krankenhaus und nehmen viel mehr Medikamente als jüngere Menschen. Manche Ärzte haben nicht selten Schwierigkeiten im Umgang mit älteren Patienten, das bedeutet auch, dass man in Krankenhäusern mit einem Pflegefall sehr unterschiedlich umgeht.

Darum steht man vor einer großen Herausforderung, wenn man den eigenen Eltern helfen will, mit ihren Gesundheitsproblemen klarzukommen. Man muss der Ratgeber der Eltern in Gesundheitsfragen werden. Es gilt vielleicht, die Entscheidungen eines Arztes infrage zu stellen oder eine bessere Versorgung zu fordern, wenn man merkt, dass die Schwestern im Krankenhaus oder die Altenpflegerin nicht kompetent sind. Man muss auf mögliche Nebenwirkungen der Medikamente achten, die den Eltern verschrieben werden. Wo kann man all das lernen, was man wissen muss?

Vermutlich nicht von den Ärzten. Sie sind viel zu beschäftigt, um „Patientenfortbildung" zu betreiben. Am meisten über die Pflege von Patienten mit chronischen Krankheiten des Alters wissen die in Altenpflege erfahrenen Pflegerinnen und Pfleger, Physiotherapeuten, Sozialarbeiter, Psychologen und die unzähligen Menschen, die als ehrenamtliche Helfer für die zahlreichen gemeinnützigen Organisationen arbeiten, die sich auf bestimmte Krankheiten spezialisiert haben.

Gruppierungen wie die Deutsche Krebshilfe und das Amt für gesundheitliche Aufklärung, die Krankenkassen und Hilfsorganisationen halten wertvolle Broschüren bereit. Sie helfen Patienten und ihren Familien, so viel wie möglich über den Umgang mit diesen chronischen Krankheiten zu erfahren. Vortragsabende von Fachleuten sind von hohem Wert und werden in der örtlichen Presse angekündigt. Auch gibt es Informationsblätter und Veröffentlichungen mit hilfreichen Angaben für Patienten und ihre Familien.

Krankenhäuser und andere Einrichtungen veranstalten Workshops zu Gesundheitsproblemen älterer Menschen. Wenn Sie einer Selbsthilfegruppe von Betreuern älterer Menschen angehören, können Sie mit anderen Mitgliedern Informationen austauschen.

Der Arzt Ihrer Eltern

Ihre Eltern sollten in der Obhut eines guten Arztes sein, der ihre Behandlung koordiniert. Das kann ein Internist oder auch ein praktischer Arzt sein. Vielleicht ist es darüber hinaus nötig, zu einem Neurologen, Augenarzt etc. zu gehen. Eine Frau, die ihre Mutter pflegte, fuhr mit ihr innerhalb von zwei Wochen zu fünf verschiedenen Ärzten. Wenn aber die Fachärzte nicht mit allen Krankheiten des Patienten vertraut sind, werden sie jeweils die Medikamente für ihr „Gebiet" verschreiben, die dann gefährliche Wechselwirkungen mit anderen Medikamenten nach sich ziehen können. Es kann sein, dass nun eher schlimmere Symptome hervorgerufen werden, als dass Erleichterung eintritt.

Wie eng sollte Ihr Kontakt zum Arzt Ihrer Eltern sein? Das hängt von den Eltern und dem jeweiligen Arzt ab. Wenn Ihre Eltern dem Arzt sagen, er solle nicht mit Ihnen über ihre Probleme sprechen, sind seine Hände gebunden.

Glücklicherweise ist das eher selten der Fall. Auch die meisten Ärzte sind an einer Kooperation mit den Angehörigen interessiert, da sie wissen, dass die Familie in erster Linie dafür sorgen muss, dass die ärztlichen Anweisungen beachtet werden. Wenn Sie Ihre Eltern zu einem Arzttermin fahren, können Sie sie ins Sprechzimmer begleiten und selbst mit dem Arzt reden. Aber sollten Sie das wirklich tun? Ist das nicht ein Eindringen in die Privatsphäre Ihrer Eltern?

Sehr viel wird davon abhängen, ob Ihre Eltern geistig noch so weit auf der Höhe sind, dass sie selbst mit dem Arzt sprechen können, dass sie sich an die Anweisungen erinnern und sie auch befolgen. Wenn das nicht der Fall ist, kann es hilfreich sein, wenn Sie selbst einen Termin bei dem Arzt Ihrer Eltern vereinbaren und mit ihm über die Behandlung sprechen.

Sie können ihm vielleicht helfen, indem Sie die Fragen Ihrer Eltern vorher aufschreiben, damit er auf den Besuch vorbereitet ist. Hilfreich wäre auch, wenn der Arzt anschließend seine Anweisungen notiert, denn sie können ansonsten für ältere Personen manchmal sehr verwirrend sein. („Hat er nun gesagt, ich soll in drei oder in sechs Monaten wiederkommen? Und soll ich diese Tabletten weiternehmen oder soll ich die neuen einnehmen?") Wenn Ihre Eltern die Freiheit haben, ein Diktiergerät zu benutzen, könnte der Arzt seine Anweisungen vielleicht auch auf Kassette sprechen und Sie können sie dann später abhören.

Viele ältere Leute sind dem Arzt gegenüber nicht offen, auch wenn sie geistig noch vollkommen fit sind. Ihre Eltern schildern Ihnen vielleicht zu Hause besorgt und detailliert ihre Symptome und sagen dann in der Praxis auf die Frage nach dem Ergehen: „Mir geht es wirklich gut."

Was können Sie tun, um Ihren Eltern nicht vor dem Arzt zu widersprechen? Eine Bekannte, die ihre Mutter pflegt, schreibt immer eine kleine Notiz für den Arzt, die sie vorher der Arzthelferin gibt. Diese fügt sie dann der Patientenakte bei. So ist der Arzt informiert, bevor er mit ihrer Mutter spricht. Eine andere Möglichkeit ist, vor dem Arztbesuch mit der Praxis zu telefonieren. Die Sprechstundenhilfe kann Ihre Informationen aufschreiben und sie dem Arzt vor dem Besuch hineinreichen.

Die meisten älteren Leute stellen die Anweisungen des Arztes nicht infrage. Sie sollten das jedoch tun. Wenn ein Arzt sagt: „Da kann man nichts machen", meint er damit häufig: „Da kann *ich* nichts machen." Fragen Sie immer nach: „Gibt es denn jemanden, der helfen könnte?" (Vielleicht verweist er Sie an einen Physiotherapeuten, an einen Psychologen, einen Diätfachmann oder einen anderen Spezialisten.) Fragen Sie auch: „Gibt es irgendeine andere Behandlung für diesen Zustand?", und: „Gibt es irgendwelche anderen Medikamente, die eingesetzt werden könnten?" Der Laie weiß in der Regel nicht über alternative Behandlungsmethoden Bescheid. Doch diejenigen, die die Medikamente einnehmen müssen, haben sehr wohl Entscheidungsfreiheit und das Recht, die Risiken gegen die Vorteile der verschiedenen Behandlungen abzuwägen.

Ratgeberbücher helfen, im Umgang mit dem Arzt richtige Fragen zu stellen und auf Wesentliches zu achten.

Wenn Sie einen Arzt für Ihre Eltern suchen müssen

Sie sollten sich nach einem guten Arzt für Ihre Eltern umsehen, bevor die Not akut wird. Lassen Sie sich von Freunden, Angehörigen, Krankenschwestern oder Selbsthilfegruppen gute Ärzte empfehlen. Krankenschwestern sind eine besonders gute Informationsquelle – sie wissen eine ganze Menge über die Qualifikation eines Arztes und über seine Persönlichkeit.

Diese Liste können Sie eingrenzen, indem Sie in den Praxen der Ärzte anrufen. Sie werden leider feststellen, dass einige Ärzte ungern ältere Patienten annehmen. Von den anderen können Sie telefonisch Antworten auf einige Ihrer Fragen bekommen. Auf diese Weise sortieren Sie alle bis auf die zwei oder drei aus, mit denen Sie persönlich sprechen wollen.

In einem Workshop von Leslie Ann Dahm, einer privaten Gesundheitsberaterin, wurden folgende Tipps zum Thema Arztsuche erarbeitet[1]:

1. Versuchen Sie, so viel wie möglich über die Ausbildung des Arztes herauszufinden. Wo hat er seine Praxis? Mit welchen Krankenhäusern arbeitet er zusammen?
2. Wie alt ist er? Älter heißt nicht unbedingt besser. Die Ausbildung der jüngeren Ärzte ist aktueller und sie haben vielleicht noch nicht so viele Patienten.
3. Praktiziert er in einer Gemeinschaftspraxis oder allein? Ärzte in einer Gemeinschaftspraxis haben mehr Zeit, sich weiterzubilden. Wenn er allein praktiziert: Wer vertritt ihn in Abwesenheit?
4. Hält er sich über die medizinischen Entwicklungen auf dem Laufenden? Welche Kurse oder Seminare hat er kürzlich besucht?
5. Von wann bis wann hat er Sprechstunde? Ist die Zeit passend für Sie? Wie lang muss man im Durchschnitt warten, wenn man einen Termin hat? Wann fängt der Arzt morgens an? (Seien Sie vorsichtig bei Ärzten, die den ersten Patienten für neun Uhr bestellen, aber erst um zehn Uhr erscheinen!)

6. Ruft er zeitnah zurück?
7. Wie ist die Atmosphäre in der Praxis? Sie werden oft mit den Arzthelferinnen zu tun haben. Sind sie höflich und feinfühlig? Wie geht man am Telefon mit Ihnen um? (Natürlich können Sie die Sprechstundenhilfen und die Praxis erst richtig beurteilen, wenn Sie da gewesen sind.)

Der erste Termin ist entscheidend: Spricht der Arzt mit Ihren Eltern oder ignoriert er sie? Hört der Arzt ihnen richtig zu? Hört er Ihnen zu? Sein allgemeines Verhalten wird Ihnen zeigen, ob er ältere Menschen tatsächlich mag und respektiert. Auch ist wichtig, dass Ihre Eltern ihn mögen. Wenn diese den Arzt unsympathisch finden und ihm nicht vertrauen, werden sie in der anschließenden Behandlung nicht richtig mitarbeiten.

„Sie müssen dem Arzt sagen, wenn Sie etwas nicht verstehen", heißt es in einem Buch. „Frauen neigen dazu, den Menschen gefallen zu wollen." Wir Frauen finden es unhöflich, zu viele Fragen zu stellen. Wenn der Arzt ungeduldig reagiert, sind wir eingeschüchtert. „Sagen Sie sich: ‚Ich habe das Recht, Fragen zu stellen und Antworten zu bekommen.' Haben Sie keine Angst, als ‚schwieriger Patient' zu gelten."

Die Auswirkungen von Medikamenten auf den alternden Körper

Wie bereits gesagt: Es ist völlig normal, dass sich mit dem Alter die Körperfunktionen verlangsamen. Das betrifft auch die Leber und die Nieren – zwei Organe, die giftige Substanzen und auch Medikamente im Körper abbauen.

Der ältere Mensch kann nicht so große Dosen Medikamente verarbeiten wie der jüngere, weil seine Organe sie nicht so schnell abbauen können. Werden sie zu lang im Köper deponiert, besteht Vergiftungsgefahr.

Einige Symptome für eine Vergiftung sind Trägheit und Schläfrigkeit, undeutliche Aussprache, Depressionen, Unruhe und Nervosität. Manche Ärzte behandeln diese Symptome mit noch mehr Tabletten und machen es damit nur noch schlimmer. Viele als senil eingestufte Menschen leiden eigentlich an einer Medikamentenüberdosis.

Die Gefahr von Wechselwirkungen wird gesteigert, wenn ältere Menschen viele verschiedene Medikamente einnehmen. Es kann aber auch zu einer Wirkstoffverstärkung kommen, wenn sie gleichzeitig zugeführt werden. Gewisse Medikamente, die gegen ein bestimmtes Leiden eingenommen werden, verschlimmern ein anderes. Das gilt sowohl für die Medikamente, die man rezeptfrei in Apotheken kaufen kann, wie auch für die verschreibungspflichtigen. Selbst so harmlose Medikamente wie Aspirin, Erkältungsmittel und Antiallergika können schlimme Nebenwirkungen bei jenen haben, die an hohem Blutdruck, grünem Star und anderen häufig altersbedingten Beschwerden leiden.

Wenn Sie den Verdacht haben, dass die Beschwerden Ihrer Eltern auf Medikamente zurückzuführen sind, setzen Sie diese nicht selbstständig und abrupt ab. Viele Medikamente dürfen nur schrittweise unter Aufsicht des Arztes abgesetzt werden. Ein plötzlicher Abbruch kann sehr schädlich, sogar fatal sein.

Ein verwirrter älterer Mensch nimmt seine Medikamente häufig nicht richtig ein – entweder er vergisst sie vollkommen, oder er vergisst, dass er sie bereits genommen hat, und nimmt sie doppelt ein. In der Apotheke können Sie einen sogenannten Dispenser kaufen, eine Schachtel mit jeweils einem Fach für einen Tag, in der Sie die Wochenration an Tabletten aufbewahren können. Die unterschiedlichen Tabletten müssen häufig zu unterschiedlichen Zeiten eingenommen werden, einige vor dem Essen, andere nach dem Essen. Vielleicht können Sie eine Tabelle anfertigen, auf der Sie genau eintragen, welche Tabletten wann und wie genommen werden müssen. Wenn Sie nicht wissen, welche Tabletten mit der Mahlzeit eingenommen werden sollen, kann Ihnen Ihr Apotheker darüber Auskunft geben. Auch kann er auf Ihre Bitte hin die kindersicheren Verschlüsse, die ältere Menschen oft schwer öffnen können, von den Medikamentenflaschen entfernen (es sei denn, Sie müssen zu Besuch kommende Kinder davor schützen).

Wenn es schon für Ärzte schwierig ist, sich über neue Medikamente und ihre Nebenwirkungen auf dem Laufenden zu halten, ist es kein Wunder, dass Laien Probleme damit haben. Fragen Sie am besten in der Apotheke nach. Manchmal wissen Apotheker viel mehr über Medikamente als Ärzte, immerhin ist dies ja ihr Spezialgebiet. Außerdem gibt es in manchen Apotheken wertvolle Informationen zu Wechselwirkungen.

Geben Sie sich nicht mit der Diagnose „Alter" zufrieden

Es ist nicht leicht zu erkennen, ob die gesundheitlichen Probleme der Eltern die Folge des normalen Alterungsprozesses oder Symptome einer Krankheit sind. Ärzte sind häufig viel zu schnell dabei, alles auf das Alter zu schieben. Der Grund dafür ist nicht immer, dass sie an älteren Menschen nicht interessiert sind. Häufig wird die Ursache von Symptomen einfach nicht erkannt (zum Beispiel bei Depressionen). Ein anderer möglicher Grund für eine solche falsche Diagnose ist, dass die Anzeichen einer chronischen Krankheit sehr langsam beginnen können und ein Arzt die Beschwerden aus Unwissenheit schnell als „altersbedingt" und somit nicht behandelbar abtut, wie es zum Beispiel bei Inkontinenz oft der Fall ist. Wenn der ältere Mensch seine Blase nicht mehr kontrollieren kann, ist er so verlegen, dass er sich von gesellschaftlichen Ereignissen zurückzieht. Auch für die Familien ist dies ein großes Problem, das dazu führen kann, dass die Eltern in einem Pflegeheim untergebracht werden, bevor es tatsächlich nötig wird. Häufig ist der ältere Patient der Meinung, man könne nichts dagegen tun. Er empfindet große Scham und versucht, das Problem zu vertuschen. Schätzwerten zufolge sucht nur einer von zwölf Betroffenen Hilfe. Aus urologischer Sicht sind jedoch 85 bis 90 % der Fälle von Inkontinenz behandelbar. Der erste Schritt sollte eine Untersuchung bei einem Arzt sein. Wenn dieser sagt, dass er nicht helfen kann, sollten Sie um eine Überweisung zu einem Facharzt (Urologen) bitten.

Zwischen vier und fünf Millionen Menschen in der Bundesrepublik leiden an Inkontinenz, d. h. an der Unfähigkeit, Blase oder Darm unter Kontrolle zu halten. Ist jemand harninkontinent, kommt es häufig zu unbeabsichtigtem und unkontrollierbarem Wasserlassen. Gehorcht der Darmschließmuskel nicht mehr, spricht man von Stuhlinkontinenz. Beide Arten werden unterschiedlich behandelt, von Übungen zur Stärkung des Schließmuskels bis hin zu Verhaltensänderung, Blasentraining, Medikamenten und Operation.

Chronische Krankheiten des Alters

Alzheimer und andere Formen von geistiger Verwirrung

Die am stärksten verbreitete Form der Demenz ist die Alzheimerkrankheit. Sie kann nach aktuellem medizinischen Stand nicht geheilt und auch nicht aufgehalten werden, aber andere, nicht durch Alzheimer verursachte Formen der geistigen Verwirrung sind sehr wohl aufzuhalten. Eine gründliche Untersuchung durch einen Neurologen und/oder Psychiater oder Psychologen ist daher sehr wichtig, um andere Ursachen für Verwirrungen auszuschließen.

Die niederschmetternden Auswirkungen der Alzheimerkrankheit auf Familien kann durch Zahlen nicht ausgedrückt werden. Jede Form der Demenz beginnt mit Vergesslichkeit und Verwirrung, aber bei Alzheimer kommt es zu einem vollständigen geistigen und körperlichen Abbau, der schließlich zum Tod führt. Die Fähigkeit zu denken und zu planen verschwindet, die Persönlichkeit verändert sich, die Kranken vergessen, sich anzuziehen, zu baden, zu essen und sich zu waschen, schließlich werden sie unfähig zu kommunizieren oder andere zu erkennen. Die Krankheit kann schnell, aber auch über einen Zeitraum von Jahren hinweg langsam foranschreiten.

Der Kranke wird für seine Familie zum Fremden. Er wird ängstlich und unruhig, feindlich gesinnt und aggressiv. Er widerspricht ständig wie ein Zweijähriger. Er läuft davon und verirrt sich. Er bleibt möglicherweise die ganze Nacht fort. Er verliert die Gehirnfunktionen, die für das Schamgefühl verantwortlich sind. Viele Patienten entwickeln eine Angst vor Wasser, und der Versuch, sie zu baden, kann zu einer Tortur werden. Hier sollte man sich Rat holen, wie mit dem Problem umzugehen ist.

Selbst wenn eine geistige Verwirrung nicht geheilt werden kann, kann man dem Patienten Hilfe zukommen lassen. Neurologen und Fachkliniken bieten diese Möglichkeiten oder können sie vermitteln. Ziel ist, dass sich der Betreffende so lange wie möglich zurechtfindet.

Die pharmazeutische Industrie steckt Unsummen von Geld in die Suche nach Medikamenten, die das Erinnerungsvermögen wiederherstellen, und viele Experten sind der Meinung, dass die Forscher kurz vor einem Durchbruch stehen. Dr. Arnold Starr, Vorsitzender des *Department of Neurology* an der *University of California, Irvine,* dagegen ist skeptisch: „Ich denke, viel mehr als alle Tabletten, die die Ärzte verschreiben, bringen Veränderungen des Lebensstils, das, was man selbst tut."

Der Alzheimerpatient muss rund um die Uhr beaufsichtigt werden und der Betreuer braucht dabei unbedingt Unterstützung. Das persönliche Umfeld muss so gestaltet sein, dass nicht noch mehr Verwirrung entsteht. Das heißt: Alles im Haus muss immer am selben Platz stehen, alle gefährlichen Gegenstände müssen eingeschlossen und eine strikte tägliche Routine muss eingehalten werden. Ein Spaziergang mit dem Patienten reduziert häufig die Unruhe und hilft ihm, nachts besser zu schlafen. Tagesbetreuungszentren verschaffen dem Betreuer nicht nur eine Verschnaufpause, sondern bieten dem Patienten gesellschaftlichen Umgang. In der Regel ist es in der letzten Phase der Krankheit notwendig, ihn in einem Pflegeheim unterzubringen.

Kommunikation mit Alzheimerpatienten gelingt am besten auf der emotionalen Ebene, durch nonverbalen Ausdruck von Zuneigung wie Umarmen, Liebkosen und Zuhören (auch wenn das Gesagte keinen Sinn ergibt). Konfrontationen und Streitgespräche sollten vermieden werden.

Menschen, die mit Alzheimerpatienten arbeiten, haben eine besondere Berufung. Linda Fodrini, Leiterin einer Tagespflegestätte für geistig verwirrte Menschen, sagt: „Für mich ist das überhaupt nicht belastend. Diese Menschen leben für den Augenblick. Sie haben keine Vergangenheit, darum empfinden sie auch keine Schuldgefühle. Sie haben keine Zukunft, darum haben sie auch keine Zukunftsängste. Wenn ich ihnen diesen gegenwärtigen Augenblick schön gestalten kann, dann habe ich sehr viel erreicht."

Kontaktdaten von Selbsthilfegruppen und Tagespflegezentren speziell für die Familien von geistig verwirrten Menschen können bei den Krankenkassen und Fachärzten erfragt werden.

Arthritis

Arthritis ist eine chronische Erkrankung der Gelenke, der Muskeln und des Bindegewebes des Körpers. Arthritis hat viele unterschiedliche Erscheinungsformen. Die häufigste bei älteren Leuten ist die Osteoarthritis. Die Symptome sind Schmerzen und Unbeweglichkeit und reichen von schwachen bis sehr starken Beschwerden und Behinderungen.

Obwohl Arthritis nicht geheilt werden kann, so können die Gelenke doch durch bestimmte Techniken vor Verspannung geschützt und damit beweglich gehalten werden. Wenn Gelenke und Muskeln nicht täglich bewegt werden, können sie steif und nutzlos werden. In vielen Städten wird eine spezielle Wassergymnastik angeboten. Da die Gelenke unter Wasser nicht so stark belastet sind, können sie dort besser bewegt werden. Heiße oder kalte Umschläge und bestimmte Medikamente helfen, den Schmerz und die Entzündung zu hemmen. Als letzte Zuflucht gibt es die Möglichkeit der Einsetzung eines künstlichen Gelenks.

Diese Krankheit bringt für den Patienten eine große emotionale Anspannung mit sich. Es gibt Selbsthilfegruppen, die helfen, mit chronischem Schmerz und dem Stress fertigzuwerden. Der Arzt könnte den Patienten bei Bedarf in ein Schmerzzentrum überweisen. Sie sollten sich klarmachen, dass Aspirin und nicht steroide entzündungshemmende Medikamente Magenbluten und Magengeschwüre verursachen können.

Bronchitis/Lungenblähung (Emphysem)

Zwei Lungenkrankheiten, die manchmal im Alter auftreten, sind chronische Bronchitis und Lungenblähung. Bei der Bronchitis verengen sich die Luftwege in den Lungen und setzen sich mit Schleim zu. Bei der Lungenblähung werden die Lungenbläschen geschädigt. Symptome sind Husten, Niesen und Atemnot, was den Patienten in seinem Tagesablauf stark beeinträchtigt. Diese Krankheit tritt verstärkt bei starken Rauchern (vor allem bei Männern) auf.

Da geschädigte Lungen nicht geheilt werden können, müssen die Patienten lernen, wie sie mit diesen Krankheiten leben können. Zur Therapie gehören u. a. Atemtechniken, die Reinigung der Lungen von Schleim, allgemeines Konditionstraining und Medikamente. Häufig werden Tabletten, Tropfen und Sprays zur Bronchienerweiterung verschrieben, um die verschleimten Luftwege zu öffnen. Die Sprays sorgen dafür, dass die Medizin tief in die Lunge eingeatmet wird. Beatmungsgeräte versorgen die Lungen mit Sauerstoff. Entweder der Patient oder seine Bezugsperson muss dann genau in der Handhabung eines solchen Geräts unterwiesen werden.

Nicht richtig atmen zu können weckt Angstgefühle. Ebenso schlimm ist es, zusehen zu müssen, wie ein geliebter Mensch nach Luft ringt. Es hilft Ihnen vielleicht, wenn Sie mit Ihren Eltern über diese Gefühle reden. Um mit der Krankheit leben zu können, muss der an Bronchitis oder Lungenblähung erkrankte Mensch lernen, sich selbst zu helfen. Man sollte sich erkundigen (evtl. bei Selbsthilfegruppen), wo Atemschulen angeboten werden, damit der Patient in der Lage ist, kritische Situationen zu bewältigen.

Hoher Blutdruck

Hoher Blutdruck ist an sich keine Krankheit. Aber da er die Hauptursache für Herzinfarkt, Schlaganfall und Nierenversagen ist, teilweise ohne dass er Beschwerden verursacht, müssen die Ärzte den Blutdruck sorgfältig überwachen und ihn mit Medikamenten niedrig halten. Einige Ärzte verbieten ihren Patienten bei zu hohem Blutdruck auch den Genuss von Salz. Viele werden allerdings fälschlicherweise wegen hohen Blutdrucks behandelt. Grund ist der angstbedingte Praxisblutdruck, das heißt, der Blutdruck des Patienten schießt in der Arztpraxis in die Höhe. Wenn Sie den Verdacht haben, dass dies bei Ihren Eltern der Fall sein könnte, lassen Sie ihn bei einer anderen Gelegenheit noch einmal messen. Sie können auch selbst ein Blutdruckmessgerät kaufen.

Wenn Ihre Eltern Medikamente gegen zu hohen Blutdruck bekommen, sollten Sie sich vorher über die Wirkungweise und über eventuelle Nebenwirkungen informieren. Die Einnahme von Blutdruckmitteln ist meist dauerhaft. Der Blutdruck wird nur so lange normal bleiben, wie sie das Medikament nehmen.

Ärzte behandeln ihre älteren Patienten in der Regel zuerst mit harntreibenden Mitteln, die die Flüssigkeit aus dem Körper treiben und somit das Volumen des Blutes reduzieren. Dadurch wird jedoch gleichzeitig der Kaliumgehalt im Körper reduziert, was zu Schwindel und Schwäche führen kann und den Blutzucker und das Cholesterin im Blut ansteigen lässt. Bei einigen Medikamenten wird das Kaliumproblem umgangen, indem gleichzeitig mit dem harntreibenden Medikament Kalium zugeführt wird. Wenn das Medikament Ihrer Eltern keinen Kaliumzusatz enthält, sollten sie kaliumreiche Nahrungsmittel wie Orangen, Bananen, Melonen und Kartoffeln zu sich nehmen.

Nehmen Sie Schwindel oder Schwäche bei einem älteren Menschen, der harntreibende Mittel nimmt, nicht auf die leichte Schulter. Unterrichten Sie den Arzt über diese Beschwerden. Er sollte den Kaliumgehalt im Blut regelmäßig überprüfen.

Eine zweite Behandlungsmöglichkeit von zu hohem Blutdruck sind Betablocker, die den Herzschlag verringern und damit das

Volumen des Blutstroms reduzieren. Diese starken Medikamente sind allerdings dafür bekannt, dass sie Depressionen auslösen. Sie können auch Gelenkschmerzen verursachen und zu Schlafstörungen, geistiger Verwirrung, Vergesslichkeit, zu Impotenz bei Männern und zu anderen Störungen führen. Wenn Ihre Eltern an einer dieser Beschwerden leiden, könnten es auf die Medikamente zurückzuführen sein. Aber ermahnen Sie Ihre Eltern, die Tabletten nicht abzusetzen, ohne mit ihrem Arzt gesprochen zu haben. Ein plötzliches Absetzen von Betablockern kann einen Herzinfarkt zur Folge haben.

Vor einiger Zeit ist noch etwas Neues auf den Markt gekommen: die sogenannten Kalziumblocker. Sie scheinen den Blutdruck mit weniger, wenn nicht sogar gar keinen Nebenwirkungen zu senken. Sprechen Sie am besten mit dem Arzt Ihrer Eltern darüber.

Krebs

Keine Krankheit ist so gefürchtet wie der Krebs. Aber wenn ein Tumor frühzeitig entdeckt und behandelt wird, gibt es ausgezeichnete Heilungschancen. Sie sollten jedoch bedenken, dass in der Jugendzeit Ihrer Eltern die Diagnose Krebs einem Todesurteil gleichkam. Vielleicht reagieren sie daher auf diese Diagnose mit großer Angst. Wenn Ihre Eltern Krebs haben, brauchen sie vielleicht nicht nur Hilfe bei den Aufgaben des täglichen Lebens, sondern auch sehr viel emotionale Unterstützung.

Trotz der Zahl der Krebspatienten, die noch viele Jahre leben, obwohl der Arzt ihnen nur noch zwei Monate gegeben hat, sparen Mediziner weiterhin nicht mit solchen „Todesurteilen“. Erinnern Sie Ihre Eltern daran, dass Gott das letzte Wort hat und er Gebete um Heilung erhören kann (Wissenschaftler nennen das „Spontanheilung“).

Vielleicht fragen Sie sich: Sollte ich meinen Eltern überhaupt sagen, dass sie Krebs haben? Nun, es ist wohl ihr Recht, es zu erfahren. Der Versuch, im letzten Teil des Lebens mit einer Lüge zu leben, wird Ihre Beziehung belasten, weil die Phase des Abschiednehmens beeinträchtigt ist.

Die Deutsche Krebshilfe kann Ihnen viel Hilfe geben: Beratung für Sie oder Ihre Eltern in Bezug auf das, was ihnen bevorsteht und welche Hilfsmöglichkeiten es gibt (zum Beispiel Krankenhausbetten, Rollstühle etc. auszuleihen, Transportmöglichkeiten zu Arztterminen und Rehabilitationszentren).

Diabetes

Bei Diabetes staut sich eine Form von Zucker, die sogenannte Glukose, im Blut an, anstatt sich in Energie für den Körper umzuwandeln. Insulin, ein in der Bauchspeicheldrüse produziertes Hormon, wandelt Zucker in Energie um. Bei der Diabetes Typ I, die normalerweise früh im Leben beginnt, produziert die Bauspeicheldrüse kein Insulin. Bei der Diabetes Typ II, die häufig bei übergewichtigen Menschen über vierzig auftritt, produziert die Bauchspeicheldrüse entweder kein Insulin, oder der Körper ist nicht in der Lage, das produzierte Insulin zu verwenden. Der Großteil aller Diabetiker ist an der Diabetes Typ II erkrankt.

Schon ein geringer Gewichtsverlust steigert die Fähigkeit des Körpers, das produzierte Insulin besser zu verarbeiten. Der Arzt Ihrer Eltern wird bei dieser Form der Diabetes zuerst eine Diät und Bewegung verordnen. Falls das den Blutzuckerspiegel nicht senkt, wird der Arzt vermutlich ein blutzuckersenkendes Medikament verschreiben.

Vielen Familien ist nicht klar, welche ernsten Folgen Diabetes haben kann. Ein erhöhter Blutzuckerspiegel schädigt die Blutgefäße und Nerven. Wenn die Blutgefäße im hinteren Teil des Auges geschädigt sind, ist die Sehfähigkeit des Diabetikers in Gefahr. Da dies, wenn die Krankheit früh erkannt wird, behandelt werden kann, sollten Diabetiker häufig zum Augenarzt gehen. Wenn die Blutgefäße in den Beinen geschädigt sind, gibt es Probleme mit der Blutzirkulation und die Heilung von Verletzungen wird verlangsamt. Eine Schädigung der Nerven in den Beinen verursacht Taubheit und Empfindungsverlust. Kleinere Verletzungen der Füße und Beine können sich infizieren, bevor sie entdeckt werden. Diabetiker müssen daher jeden Tag sehr genau ihre Füße untersuchen. Wenn es ganz schlimm kommt, kann eine Fuß- oder Beinamputation nötig sein. Geschädigte Blutgefäße und Nerven führen darüber hinaus bei Männern zu Impotenz. Aufgrund ihrer geschädigten Blutgefäße sind Diabetiker auch anfällig für Nierenerkrankungen, Herzinfarkt und Schlaganfall.

Leider treten die Symptome von Diabetes nur schleichend auf und die Krankheit bleibt manchmal viele Jahre lang unentdeckt. In der Zwischenzeit können Blutgefäße und Nerven geschädigt werden. Wenn Diabetes erst einmal diagnostiziert ist, muss die Krankheit vom Patienten oder seinem Betreuer sorgfältig überwacht werden. Die an Diabetes vom Typ II erkrankten Patienten müssen jeden Tag ihren Blutzuckerspiegel messen.

Wenn der Blutzuckerspiegel zu hoch ist, besteht die Gefahr, ins Koma zu fallen. Diabetiker, die ihre Medikamente oral einnehmen, leiden manchmal an Unterzuckerung (an zu niedrigem Blutzuckerspiegel). Wenn Sie nicht sofort Traubenzucker oder etwas anderes mit hohem Zuckergehalt essen, können sie ohnmächtig werden. Dies ist vor allem bei älteren Menschen extrem gefährlich, weil sie sich verletzen können oder weil fälschlicherweise ein Schlaganfall diagnostiziert werden kann. Aus diesem Grund sollten Sie Ihre an Diabetes leidenden Eltern ermutigen, immer ihren Diabetikerausweis mit sich zu führen.

Herzinfarkt/Schlaganfall

Bei einem Herzinfarkt werden die Herzmuskeln nicht ausreichend durchblutet und sterben ab. Bei einem Schlaganfall werden Teile des Gehirns nicht genügend durchblutet und sterben ab. Viele Herzinfarkte und Schlaganfälle werden durch verdickte und verhärtete Arterien hervorgerufen.

Patienten, die an Herzkrankheiten leiden, kann durch verschiedene operative Eingriffe geholfen werden: zum Beispiel durch einen Herzklappenersatz, durch einen Herzschrittmacher oder durch eine Bypass-Operation. Mittlerweile werden von einigen Chirurgen Laser eingesetzt, um verstopfte Arterien frei zu machen.

Ist das Herz nicht ausreichend durchblutet und bekommt es zu wenig Sauerstoff, erhält der Patient herzstärkende Mittel. Die

Medikamente können jedoch Nebenwirkungen haben, zum Beispiel Übelkeit, Schwindel und Schwäche. Betreuer solcher Patienten müssen dies wissen.

Viele ältere Leute leiden an Herzinsuffizienz. Das durch hohen Blutdruck, einen Herzinfarkt oder Arteriosklerose geschädigte Herz ist nicht in der Lage, das Blut normal durch den ganzen Körper zu pumpen. Das Blut staut sich und verursacht Schwellungen im Gewebe. Die Folge sind geschwollene Knöchel. Ärzte behandeln eine starke Herzmuskelschwäche in der Regel mit harntreibenden Medikamenten, um dem Körper die überschüssige Flüssigkeit zu entziehen.

Ein Schlaganfall tritt ein, wenn ein Blutgefäß, das Sauerstoff zum Gehirn transportiert, platzt oder durch einen Blutpfropfen verstopft wird. Da die Gehirnzellen keinen Sauerstoff bekommen, sterben sie ab. Je größer der Schaden im Gehirn, desto größer sind die Auswirkungen des Schlaganfalls. Ist die linke Gehirnhälfte von dem Schlaganfall betroffen, kann die rechte Körperhälfte des Patienten gelähmt sein. Eine Schädigung der rechten Gehirnhälfte kann zu einer Lähmung der linken Körperseite führen. Sehfähigkeit, Sprechfähigkeit und andere Gehirnfunktionen können beeinträchtigt werden.

Schlaganfallpatienten brauchen so schnell wie möglich eine Rehabilitation, um möglichst viele Fähigkeiten wiederzugewinnen. Nach einem Schlaganfall wird der Patient daher häufig in eine Rehabilitationsklinik überwiesen.

Die Familie spielt bei der Genesung von Schlaganfallpatienten eine große Rolle, aber die Angehörigen brauchen Hilfe, um zu verstehen, was in dem Patienten vor sich geht. Erwartet man zu viel von ihm, wird er frustriert sein – und Sie auch –, wenn Sie zu wenig erwarten, nehmen Sie ihm den Mut, sich selbst zu helfen. Es ist schwierig, hier einen Mittelweg im Umgang mit der betroffenen Person zu finden.

Persönlichkeitsveränderungen beim Patienten sind besonders schwer zu verkraften. Ein Patient mit einer Schädigung der linken Gehirnhälfte wird Schwierigkeiten mit der Sprache haben (Aphasie), auch mit dem Verständnis der Sprache, worauf eine unter Umständen auftretende Verweigerungshaltung zurückzuführen sein kann. Der Patient neigt dazu, langsam, vorsichtig und unorganisiert zu sein. Ein Patient mit einer rechtsseitigen Schädigung des Gehirns hat Schwierigkeiten, Entfernungen einzuschätzen. Er neigt dazu, impulsiv und voreilig zu sein. Schlaganfallpatienten lachen oder weinen manchmal ohne offensichtlichen Grund, haben Gedächtnisprobleme, Probleme mit der Merkfähigkeit u. v. a.

Während der Schlaganfallpatient sich bemüht, das wiederzugewinnen, was er verloren hat, kämpfen die Angehörigen mit ihren Emotionen. Vorherrschend ist der Wunsch, den Menschen wieder so zurückzubekommen, wie er vorher gewesen ist, doch das passiert nur selten. Es wird ihm vielleicht besser gehen, aber der „gute alte Papa" wird er nie wieder sein.

Zur Behandlung sind Ärzte, Schwestern, Physio-, Sprach- und Beschäftigungstherapeuten nötig, doch entscheidend für den Ausgang ist die Motivation des Patienten. Die Betreuer müssen ihn immer wieder ermutigen. Entsprechende Literatur kann dabei sehr hilfreich sein.

Osteoporose

Osteoporose ist keine tödliche Krankheit, aber sie kann der Grund für einen Sturz sein, der bei älteren Menschen zum Tod oder aber zu Behinderungen führen kann. Die Knochen werden so porös, dass sie unter dem leichtesten Druck brechen. Wir sagen häufig: „Frau Schmidt ist gefallen und hat sich die Hüfte gebrochen", obwohl es eigentlich genau andersherum ist: Sie hat sich die Hüfte gebrochen und ist gestürzt.

Osteoporose ist auch die Ursache für den sogenannten Witwenbuckel. Eine von vier Frauen über 60 und die Hälfte aller Frauen über 80 leiden an dieser Krankheit. Die meisten Patienten sind klein und dünn. Es gibt kein Heilmittel und nur sehr eingeschränkte Behandlungsmöglichkeiten.

Die Osteoporose wird oft erst festgestellt, wenn der Patient schreckliche Schmerzen hat (häufig im Rücken). Die Schmerzen werden durch haarfeine Risse in den Knochen verursacht. Diese heilen zwar, aber neue können entstehen. Häufig wird ein Rückenkorsett verschrieben, um die Heilung zu unterstützen und weitere Brüche zu verhindern.

Der Arzt kann Kalziumpräparate verschreiben, aber es gibt unterschiedliche Meinungen darüber, wie sie aufgenommen werden. Einige Ärzte verschreiben Östrogene. Diese helfen, Frauen vor Knochenschwund zu schützen. Mittlerweile gibt es auch Medikamente, die den Knochenschwund aufhalten sollen.

Parkinsonkrankheit

Die Parkinsonkrankheit (Schüttellähmung), 1817 von J. Parkinson erstmals beschrieben, ist eine Krankheit, die durch Degeneration von Stammhirnkernen entsteht. Sie beginnt meist einseitig zwischen dem 40. und 60. Lebensjahr.

Neben den charakteristischen Merkmalen wie Muskelzittern, Steifheit und Gleichgewichtsstörungen kann diese Krankheit das zentrale Nervensystem beeinträchtigen, was zu erhöhter Speichelbildung, Augenzwinkern und Atemnot führt. Weniger häufige Symptome sind geistige Verwirrung, Verlust des Kurzzeitgedächtnisses, ein „erstarrter“ Gesichtsausdruck, vermindertes Zwinkern/verstärktes Starren, Stimmverlust sowie Sprach- und Schluckprobleme.

Das Leben für einen an der Parkinsonkrankheit leidenden Patienten wird zunehmend schwierig. Er hat Probleme beim Essen, Ankleiden und Waschen. Durch die Gleichgewichtsstörungen steht er ständig in der Gefahr zu stürzen. Wenn er nicht entschlossen ist, aktiv zu bleiben und einem Trainingsprogramm zu folgen, werden die Gelenke versteifen und die nicht beanspruchten Muskeln zusammenschrumpfen, bis die Bewegungsfähigkeit erheblich eingeschränkt ist. Die Behandlung erfolgt in Form von Tabletten, Physiotherapie und körperlichen Übungen zu Hause, um die Muskeln so lange wie möglich beweglich zu halten. Eine Sprachtherapie kann Patienten mit Sprachschwierigkeiten helfen.

Besonders wichtig beim Umgang mit der Parkinsonkrankheit ist die innere Einstellung des Patienten. Spannung und Ängstlichkeit können die Beschwerden verstärken. Als Betreuer sollten Sie versuchen, eine positive Haltung zu vermitteln und so weit wie möglich Ersatz finden für die Aktivitäten, die Ihre Eltern nicht mehr ausüben können. Eine Parkinsonselbsthilfegruppe kann Ihren Eltern (und auch Ihnen) seelische Unterstützung geben und bestimmte Hilfestellungen für den Umgang mit der Krankheit vermitteln.

Informationsmaterial bekommen Sie bei Ihrer Krankenkasse, beim Gesundheitsamt sowie bei den üblichen Beratungsstellen.

Was tun, wenn die Eltern sich verweigern?

Richtige Ernährung, Sport und Medikamente sind wichtig zur Behandlung der meisten der oben beschriebenen chronischen Erkrankungen. Aber was ist, wenn Ihre Eltern nicht mitmachen?

Zermürben Sie sich nicht selbst, indem Sie glauben, Sie seien für die Gesundheit Ihrer Eltern verantwortlich. Tatsache ist, dass jeder geistig gesunde Mensch, egal, wie alt, für seine Gesundheit selbst verantwortlich ist. Wenn Ihr Vater keinen Sport treiben möchte, können Sie ihn nicht dazu zwingen. Wenn Ihre an Diabetes erkrankte Mutter etwas Süßes essen möchte, wird sie einen Weg finden, das zu tun. Machen Sie Ihren Eltern deutlich, dass es ihre Entscheidung ist, was sie tun, und dann lassen Sie sie. Was immer auch passiert, Sie sind nicht dafür verantwortlich. Außerdem sind Ihre Eltern vermutlich viel eher bereit, sich zu fügen, wenn Sie sie wie Erwachsene behandeln, als wenn Sie sie tadeln wie ungezogene Kinder.

Ältere Menschen im Krankenhaus

Wenn die Eltern ins Krankenhaus eingeliefert werden müssen, so stellt dies eine besondere Herausforderung für den Betreuer dar. In *Generations*, der Zeitschrift der *American Society on Aging*, schrieb Lawrence Z. Rubenstein, Professor für Geriatrie an der *UCLA Medical School:* „Dem älteren Menschen geht es im Krankenhaus nicht so gut wie dem jüngeren. Die Sterblichkeitsrate ist viel höher, die Aufenthaltsdauer länger, es gibt häufiger Komplikationen, Notoperationen sind keine Seltenheit ... Das müsste nicht so sein. Gründe dafür sind einfach falsche Diagnosen und Behandlungen, was möglicherweise auf eine veraltete Methode der medizinischen Versorgung zurückzuführen ist.“[2]

Die meisten Krankenschwestern und Pfleger sind sehr liebevolle Menschen, aber sie sind auch sehr beschäftigt. Selbst wenn sie die Vorurteile der Gesellschaft älteren Menschen gegenüber nicht teilen, stehen sie vielleicht zu sehr unter Druck, um sich die Zeit zu nehmen, mit den älteren Patienten zu sprechen. Frau Peters reagiert nicht, darum muss sie senil sein. Aber Frau Peters hört ganz einfach nicht gut. Nimmt sich jemand die Zeit, dies herauszufinden und beruhigend, langsam und deutlich mit ihr zu sprechen, so kann es sein, dass sie plötzlich versteht, was gesagt wird.

Viele ältere Patienten zeigen deutliche Symptome von „Senilität“, wenn sie ins Krankenhaus eingeliefert werden. Sobald sie nach Hause in ihre vertraute Umgebung zurückkehren, ist ihr Geist wieder klar. Es ist Aufgabe der Angehörigen, dem Krankenhauspersonal die Bedürfnisse des älteren Patienten klarzumachen und die Pflege zu beaufsichtigen, das heißt, auch die Medikamentierung zu überprüfen (manchmal ist die „Senilität“ die Folge von Übermedikamentierung durch das Krankenhaus). Scheuen Sie sich nicht, um das zu bitten, was Ihre Eltern brauchen, sei es nun eine andere Matratze, um ein Wundliegen zu vermeiden, oder ein kleiner Imbiss vor dem Schlafen.

Die Einsparungen im Gesundheitswesen haben dazu geführt, dass Patienten „schneller und kranker“ entlassen werden. Wenn

Ihre Eltern einen längeren Krankenhausaufenthalt benötigen oder wenn noch weitere Probleme auftreten, sollten Sie mit dem behandelnden Arzt sprechen und überlegen, ob eine Verlängerung des Aufenthalts nicht geboten ist.

Besprechen Sie mit dem Arzt auch, welche Anschlussbehandlung an die Entlassung folgen soll. Werden Ihre Eltern allein zu Hause zurechtkommen? Wenn Sie bestimmte Pflegeaufgaben übernehmen müssen, wer wird Ihnen zeigen, wie es gemacht wird?

Sollten Sie die „Krankenschwester" sein?

Wenn Sie Ihrem Beruf nachgehen, wird es Ihnen nicht möglich sein, die Pflege Ihrer Eltern selbst zu übernehmen. Und selbst wenn Sie zu Hause sind – sollten Sie es wirklich machen? Haben Sie ein Talent für die Krankenpflege? Einige Menschen haben es nicht. Wollen sich Ihre Eltern überhaupt von Ihnen pflegen lassen? Was ist mit dem Schamgefühl, vor allem beim Elternteil des anderen Geschlechts? Es gibt viel zu lernen über die Pflege bettlägeriger Patienten, da bei alten Menschen die Verletzungsgefahr bedacht werden muss. Wenn Sie meinen, dass es keinen anderen Weg gibt, sollten Sie vielleicht einen Altenpflegekurs beim Roten Kreuz besuchen.

Gelegenheiten, den Glauben vorzuleben

Es ist leicht, an Gott zu glauben, solange alles gut läuft. Aber zu glauben bedeutet, Gott zu vertrauen, wenn alles, sogar der eigene Körper, auseinanderzubrechen scheint. Dies ist eine Herausforderung des Glaubens, der Ihre Eltern sich im Alter stellen müssen.

Sicherlich gilt es, Ihren Eltern Mut zu machen, ihren Glauben auszuleben, doch halten Sie sie dabei nicht zurück, ihre eigentlichen Gefühle zu zeigen. Wenn Ihre Eltern sich beklagen und Sie sagen: „Wie kannst du so etwas sagen? Wo ist denn dein Glaube?“, fühlen sich Ihre Eltern alleingelassen mit ihren „nicht akzeptablen“ Gefühlen.

Viele „nicht akzeptable“ Gefühle entstehen während einer Krankheit. Die emotionalen Reaktionen Ihrer kranken Eltern rangieren von Ängstlichkeit und Furcht über Zorn, Feindschaft, Wut, Scham und Apathie bis zur Depression.

Linda Kinrade und Carol Collins, (Ehe-, Familien- und Kindertherapeutin) arbeiten im *Chronic and Critical Illness Christian Counseling Center.*[3] Carol hat bereits drei Tumoroperationen hinter sich und lebt mit einem Herzschrittmacher, Linda ist Krankenschwester auf der Onkologie (Krebsstation).

Was eine Krankheit ihrer Meinung nach unter anderem so unerträglich macht, ist die Tatsache, dass viele Menschen über den eigenen Körper einfach nicht Bescheid wissen. Die Ärzte geben vielleicht Informationen darüber, aber die Patienten haben nicht das Hintergrundwissen, um damit etwas anfangen zu können.

Sie können Ihren Eltern daher helfen, indem Sie so viel wie möglich über ihre Krankheit herausfinden sowie darüber, wie ihr Körper auf diese Krankheit und auf die Behandlung reagieren sollte. Häufig brauchen die Kranken nur die Zusicherung, dass das, was sie durchmachen, unter den gegebenen Umständen normal ist.

Sie haben vielleicht das Gefühl (vor allem, wenn sie im Krankenhaus liegen), dass sie eine „Nummer“ geworden sind, mit der die Ärzte und Schwestern die unterschiedlichsten demütigenden und schmerzhaftesten Dinge tun. Sie haben jegliche Kontrolle verloren, wie es scheint, sogar die Kontrolle über ihren Körper. Dies kann dazu führen, dass sie ihre Identität und ihr Selbstwertgefühl verlieren. Mit Krebspatienten kann die Gesellschaft – auch heute noch – meist schwer umgehen. Die Parkinsonkrankheit ist ebenso gefürchtet. Personen, die unter der Parkinsonkrankheit leiden, werden oftmals gemieden, weil ihr Verhalten bei vielen Hilflosigkeit und Befremdung auslösen. Und so kann es kommen, dass sich die Kranken unerwünscht und nicht angenommen fühlen.

Die Unterstützung der Familie kann da helfen. Versichern Sie Ihren Eltern, dass sie noch immer geliebt und anderen wichtig sind, dass sie noch immer Menschen und keine Nummern sind. Eine Berührung zeigt ihnen auch ohne Worte, dass sie geliebt werden. Es kann sein, dass es auch hier notwendig ist, ihnen genau zuzuhören (wie in Kapitel 3 beschrieben).

Geistliche Hilfe während einer Krankheit

Sie werden natürlich für Ihre Eltern beten, und wenn diese es zulassen, auch *mit* ihnen beten. Aber wofür genau sollen Sie beten? Sicher, Sie können für Heilung beten. Gottes heilende Kraft kennt keine Altersbeschränkung. Aber manchmal soll eine Heilung einfach nicht sein. Der Verfall des Körpers, der zum Tod führt, ist ein natürlicher Prozess und auch ein notwendiger, bevor wir zum ewigen Leben auferweckt werden.

Beten Sie, dass Ihre Eltern Gottes Nähe spüren dürfen, dass er sie in dieser Krankheit stärkt, dass er sie tröstet und mit seiner Liebe erfüllt. Lesen Sie mit Ihren Eltern zusammen in der Bibel, vor allem die Stellen, die von Gottes Liebe und dem Trost für seine Kinder sprechen.

Vielleicht werden Sie nur wenig oder gar keine Reaktion erkennen. Aber selbst wenn der Körper nicht mehr reagieren kann, so ist der Geist des Kranken noch immer da. Selbst Patienten, die im Koma oder unter Narkose auf dem Operationstisch liegen, können hören, was gesagt wird. Sie sollten daran glauben, dass Ihre Gebete und Ihr Bibellesen wirklich etwas bewirken, auch wenn es nicht den geringsten Hinweis gibt, dass das tatsächlich der Fall ist.

Häufig ist der Patient zu schwach, um sich auf ein Gebet zu konzentrieren. Aber er kann einen einzigen Bibelvers behalten und den ganzen Tag lang Kraft und Trost daraus ziehen. Darum lesen Carol und Linda Betroffenen oft „Trostverse" aus der Bibel vor. Ihre Lieblingstrostverse sind die folgenden:

- „Der Herr wird für euch kämpfen, ihr aber werdet still sein" (2. Mose 14,14).
- „Aber die auf den Herrn hoffen, gewinnen neue Kraft; sie heben die Schwingen empor wie die Adler, sie laufen und ermatten nicht, sie gehen und ermüden nicht" (Jesaja 40,31).
- „Mein Gott ist mein Hort, bei dem ich mich berge, mein Schild ... meine hohe Feste" (Psalm 18,3).
- „Denn ich bin der Herr, dein Gott, der deine Rechte ergreift, der zu dir spricht: Fürchte dich nicht! Ich, ich helfe dir" (Jesaja 41,13).

Sie könnten einen von diesen wunderbaren Trostversen aus der Bibel in Großbuchstaben aufschreiben und ihn an eine Stelle hängen, wo Ihre Eltern ihn von ihrem Bett oder ihrem Rollstuhl aus sehen können. Sie, die Ärzte und Schwestern und alle, die das Zimmer betreten, werden ihn auch sehen. Er wird Ihnen allen helfen.

Während Sie Trost aus der Bibel für Ihre Eltern suchen, möge der Herr auch Sie mit seinem Wort trösten.

Anmerkungen

1 Dahm, Leslie Ann, 122 Hartford Rd., Danville, CA 94526.

2 Rubenstein, Lawrence Z., „*Innovations in Hospital Care for Elders*", *Generations, Journal of the American Society on Aging*, Herbst 1987, S. 65.

3 *Chronic and Critical Illness Christian Couseling Center*, 2303 Ygnacio Valley Rd., Walnut Creek, CA 94598.

Kapitel 10: Wenn Ihre Eltern in einem Pflegeheim untergebracht werden müssen

Als du jünger warst,
gürtetest du dich selbst und gingst, wohin du wolltest;
wenn du aber alt geworden bist, wirst du deine Hände ausstrecken,
und ein anderer wird dich gürten und hinbringen,
wohin du nicht willst.
Johannes 21,18

Die Angst vor Pflegeheimen ist zum Teil unserer Kultur geworden. Wir alle haben Zeitungsartikel über Missbrauch in Pflegeheimen gelesen, oder wir kennen jemanden, der uns Horrorgeschichten erzählt hat. Vielleicht haben wir selbst schon ein Pflegeheim besucht und gesehen, wie es dort zuging.

Nichts ruft stärker Schuldgefühle bei den Angehörigen hervor als die Entscheidung, einen geliebten Menschen in einem Pflegeheim unterzubringen. Ältere Menschen leben in großer Furcht davor. Viele haben ihren Angehörigen das Versprechen abgenommen, sie niemals dort unterzubringen – ein Versprechen, das die Familie manchmal nicht halten kann.

„Ich erzähle niemandem, dass meine Mutter in einem Pflegeheim ist", sagte mir Anita. „Ich habe Angst vor hochgezogenen Augenbrauen und vor Bemerkungen wie: ‚Ich würde meine Mutter niemals fortgeben.' Das tut so weh! Die Leute verstehen das einfach nicht."

Ja, es gibt Missbrauch in Pflegeheimen, aber es gibt auch gute Einrichtungen. Wenn Sie Ihre Eltern zu Hause nicht mehr angemessen versorgen können und das nur in einem Pflegeheim möglich ist, dann sollten Sie Ihre Eltern dort unterbringen.

Wenn die Angehörigen bei der Auswahl des Pflegeheims Sorgfalt walten lassen, die Eltern häufig besuchen, die geleistete Pflege beaufsichtigen und mit der Verwaltung und dem Personal im Gespräch bleiben, dann verringert dies die Wahrscheinlichkeit eines Missbrauchs. Sie lassen Ihre Eltern nicht im Stich, wenn Sie sie in einem Pflegeheim unterbringen, sondern Sie übergeben ihre Pflege nur in andere Hände. Sie müssen Gott vertrauen, dass er sich um das kümmert, was Sie selbst nicht mehr leisten können, und das kann sehr schwierig sein.

Die positiven Konsequenzen des Loslassens

Loslassen bedeutet nicht, gleichgültig zu werden. Es bedeutet, sich mit der Realität der Pflegeheimsituation abzufinden. Das Personal in einem solchen Heim wird viel zu viel zu tun haben, um Ihren Eltern die Eins-zu-eins-Pflege zukommen zu lassen, die Sie ihnen zu Hause bieten konnten. Dagegen kann ein Pflegeheim häufig etwas bieten, wozu Sie nicht in der Lage sind: die Aufmerksamkeit unterschiedlicher Pflegekräfte, Physiotherapie, geplante Aktivitäten und gesellschaftliche Anregungen.

Natürlich ist das Leben in einem Pflegeheim nicht dasselbe wie zu Hause. Das Leben der Patienten läuft nach einem vorgegebenen Schema ab; man sagt ihnen, wann sie aufstehen sollen, wann sie zu Bett gehen sollen, wann und was sie zu essen haben. Aber manchmal werden Ihre Eltern Sicherheit in diesen festen Reglementierungen finden.

Sie hören viel über alte Leute, die nach dem Eintritt in ein Pflegeheim körperlich rapide verfallen sind. Aber manche Menschen leben nach dem Eintritt in ein Pflegeheim auch wieder auf.

Addie achtete immer darauf, dass sich ihre Mutter trotz ihrer durch Arthritis bedingten starken Schmerzen bewegte. Im Pflegeheim hat das Personal dies nicht mehr getan und die Beweglichkeit reduzierte sich. Jedoch fing Addies Mutter, eine talentierte Malerin, dort wieder an zu malen. Als sie noch bei Addie gelebt hatte, hatte sie nie gemalt. Einige ihrer Gemälde erhielten sogar einen Preis. Was ist nun besser – das Laufen ohne das Malen oder das Malen von einem Rollstuhl aus?

Nur selten hört man von Menschen, deren Gesundheitszustand sich nach dem Eintritt in ein Pflegeheim gebessert hat, doch auch das gibt es. Henrietta kämpfte mit der Entscheidung, ihre Mutter, die an der Parkinsonkrankheit im Endstadium litt, in einem Pflegeheim unterzubringen. Henrietta war selbst nicht gesund und konnte die Mutter nicht weiterpflegen. Als unerwartet ganz in der Nähe der alten Wohnung ihrer Mutter ein Pflegeheim eröffnet wurde, schien ihr dies wie ein Zeichen von Gott. Ihre Mutter dort unterzubringen war für sie unheimlich schwer; noch am selben Tag hätte sie sie am liebsten wieder zurückgeholt. Aber sehr zu ihrem Erstaunen wurde ihre niedergeschlagene, apathische Mutter dort wieder munter und es ging ihr besser als bei Henrietta. Die alte Dame hatte sich bei ihr gelangweilt und einsam gefühlt. Aber im Pflegeheim wohnten viele Menschen, mit denen sie sich unterhalten konnte, und mit ihrem netten Wesen war sie sofort beim gesamten Personal beliebt. Vorher hatte sie kaum auf Henrietta reagiert; jetzt freute sie sich jedes Mal, wenn ihre Tochter zu Besuch kam.

Ist Gott auch in Pflegeheimen zu finden?

Viele Christen (und ihre Familien) verhalten sich so, als wäre an den Pflegeheimen ein Schild angebracht, auf dem die Menschen aufgefordert werden: „Gebt alle eure Hoffnung auf, ihr, die ihr hier hereinkommt.“ Wenn Sie tatsächlich glauben, dass Gott allgegenwärtig ist, dann ist er sicherlich auch in Pflegeheimen gegenwärtig. Gott wird Ihre Eltern nicht an der Tür des Pflegeheims verlassen; er geht mit ihnen hinein.

Der 85-jährige Harold wohnte im Pflegeheim und war sehr depressiv und apathisch, bis sein Pastor ihn an Gottes Gegenwart erinnerte. Harold beklagte sich bei ihm darüber, wie schrecklich es sei, an einem solchen Ort zu leben. „Wissen Sie", erwiderte sein Pastor, „als Christ können Sie überall etwas bewirken."

Diese Aussage nahm Harold sich zu Herzen. Er fuhr in seinem Rollstuhl herum und suchte nach anderen Bewohnern, die etwas Aufheiterung gebrauchen konnten. Er erzählte ihnen von Jesus und von der Liebe Gottes zu ihnen. Die Heimbewohner profitierten von Harolds Dienst. An der Lebenssituation des älteren Mannes hatte sich nichts verändert, aber er hatte sich verändert, als er erkannte, dass Gott auch dort im Pflegeheim bei ihm war. Das können viele Bewohner in christlich geprägten Häusern erleben. Viele der dort lebenden Christen sehen ihre Aufgabe darin, anderen Gutes zu tun. Sicherlich ist der Umfang ihres Dienstes im Pflegeheim eingeschränkt und der Situation entsprechend angepasst, aber er ist wertvoll für die anderen Bewohner.

Auch die Familien müssen sich daran gewöhnen

Nicht nur die Patienten müssen sich an die neue Situation in einem Pflegeheim gewöhnen. Auch für die Familien ist es eine große Veränderung, wenn die Mutter oder der Vater dort einzieht.

Bevor die 88-jährige Marion einen Schlaganfall erlitt, hatte sie bei ihrer Tochter Elaine, einer pensionierten Lehrerin, gewohnt. Mutter und Tochter hatten sich immer nahegestanden, und als Marions Gesundheitszustand sich verschlechterte, dachte Elaine, sie sei in der Lage, sie zu betreuen. Aber der Schlaganfall veränderte alles.

Marions rechte Seite blieb gelähmt und sie litt unter Inkontinenz. Sie konnte nicht mehr selbstständig essen, laufen, stehen oder aus dem Bett aufstehen. Damit sie sich nicht wundlag, musste sie Tag und Nacht alle zwei Stunden anders positioniert werden. Allein schaffte Elaine das jedoch nicht. Der Arzt erklärte Elaine, es sei unmöglich, dass sie die Pflege ihrer Mutter weiter allein durchführte. Elaine musste schnell ein gutes Pflegeheim finden.

Bei der Auswahl eines Pflegeheimes gibt es viel zu bedenken. Aber häufig folgt auf die Verlegung eine Krise. Sie sind in einer inneren Konfliktsituation und haben viel über Missbrauch in Pflegeheimen gehört. Das alles geht Ihnen durch den Kopf und steigert Ihre Ängste. Bei der Auswahl eines Pflegeheimes übernehmen Sie eine enorme Verantwortung für das Leben eines anderen Menschen. Leicht kann es passieren, dass Ihre widerstreitenden Gefühle Sie lähmen – aber Sie *müssen* handeln.

Trotz ihrer aufgewühlten Gefühle besorgte sich Elaine eine Liste von Pflegeheimen. Auch erkundigte sie sich in ihrem Freundeskreis und bei dem Arzt Ihrer Mutter nach empfehlenswerten Einrichtungen. Schließlich entschied sie sich für ein relativ kleines, privates Heim in ihrer Nähe – unweit einer Klinik. Dort konnte ihre Mutter nach dem Schlaganfall eine Therapie zur Rehabilitation machen. Und der Arzt ihrer Mutter würde sie dort weiter behandeln. Die Atmosphäre in dem Heim war herzlich, das Essen gut, das Personal liebevoll, und die Oberschwester stand in dem Ruf, ihre Schwestern „fest im Griff" zu haben. Ein Jahr später war Elaine glücklich mit ihrer Entscheidung. Doch ihre Gewöhnungsphase war noch nicht vorüber.

Zuerst waren es die Appetitlosigkeit ihrer Mutter und die geringen Erfolge der Therapie, die sie bedrückten. An diesem Punkt hoffte Elaine noch immer, ihre Mutter würde sich so weit erholen, dass sie wieder nach Hause kommen könnte. Aber diese hatte so schreckliche Angst vor einem erneuten Sturz, dass sie sich nicht traute zu laufen. Die Versuche bei der Rehabilitation waren vergeblich.

Elaine ging zweimal am Tag in das Heim, um ihre Mutter zu füttern: mittags und um fünf Uhr nachmittags. Sie hatte das Gefühl, sie könnte ihrer Mutter mehr Essen einflößen als das stark beschäftigte Personal. Gleichzeitig empfand sie großen Schmerz über das, was sie sah. Warum machte ihre Mutter keine Fortschritte? Taten die Pflegerinnen genug? Konnte sie noch etwas mehr tun? Was sollte sie sagen, wenn ihre Mutter sie bat, nach Hause kommen zu dürfen?

Über einen Zeitraum von mehreren Monaten hinweg musste sich Elaine an den Gedanken gewöhnen, dass sich der Zustand ihrer Mutter nicht mehr ändern würde. Ihre Mutter kam in einen Rollstuhl, konnte sich aber nicht gerade halten. Ihr Appetit verbesserte sich, und sie baute ein Verhältnis zu der Pflegerin auf, die sie versorgte, und so bat die alte Dame sehr viel seltener darum, nach Hause gehen zu dürfen.

Wenn Töchter ihre geliebten Mütter in einem Pflegeheim unterbringen, geht das mit einer gewissen Trauerarbeit einher. Elaine wohnte jetzt allein in einem Haus, in dem sich noch so viele Sachen von ihrer Mutter befanden. Diese erinnerten sie permanent an ihren Verlust. Sie fortzupacken, während ihre Mutter noch lebte, war undenkbar für sie. Sie lernte, mit dem Schmerz zu leben, und wieder allein zu sein.

Viele Bekannte sagten Elaine, zwei Besuche pro Tag bei ihrer Mutter seien zu viel. In den Pflegeheimen werden zu häufige Besuche nicht allzu gern gesehen, weil man der Meinung ist, dies erschwere den Eingewöhnungsprozess. Aber wer kann das schon sagen? Sicherlich ist das bei jedem Menschen anders. Ich vermute, dass Elaine irgendwann selbst herausfinden wird, was gut für sie ist. Sie muss Stück für Stück loslassen. Zum Beispiel gestattete sie der Pflegerin, eine besonders empfindliche Stelle am Körper ihrer Mutter zu behandeln, die wund zu werden drohte. Mittlerweile spricht sie über die Notwendigkeit, noch mehr loszulassen; dies ist eine normale und notwendige Vorbereitung auf den Tod der Mutter oder des Vaters.

Worauf man bei der Auswahl eines Pflegeheimes achten sollte

Es gibt Broschüren und Checklisten, die Ihnen bei der Auswahl eines Pflegeheimes für Ihre Eltern helfen können (siehe Anhang). Ich möchte die wichtigsten Punkte hier kurz zusammenfassen. Das Hauptgewicht sollte auf der Pflege der Patienten liegen. Ich habe wunderschöne, sogar luxuriöse Einrichtungen gesehen, in denen es aber nicht ausreichend Personal gab. Andere, weniger schöne Häuser investieren vielleicht mehr Geld in die Gehälter des Personals und achten weniger auf das Äußere (das häufig mehr dazu dient, die Besucher zu beeindrucken, als dass die Patienten etwas davon hätten).

Wie kann man die Qualität der Patientenpflege richtig einschätzen? Wichtig ist das Personal. Eine gute Atmosphäre unter den Angestellten ist Voraussetzung für eine gute Pflege. Bei einem Besuch kann man sehr viel von der allgemeinen Atmosphäre ableiten. Sind die Pfleger fröhlich und freundlich? Nennen Sie die Patienten beim Nachnamen und behandeln sie sie respektvoll? Oder sind sie schweigsam und mürrisch, überfordert von der Menge der zu pflegenden Patienten? Gibt es eine hohe Fluktuation? Sprechen und verstehen sie Deutsch? In vielen Landesteilen werden Aussiedler und ausländische Mitarbeiter in Pflegeheimen beschäftigt, weil diese bereit sind, den schweren, oft schlecht bezahlten Dienst zu tun. Viele kommen aus Ländern, in denen ältere Menschen geliebt und respektiert sind, aber sie beherrschen die deutsche Sprache noch nicht gut genug, um sich mit ihren Patienten zu verständigen. Den älteren Personen fällt es ohnehin schon schwer genug, gut zu hören und zu verstehen, weitere sprachliche Barrieren sind unnötig.

Andere wichtige Fragen sind zum Beispiel: Wie hoch ist der Lohn des Personals? Sind die Angestellten in einer Gewerkschaft organisiert? Wird ihnen gestattet, doppelte Schichten zu arbeiten? Wer hilft an den Wochenenden aus? Haben die Pflegerinnen eine staatlich anerkannte Prüfung abgelegt? Bildet die

Einrichtung ihr eigenes Personal aus? Wie viele Ersatzkräfte stehen zur Verfügung?

Es ist auch hilfreich, die Einrichtung zu unterschiedlichen Zeiten zu besuchen. Ein Besuch am Wochenende zum Beispiel vermittelt einen völlig anderen Eindruck als ein Besuch unter der Woche, da am Wochenende mit einer geringeren Besetzung gearbeitet wird. Sind die Zustände dann chaotisch, kann dies eine krankheitsbedingte Sondersituation sein. Sind an anderen Wochenenden aber immer die gleichen unorganisierten Zustände zu beobachten, muss die Personalplanung hinterfragt werden. Wenn Sie morgens hereinschauen, erkennen Sie, wie viele von den Bewohnern fertig gepflegt und angezogen sind. Kommen Sie auch einmal zur Mittagszeit, und sehen Sie sich an, wie das Essen serviert wird. Wie ist die Qualität des Essens? Durch einen Besuch am Abend können Sie feststellen, ob die Bewohner zu früh zu Bett gebracht werden, damit das Personal seine Ruhe hat. Finden die am Schwarzen Brett angekündigten Aktivitäten auch tatsächlich statt? Stellen Sie unangenehme Gerüche während dieser Besuche fest? (Manchmal ist Uringeruch nicht zu vermeiden, aber er sollte nicht permanent vorhanden sein.) Beobachten Sie einmal, wie lange es dauert, bis eine Schwester auf die Klingel eines Bewohners reagiert.

Wird der Arzt Ihrer Eltern diese auch in dieser Einrichtung behandeln können? Wenn nicht, wer ist der behandelnde Arzt? In vielen Pflegeheimen bleibt der Arzt in der Tür des Zimmers stehen und fragt den Patienten: „Wie geht es Ihnen?“ Der Patient sagt: „Gut“, und diese „Unterhaltung“ rechnet der Arzt dann als Patientenbesuch ab. Wenn Sie mit so etwas konfrontiert werden, müssen Sie entweder einen anderen Arzt finden, der bereit ist, in das Heim zu kommen, oder Ihre Eltern außerhalb der Einrichtung ärztlich betreuen lassen.

Ganz neue Herausforderungen

„Als meine Frau im Pflegeheim untergebracht wurde, dachte ich, ich würde nun mehr Zeit haben. Aber ich konnte die Pläne, die ich mir gefasst hatte, nicht umsetzen. Manchmal saß ich einfach nur da und weinte", sagte Richard.

Angehörige, die einen geliebten Menschen in einem Pflegeheim unterbringen, haben plötzlich ganz andere Probleme. Als Anwalt Ihrer Eltern leben Sie ständig in Anspannung. Sie müssen wachsam und auf der Hut sein. Sie wollen alles tun, was in Ihrer Macht steht, um Ihren Eltern das Leben im Heim zu erleichtern, und das obwohl Sie gefühlsmäßig angeschlagen sind und Ihnen eigentlich die Kraft zum Handeln und Denken fehlt.

Es ist zwar nicht möglich, die Umstände zu ändern, was Sie aber ändern können, ist Ihre persönliche Einstellung. Statt der reinen Pflicht können Ihre Besuche zu einer Gelegenheit werden, dem Herrn zu dienen. Sie können dem gesamten Pflegeheim (und nicht nur Ihren Eltern) zum Segen sein. Da Sie sowieso viel Zeit dort verbringen, können Sie die Gelegenheit nutzen, die Pflegerinnen, die Verwaltungsangestellten und andere Patienten und ihre Angehörigen kennenzulernen. Man hat so die Möglichkeit, „eine gute Spur zu hinterlassen".

Fangen Sie an, für die Pflegerinnen und andere, mit denen Sie in Kontakt kommen, zu beten. Die Pflegerinnen haben einen sehr schweren, oft auch schmutzigen Beruf mit geringer Bezahlung und geringem Ansehen. Manchmal werden sie von den Patienten beleidigt. Möglicherweise müssen sie Diskriminierungen über sich ergehen lassen. Bestätigung finden sie nur in seltenen positiven Reaktionen von Patienten und deren Angehörigen auf ihre Arbeit. Die Angehörigen neigen aber vielmehr dazu, nur das Negative zu sehen. Vielleicht hat noch niemand je die Pflegerinnen gelobt oder ihnen gedankt. Sie können es tun. Suchen Sie nach Wegen, die schwere Arbeit zu würdigen.

Lassen Sie sich auch andere kleine Zeichen der Anerkennung einfallen. Sie könnten ein kleines Geschenk überreichen – Blumen oder Gemüse aus Ihrem Garten, selbst gebackene Plätzchen oder selbst gekochte Marmelade etc. Der Fantasie sind keine Grenzen gesetzt.

In guten Pflegeheimen ist die aktive Mitarbeit der Angehörigen der Patienten willkommen. Einige Heime unterstützen Gesprächsgruppen für Familien. Die Verwaltung eines Pflegeheimes sollte es sich zur Pflicht machen, Angehörige, die noch nie mit einer Pflegeeinrichtung in Kontakt gekommen sind und von daher nicht wissen, was auf sie zukommt, zu beraten und zu informieren. Manchmal stellen die Angehörigen unrealistische Erwartungen an das Heim, weil sie sehr emotional an die Problematik herangehen.

„Wenn ich an die Dinge denke, über die ich mich beschwert habe“, sagte Elisabeth Rummel, die ihre Mutter in einem Pflegeheim unterbringen musste und nun selbst in der Verwaltung eines Pflegeheims tätig ist, „erkenne ich, wie nichtig sie oft waren. Wahrscheinlich brauchte ich das, um mich innerlich zu beruhigen. Ich konnte meine Mutter nicht mehr füttern, aber ich fand Dinge, über die ich mich beschweren konnte. Für mich war das ein Weg, einen Teil meiner Wut und meines Frusts abzubauen.“

Wenn Ihre Eltern missmutig und unzufrieden sind

Wenn Ihre Eltern bei Ihren Besuchen übellaunig sind, fühlen Sie sich wie ein Kind, das Angst davor hat, von der Schule nach Hause zu kommen, weil es weiß, dass es dort bestraft werden wird, nicht wahr?

Manchmal gehört die Missstimmung Ihrer Eltern zum Eingewöhnungsprozess dazu. Sie wird hervorgerufen durch Zorn und Trauer – eine natürliche Reaktion auf Verlust. Wenn Sie Ihren Eltern gestatten, ihre Gefühle zu zeigen, werden sie sie schneller überwinden. Doch müssen Sie gut zuhören können (siehe Kapitel 3).

Beklagen sich die Eltern über Sie, sollten Sie lernen, diese Beschwerden nicht persönlich zu nehmen. Wenn Ihre Eltern so viele negative Emotionen zeigen, ist das ein Zeichen, dass sie sich Ihrer Liebe sicher sind! Betreffen die Klagen Zustände im Pflegeheim, müssen Sie abwägen, ob die Behauptungen der Wahrheit entsprechen oder nur ein Ventil sind, dem Ärger Luft zu machen. Wenn Letzteres der Fall ist, versuchen Sie, richtig zuzuhören und herauszufinden, was die Eltern wirklich quält. Aber vor allem verlieren Sie niemals die Geduld. Der Eingewöhnungsprozess braucht seine Zeit.

Doch was ist, wenn die negative Einstellung bleibt und die gegen Sie gerichteten Angriffe nicht aufhören? Einige Angehörige haben auf solche Konfrontationen folgendermaßen reagiert: „Weißt du, es ist sehr schwer für mich, dich zu besuchen, wenn du immer so zornig mit mir bist.“ Die Eltern haben den Hinweis verstanden und sich zurückgenommen. Es war nötig, dass die Angehörigen Grenzen gesetzt haben.

Oft ist auch die Frage: „Sollen wir miteinander beten?“ ein guter Weg, mit Unzufriedenheit und Missmut umzugehen. Für und mit Ihren Eltern zu beten und gemeinsam in der Bibel zu lesen kann beiden Seiten geistlich weiterhelfen. Sogar der Pflegeheimpatient, der zu krank ist, um irgendwie zu reagieren, findet darin Trost. Machen Sie daher Ihr Handeln nicht von der Reaktion Ihrer Eltern abhängig. Dies ist auch eine gute Gelegenheit, die im letzten Kapitel genannten Trostverse anzubringen. Drucken Sie einen oder zwei davon in großen Buchstaben aus und hängen Sie sie an eine Stelle, an der Ihre Eltern sie sehen können. Selbst wenn sie wegen eines Schlaganfalls oder geistiger Verwirrung nicht mehr lesen können, werden sie eine positive Wirkung haben – wenn nicht auf Ihre Eltern, dann auf die Pflegerinnen und andere, die das Zimmer betreten.

Was können Sie tun, um Ihren Eltern den Aufenthalt in einem Pflegeheim so angenehm wie möglich zu gestalten? In vielen Büchern wird empfohlen, das Zimmer mit Familienbildern und persönlichen Dingen auszustatten. Die Tochter einer Patientin, die sich nicht mehr mitteilen konnte, hängte eine große Pinnwand im Zimmer ihrer Mutter auf. Daran hingen Zettel, auf denen sie die Lieblingsspeisen, die Lieblingsfarben und frühere Hobbys ihrer Mutter aufgeschrieben hatte, außerdem stand dort, wo diese geboren und aufgewachsen war, sowie andere persönliche Details. Dies half den Pflegerinnen, die alte Dame als Person zu sehen.

Wie Sie Ihre Besuche angenehmer gestalten können

Viele Angehörige fürchten einen Besuch im Pflegeheim, weil die Kommunikation so schwierig ist. Selbst wenn der Patient geistig noch in der Lage ist zu kommunizieren, wird es Ihnen bald an Gesprächsstoff fehlen. Aber es ist Ihre Gegenwart, die Ihren Eltern wichtig ist, nicht die Konversation. Sie können sich auch durch eine Umarmung, eine Liebkosung und ein Lächeln ausdrücken. Sie können bei Bedarf mit ihnen gemeinsam fernsehen oder Ihre Handarbeit mitbringen. Sie können ihnen anbieten, einen Brief für sie zu schreiben oder Karten an Menschen zu schicken, mit denen sie gern in Kontakt bleiben würden. Sie können ihnen auch etwas vorlesen oder Lieder vorsingen, die sie kennen.

Bringen Sie Dinge mit, die den Geist Ihrer Mutter oder Ihres Vaters anregen: Fotos, die Erinnerungen wecken, einfache Spiele, die Sie zusammen spielen können, Bilder, Musik, Vorträge oder gesprochene Bibelverse auf Kassetten. Wenn Ihre Eltern noch dazu in der Lage sind, könnten sie ihre persönlichen Erinnerungen auf Band sprechen.

Vergessen Sie nicht Babys und kleine Kinder. Alte Menschen lieben sie und kleine Kinder können so viel Liebe geben (zwingen Sie Kinder aber nicht zu einem Besuch, wenn sie es nicht möchten). Vielleicht ist es ja gestattet, Haustiere mit ins Pflegeheim zubringen? Auch sie können einem Bewohner dort viel Freude bereiten.

Sind Ihre Eltern in der Lage, kleine Ausflüge zu machen? Selbst eine Fahrt in ein Café kann ein großer Spaß sein. Ein Einkaufsbummel ist vielleicht zu anstrengend, aber Sie können sie in ein Einkaufszentrum mitnehmen, um gemeinsam die Leute zu beobachten.

Was können andere beitragen? Die Tochter einer Familie besuchte den alten Opa und spielte für ihn auf der Gitarre. Einige Sonntagsschulgruppen haben es sich zur Aufgabe gemacht, regelmäßig ein Alters- oder Pflegeheim zu besuchen und eine persönliche Beziehung zu den alten Menschen aufzubauen. Wird das Heim auf biblische Weise geistlich betreut, könnte eine Gemeindegruppe einen Gottesdienst gestalten – einschließlich Gesangsvortrag.

Werden Ihre Eltern von ihrem Pastor oder ihren Gemeindeältesten besucht? Oder von dem Pastor Ihrer Gemeinde? Seien Sie nicht zu zurückhaltend oder zu stolz, andere Menschen auf solche Bedürfnisse aufmerksam zu machen.

Finden Sie heraus, wer im Pflegeheim für die Aktivitäten zuständig ist. Der- oder diejenige kann sicherlich immer ehrenamtliche Mitarbeiter gebrauchen. Gibt es eine Gruppenaktivität, von der andere Bewohner des Heims und auch Ihre Eltern profitieren würden?

Vernachlässigen Sie nicht Ihre eigenen Bedürfnisse

Während der Zeit, die Ihre Eltern im Pflegeheim verbringen, werden Sie sich selbst häufig auf einer emotionalen Achterbahn befinden. Nach einem Besuch werden Sie sich sicher manchmal emotional vollkommen erschöpft fühlen. Auf keinen Fall dürfen Sie Ihre eigenen Bedürfnisse vernachlässigen. Lesen Sie die Vorschläge in Kapitel 4 noch einmal durch und suchen Sie Hilfe. Eine Frau, die ihre Mutter betreute, fand es hilfreich, ein Tagebuch zu führen, in dem sie alle Vorfälle beschrieb und dazu, wie es ihrer Mutter dabei ging und was sie selbst empfand. Wenn Ihnen Schreiben hilft, dann schreiben Sie. Andere sprechen vielleicht lieber mit einem Seelsorger oder suchen Unterstützung in einer Selbsthilfegruppe. Was immer Sie brauchen, um in der Pflege durchzuhalten und Ihren Eltern im Pflegeheim Unterstützung zu geben, tun Sie es!

Häufig ist es so, dass wir Menschen uns nur auf den seelischen Schmerz konzentrieren, den wir empfinden, wenn unsere Eltern schwächer werden. Wir fühlen uns auch oftmals schuldig, weil wir sie nicht persönlich pflegen können. Von diesem Standpunkt aus ist es sehr deprimierend, einen Vater oder eine Mutter im Pflegeheim zu haben. Aber wenn wir über unsere eigene Situation hinaussehen, erkennen wir vielleicht zahllose Lichtblicke in den Pflegeheimen, wo Liebe, Mut, Fürsorge und Glauben praktiziert werden.

Allgemein herrscht die Auffassung, dass es grundsätzlich allen Bewohnern von Alters- oder Pflegeheimen sehr schlecht geht. Es stimmt, viele von ihnen sind sehr krank. Aber selbst wenn sie in vielem eingeschränkt sind, so leben sie doch noch, und die allermeisten freuen sich darüber. Als die Bewohner eines Pflegeheims einmal gebeten wurden aufzuzählen, wofür sie dankbar sind, kamen unter anderem die folgenden Antworten: „Dafür, dass ich lebe“, „Für meine Familie“, „Dafür, dass ich noch nicht ganz bettlägerig bin“, und: „Für Jesus“. Diese Menschen haben uns alle etwas Wichtiges zu sagen. Öffnen wir die Augen, schauen wir einmal richtig hin.

Kapitel 11: Wandern im Tal des Todesschattens

Auch wenn ich wandere im Tal des Todesschattens, fürchte ich kein Unheil, denn du bist bei mir.
Psalm 23,4

Bekannte Worte. Wunderschöne Worte. Wie oft haben wir in unserem Leben diese Worte aus Psalm 23 gehört, gelesen und sogar gebetet? Doch erst wenn wir uns tatsächlich im Tal des Todesschattens befinden (sei es nun, dass wir vor unserem eigenen Tod stehen oder dem Tod eines geliebten Menschen ins Auge sehen müssen), können wir den Sinn dieser Bibelstelle richtig erfassen. Der Psalmist schreibt: „... denn du bist bei mir." Keine andere Erfahrung wird uns näher zu Gott bringen, aber ich stelle fest, dass viele Christen sich vor der Erfahrung, einen geliebten Menschen sterben zu sehen, drücken möchten.

In der westlichen Welt leben wir in einer Kultur, die den Tod verdrängt. Christen wie Nichtchristen weichen diesem Thema aus.(Schlagen Sie doch einmal in Ihrer Gemeinde oder in Ihrem Hauskreis vor, über das Thema „Tod und Sterben" zu sprechen. Sie werden sehen, wie sich die Reihen lichten).

Wenn Sie noch jung sind, ist es leichter, die Illusion der Unsterblichkeit aufrechtzuerhalten. Doch mit der Pflege Ihrer Eltern erkennen Sie bald, dass der ältere Mensch tatsächlich einmal sterben wird. Und nach dem Tod Ihrer Eltern können Sie die Tatsache nicht mehr ignorieren, dass auch Ihr Leben sich dem Ende zuneigt. Sie werden der Nächste sein! Was für ein beängstigender Gedanke!

Aber dies birgt auch die Chance, als Kind Gottes zu wachsen. Es ist nicht nur vernünftig, über den Tod nachzudenken, es ist wichtig.

Wenn Sie Ihren Ängsten nachgeben und vor der Tatsache, dass Ihrer Eltern sterben werden, davonlaufen, werden Sie nicht erfahren, wie Gott Sie inmitten dieser Erfahrung segnen möchte. Aber wenn Sie sich stattdessen dem Tod und Ihren eigenen Ängsten stellen, haben Sie die Zusage, dass Gott bei Ihnen sein wird.

Die Ängste unserer Eltern

In vielen Fällen werden unsere Eltern uns in ihrer Einstellung dem Tod gegenüber weit voraus sein (Gott hat viel mehr Zeit gehabt, in ihnen zu wirken). Wenn sie Christen sind, freuen sie sich vielleicht auf diese letzte Station ihrer Lebensreise. Natürlich sind viele auch ängstlich. Eine der größten Ängste überhaupt ist die Angst vor dem Unbekannten, und der Tod ist die letzte unbekannte Größe.

Außerdem ist der Tod etwas, worüber wir keine Kontrolle haben. Wir können versuchen, in unseren Gebeten die Art unseres Todes zu spezifizieren, doch Jesus scheint Petrus zu tadeln, weil er sich Gedanken darüber macht, wie Johannes sterben wird (s. Johannes 21,20–23). Er sagt zu Petrus, dass er hingebracht werden wird, wohin er nicht will (s. Johannes 21,18). Unsere alten Eltern beten möglicherweise für einen leichten Tod, sie möchten vielleicht einfach einschlafen und nicht wieder aufwachen, oder sie beten darum, schnell weggenommen zu werden, damit sie ihren Kindern nicht zur Last fallen. Aber diese Gebete werden nicht immer erhört. Es ist nicht einfach zu beten: „Doch nicht wie ich will, sondern wie du willst" (Matthäus 26,39).

Oft fürchten sich unsere Eltern nicht so sehr vor dem Tod, sondern vielmehr vor dem Prozess des Sterbens. Niemand möchte unendlich lange von Maschinen künstlich am Leben erhalten werden und dahinvegetieren. Doch genau das ist das Schicksal, das die moderne Medizin vielen Unglücklichen auferlegt hat. Sie können nicht sicher sein, dass dies nicht auch Ihren Eltern passiert, aber es gibt Schritte, die Sie unternehmen können, um dies zu vermeiden.

Einen „guten Tod“ erleben

Die christliche Haltung dem Tod gegenüber ist, ihn als Willen Gottes zu akzeptieren. Der Apostel Paulus schreibt: „Ich habe den guten Kampf gekämpft, ich habe den Lauf vollendet, ich habe den Glauben bewahrt“ (2. Timotheus 4,7).

Was ist ein „guter Tod“? Ich denke, wenn man die Zeit hatte, sich darauf vorzubereiten, und davon überzeugt ist, dass es an der Zeit ist, diese Erde zu verlassen, weil man sein Werk vollendet hat, dann ist das ein „guter Tod“. Ohne Bedauern kann man in die andere Welt hinübergehen, weil einen keine „unbereinigte Sache“ mehr an diese Welt bindet.

In seinem Buch *Aging Parents, How to Understand and Help Them* (dt: „Alternde Eltern – Wie Sie lernen, sie zu verstehen und Ihnen zu helfen“ – nicht auf Deutsch erschienen) berichtet der Psychologe Dr. Richard P. Johnson von einer Studie, in der herausgefunden wurde, dass der Prozess des Sterbens bei Kranken aus dysfunktionalen Familien länger ist.[1] Zuerst war Dr. Johnson verblüfft. Wie konnte es sein, dass Menschen aus intakten Familienstrukturen, aus Familien, in denen offene Kommunikation, Freude und Liebe herrschten, schneller starben als Menschen aus problembelasteten Familien? Sollte man nicht eigentlich das Gegenteil erwarten?

Doch dann verstand er. Menschen aus intakten Familien wissen, dass das Leben der Angehörigen auch ohne sie gut weitergeht. Sie sind bereit und haben inneren Frieden. Im Gegensatz dazu sind Menschen aus nicht intakten Familien eher unruhig. *Wie werden sie ohne mich zurechtkommen?*, fragen sie sich. Sie klammern sich krampfhaft ans Leben und sind nicht in der Lage, loszulassen und in Frieden zu sterben.

Der Mensch, der das Gefühl hat, sein Leben sei eine Katastrophe und gar nichts sei richtig gelaufen, wird schreckliche Angst vor dem Sterben haben. Er wird keine Gelegenheit mehr haben, Dinge besser zu machen. Wenn er dem Tod ins Auge blickt, wird er plötzlich mit dem konfrontiert, was er sein Leben lang verdrängt hat. Wenn eine solche Person es dann doch noch wagt, das wahre Leben anzunehmen, wenn sie anderen vergibt und Vergebung für sich findet, kann sie trotzdem in Frieden sterben. Jesus kann für sie, genau wie für den Schächer am Kreuz, der Erretter werden.

In manchen Fällen ist es ein Familienmitglied, das den Sterbenden nicht loslassen kann, selbst wenn dieser sehr leidet. Um einem geliebten Menschen zu helfen, einen „guten Tod“ zu erleben, müssen Sie ihn loslassen. Vielleicht müssen Sie Ihren Eltern erklären, dass sie „heimgehen dürfen“.

Das wird sehr schwierig sein, wenn noch irgendeine ungeklärte Angelegenheit zwischen Ihnen und Ihren Eltern steht. Vielleicht kostet es Sie auch sehr viel seelische Kraft, tatsächlich loszulassen.

Ärzte und Seelsorger sagen, es gibt fünf Phasen, die ein Mensch durchläuft, bevor sein Leben auf dieser Erde zu Ende geht:

1. *Leugnung.* In dieser ersten Phase leugnet der Patient seinen Zustand. Er sucht nach einem Arzt, der ihm etwas anderes erzählt. Er glaubt, dass dem Labor ein Fehler unterlaufen ist. Leugnung ist gesund, wenn sie als Puffer dient, um den Schock des sterbenden Menschen etwas abzufangen. Auch nachdem man diese erste Phase eigentlich schon überwunden hat, kann man von Zeit zu Zeit wieder in sie zurückfallen.
2. *Zorn.* In der zweiten Phase fragt der Patient zornig: „Warum ich?“ Er ist wütend auf Gott und neidisch und ärgerlich auf die gesunden Menschen, die weiterleben werden. Menschen, die ihr Leben lang alles im Griff hatten, reagieren mit Wut auf das Sterben. Ärger, der seinen Ursprung in der Vergangenheit hat und vielleicht nie geklärt wurde, steigt auf. Jetzt kommt das Ungeklärte an die Oberfläche. Der Patient überträgt seine Verbitterung nicht selten auf Angehörige, Ärzte, Krankenschwestern und andere Menschen in seiner Nähe. Sie fühlen sich ungerecht behandelt, aber wer den Grund für den Zorn versteht, braucht sein Verhalten nicht persönlich zu nehmen.
3. *Verhandeln.* In dieser Phase gibt der Patient Gott das Versprechen „gut“ zu sein, wenn er das Unausweichliche noch etwas

verschiebt. Häufig treten hier Schuldgefühle zutage, die aufgearbeitet werden sollten.

4. *Depression.* Da es dem Patienten unmöglich ist, sein Leugnen aufrechtzuerhalten, und da er erkennt, dass alles Aufbäumen keinen Sinn hat, wird der Patient angesichts des bevorstehenden Verlustes von allem, was ihm auf dieser Welt lieb geworden ist, depressiv. Der Versuch, ihn aufzuheitern, ist sinnlos und kann die notwendige Vorbereitung auf den bevorstehenden Tod behindern.
5. *Annahme.* Wenn der Patient alle vorhergehenden Phasen durchlaufen hat und über seine Gefühle spricht, kann er sein Schicksal annehmen, ohne innerlich zu rebellieren. Nachdem er Frieden gefunden hat, erscheint er gelöst und nicht mehr an dem interessiert, was um ihn herum vor sich geht. Die Angehörigen und Krankenschwestern haben den Eindruck, dass „er viel zu früh aufgibt". Sie sagen ihm vielleicht, dass er feige und selbstsüchtig ist, wenn er nicht bis zum Ende kämpft. Das kann für den Sterbenden eine recht schmerzliche Erfahrung sein. In dieser letzten Phase hat der Patient keine Angst mehr vor dem Sterben, aber vielleicht hat er Angst davor, verlassen zu werden. Wenn ein von Ihnen geliebter Mensch sich in dieser Phase befindet, braucht er die Zusicherung, dass er nicht allein wird sterben müssen.

Die starken Gefühlsschwankungen der Angehörigen

Wenn ein geliebter Mensch todkrank ist, werden Sie und andere Menschen in seinem Umfeld ebenfalls diese Phasen durchlaufen. Sie werden die Wahrheit zunächst nicht wahrhaben wollen und zornig sein. Selbst bei Krankenschwestern kann es vorkommen, dass sie leugnen, dass sich todkranke Patienten auf ihrer Station befinden. Ärzte können zornig auf Patienten werden, die nicht genesen. Und Sie werden auch feststellen, dass Angehörige von Ihnen sich einreden, ihre Mutter/Großmutter brauche nur ein wenig Ruhe, und dann würde sie bestimmt bald wieder gesund werden, und sie werden auf den zornig sein, der anderer Meinung ist.

Wie gehen Sie mit Angehörigen um, die sich nicht der Realität stellen wollen? Man kann niemanden dazu zwingen. Normalerweise überwindet jeder diese Phase zu gegebener Zeit von selbst. Aber ein Angehöriger, der sich lange Illusionen hingibt, kann die Planungen, die nun notwendig sind, gravierend erschweren. Vielleicht reagieren Sie auf das Verhalten dieser Person auch selbst mit Zorn und Verärgerung.

Viele Angehörige von Patienten empfinden Zorn. Als Bezugsperson sind Sie vielleicht auch manchmal zornig auf Ihre Eltern, weil diese krank sind, so verrückt das auch klingen mag. Sie empfinden unangemessenen Zorn auf Ärzte und Krankenschwestern. Sie stellen fest, dass auch Sie beginnen, mit Gott zu verhandeln. Ganz bestimmt werden Sie angesichts des bevorstehenden Verlustes Traurigkeit, vielleicht sogar Depression erleben. Aber mit Gottes Gnade werden Sie die Phase der Annahme erreichen und bereit sein, den geliebten Menschen loszulassen. Viele Menschen sagen (und das ist auch meine eigene Erfahrung), dass bei einer langen tödlichen Krankheit der größte Teil des Trauerns *vor* dem eigentlichen Tod stattfindet. Sie werden feststellen, dass Sie sehr starke Gefühlsschwankungen durchleben. Besonders schwierig ist es, wenn es „falschen Alarm“ gibt. Der Tod wird vielleicht erwartet, doch der Sterbende hält noch durch. Sie waren auf den Tod vorbereitet, aber jetzt geht die emotionale Achterbahnfahrt wieder von vorne los. Sie fragen sich, wie lange es noch dauern wird.

Einigen Angehörigen fällt es schwer, in den Gottesdienst zu gehen, weil die vertrauten Lieder (vor allem die Lieblingslieder der Eltern) sie zum Weinen bringen. Können Sie in Ihrer Gemeinde weinen? (Wenn nicht, könnten Sie vielleicht woanders hingehen, wo niemand Sie kennt.) Sie müssen solche Gefühle zulassen und sie nicht unterdrücken oder leugnen. Sie werden Trost brauchen, eine Schulter, an der Sie weinen können. Ihre gläubigen Freunde können Ihnen helfen, indem sie einfach nur zuhören.

Während einer Krise muss jeder für sich die Entscheidung treffen, ob er sich der Erfahrung stellen und dadurch wachsen oder vor ihr davonlaufen möchte. Sie mögen vielleicht Zorn empfinden oder von anderen Familienmitgliedern enttäuscht sein, die sich von Ihren Eltern zurückziehen, weil sie es nicht ertragen, sie sterben zu sehen. Wenn jemand im Augenblick nicht die Kraft hat, sich dem Tod zu stellen, müssen Sie beten, dass Gott sie ihm zu einem späteren Zeitpunkt geben wird. Sie können ihm die Entscheidung zu wachsen nicht abnehmen. Versuchen Sie nicht, jemand anderen zu ändern, sondern sparen Sie Ihre Energie für sich selbst auf.

Ich bin in dieser Zeit jeden Tag schwimmen gegangen. Wasser war genau das Richtige. Oft saß ich im heißen Wasser des Whirlpools und heiße Tränen liefen mir die Wangen hinunter. Aber danach ging es mir besser. Ich konnte weiterarbeiten. Gelegentlich führte ich auch ein Tagebuch. Für viele Menschen ist das Schreiben ein Weg, ihre Emotionen abzubauen. Sie können schriftlich sogar besser mit Gott kommunizieren.

Vielen Menschen, auch Sterbenden, fällt es schwer, über den Tod zu sprechen. Sollten Sie das Thema anschneiden? Oder sollten Sie warten, bis der Sterbende es von sich aus anspricht? Wie traurig wäre es, von diesem Leben Abschied zu nehmen und niemals mit unseren Lieben über etwas anderes als die fröhlichen Trivialitäten des Lebens gesprochen zu haben! Und doch passiert genau das immer wieder. Wir alle müssen unsere Masken abnehmen.

Es ist wichtig, den Zeitpunkt eines solchen Gesprächs sorgfältig auszuwählen. Wenn Sie es zu früh versuchen und der Sterbende sich noch in der Phase der Leugnung oder der Depression befindet, können Sie ihn vor den Kopf stoßen. Wenn Sie zu lange warten, könnte der Patient zu krank oder zu schwach sein oder zu sehr unter dem Einfluss von Medikamenten stehen, um mit Ihnen sprechen zu können. Wenn dies passiert, bleibt Ihnen immer noch die tröstende Berührung. Sie können einfach seine Hand halten, ihm über den Kopf streichen oder, wenn er sich in einem Sauerstoffzelt befindet und Sie ihn nicht berühren können, einfach da sein, ihn liebevoll ansehen und Worte sagen wie: „Ich habe dich lieb. Du bist mir wichtig."

Meine Mutter, die es nie mochte, berührt zu werden, und der es extrem schwerfiel, Freude zu zeigen, erreichte die Phase der Annahme kurz vor ihrer Krebsoperation im Krankenhaus. Ans Bett gefesselt und zu schwach, um noch weiterzukämpfen, ließ sie mich ihre Hand halten und ihr über das Haar streichen. Sie dankte mir sogar für alles, was mein Mann und ich für sie getan hatten. Sie versicherte mir: „Was immer auch passiert, es ist in Ordnung."

Sie sagte zwar nicht: „Ich sterbe. Auf Wiedersehen!" oder etwas in der Art, aber es war trotzdem ihre Art, sich von mir zu verabschieden. Das hat mir sehr viel bedeutet.

Tod zu Hause

Nicht jeder erlebt den Luxus, wählen zu können, wo er sterben möchte. Aber wenn eine solche Wahl möglich ist, ziehen viele Menschen es vor, zu Hause und nicht in einem Krankenhaus zu sterben. Meine Freundin Helen berichtet vom Tod ihrer Mutter:

Im Oktober bekam Mutter Schmerzen und sie wurde für kurze Zeit ins Krankenhaus eingeliefert. Ein Wirbel war gebrochen. Dieser Bruch war auf Osteoporose zurückzuführen, aber sie litt außerdem an Arthritis und saß schon jahrelang im Rollstuhl. Der Arzt sagte, man könnte nichts mehr tun. Es könnte eventuell besser werden, vielleicht aber auch nicht. Zu Weihnachten schien der Schmerz nachzulassen. Die ganze Familie war versammelt (drei Kinder und fünf Enkel) und es schien ihr viel besser zu gehen, aber sie war sehr müde.

Wegen ihrer Schmerzen hatte ich einen Lifter gemietet, um sie aus dem Bett zu heben und in ihren Rollstuhl zu setzen. Doch drei Tage nach Weihnachten rief sie: „Lass mich runter", und ich wusste, dass irgend-

etwas passiert war. Das war der Anfang vom Ende. Sie stand nie wieder aus dem Bett auf.

Ich wusste nicht, was auf mich zukommen würde, aber ich war fest entschlossen, sie nicht wieder ins Krankenhaus zu bringen. Sie wollte aufgrund der letzten, zu schlimmen Erfahrung nicht dorthin zurück. Auch wir wollten nicht, dass sie im Krankenhaus starb. Aber ich hatte ziemliche Angst. Ich war noch nie bei einem Sterbenden gewesen und wusste nicht, was auf mich zukam.

Am 10. Januar kamen mein Bruder und meine Schwester. Ich rief auch alle meine Kinder an und bat sie, an diesem Abend zu uns zu kommen.

Nach dem Abendessen setzte sich mein Sohn Philip, der eine wunderschöne Stimme hat, zusammen mit den anderen Enkeln an ihr Bett, und ich fragte: ‚Mama, soll Philip für dich singen?' Sie nickte und drückte seine Hand. Wir alle sangen einige ihrer Lieblingslieder.

Nach dem Gottesdienst am folgenden Morgen kam mir Bonnie, eine Krankenschwester aus unserer Gemeinde, in den Sinn. Ich dachte an den bevorstehenden Tod meiner Mutter und überlegte: Ich würde gern ihre Meinung hören und mir von ihr erklären lassen, was auf mich zukommen wird. *Ich rief sie an und sie kam sofort zu uns.*

Wir gingen in Mutters Zimmer. Bonnie warf einen Blick auf sie und sagte: „Es wird nicht mehr lange dauern." Mutter reagierte überhaupt nicht mehr.

Ich sagte zu Bonnie: „Ich konnte sie nicht dazu bringen, ihre Medikamente zu nehmen", woraufhin sie den Kopf schüttelte, als wollte sie sagen: „Mach dir nichts draus." Als ich an diesem Morgen aufgestanden war, hatte ich schon bemerkt, dass Mutter sehr kalt und sehr blass war.

Bonnie sah mich an und sagte: „Es wird nicht mehr lange dauern. Ich bleibe bei ihr sitzen, während ihr zu Abend esst."

Mein anderer Bruder und meine Schwägerin, die ganz in der Nähe wohnen, waren ebenfalls gekommen und wir setzten uns alle an den Tisch und aßen. Nach dem Abendessen ging ich in Mutters Zimmer. Bonnie hatte das Gefühl, dass Mutter ein wenig leichter atmete. Ich bat sie: „Sag mir bitte, was auf mich zukommt." Wir standen am Bett und unterhielten uns.

Bonnie sah auf meine Mutter herab und sagte: „Sie stirbt."

„Du machst Witze!", erwiderte ich.

„Nein. Sie stirbt."

„So leicht? So einfach?"

Und dann: „Sie ist tot."

Zuerst war ich so perplex, dass ich nicht wusste, was ich tun oder sagen sollte. Ich beugte mich über sie und küsste sie. Bonnie ging in die Küche und sagte zu meinen Brüdern: ‚Möchtet ihr gern eure Mutter noch einmal sehen? Sie ist gerade heimgegangen.'

Ich konnte kaum glauben, was passiert war. Es war eine wunderschöne Erfahrung. Wenn ich das gewusst hätte, hätte ich keine Angst gehabt. Ich habe mit anderen gesprochen, deren Angehörige zu Hause gestorben sind, und bei ihnen war es ganz ähnlich.

Ich kann mir vorstellen, dass jeder sich wünscht, einen solchen Tod erleben zu dürfen. Zu Hause, in seiner gewohnten Umgebung, getröstet von vertrauten Bibelstellen und Liedern, umgeben von einer liebevollen Familie und dann wie durch eine Tür, die gerade geöffnet wurde, hindurchzuschlüpfen und bei Gott zu sein. Es ist ein guter Tod, nicht nur für den Sterbenden, sondern auch für die Angehörigen, weil er alle Furcht nimmt und nur gute Erinnerungen hinterlässt.

Leider ist nicht jeder in der Lage, die Eltern zu Hause zu pflegen. Aber mit Hilfe von außen (wie bei der nachstehend beschriebenen Hospizbewegung) wäre es vielen Familien möglich.

Der Hospizgedanke: Begleitung auf dem letzten Lebensweg

Es ist eine gute Sache, wenn ein Patient mit einer unheilbaren Krankheit zu Hause gepflegt werden kann. Denn dort hat er die Zeit, über sein Leben nachzudenken, Dinge zu bereinigen, um Vergebung zu bitten, wenn es notwendig ist, und sich von seinen

Lieben zu verabschieden. Dies ist unmöglich, wenn er schreckliche Schmerzen erleidet oder sein Verstand durch Schmerzmittel getrübt ist. Die Hospizbewegung hat vielen die Möglichkeit verschafft, einen „gnädigen Tod" zu erleben, indem sie Familien unterstützt, die die Sterbenden zu Hause pflegen.

„Hospiz" ist ein altes französisches Wort, von dem das moderne Wort „Hospital" abgeleitet ist. Früher waren Hospize Herbergen, Raststätten für Reisende, Kinder oder Verzweifelte. Häufig wurden sie von Mönchen geführt. Die moderne Hospizbewegung entstand in den 60er-Jahren in England unter der Leitung von Dr. Cicely Saunders, einem gläubigen Arzt, und wurde bald auch in andere Länder gebracht. Hospize sind Häuser, Sterbekliniken, in denen sterbende Patienten betreut werden, wenn sie zu Hause nicht mehr gepflegt werden können. Die Hospizbewegung bietet auch eine häusliche Pflege, die von Ärzten, Schwestern, Pflegern, Sozialarbeitern und ehrenamtlichen Mitarbeitern unterstützt wird. Sie unterscheidet sich von der gewöhnlichen Pflege zu Hause insofern, als nicht der Patient allein im Mittelpunkt steht, sondern die ganze Familie.

Um solche Hospizdienste in Anspruch zu nehmen, muss eine Krankheit vorliegen, die in absehbarer Zeit zum Tod führt (wenn der Patient als „austherapiert" gilt). Es gibt inzwischen einen ambulanten Hospizdienst, der sich im gegebenen Fall um die Familie kümmert (weitere Einzelheiten sind bei entsprechenden Beratungsstellen einzuholen; siehe Anhang).

Die Bedeutung der Schmerztherapie

Dr. Saunders zeigte schon früh in dieser Hospizbewegung, dass die Patienten praktisch schmerzfrei gehalten werden können; sie können das Leben genießen und normalen Umgang mit Angehörigen und Freunden haben. Obwohl sie sehr hohe Dosen an Schmerzmitteln bekommen, werden sie nicht von den Medikamenten abhängig, und sie sind auch nicht so stark sediert, dass sie nicht aktiv am Leben teilnehmen könnten. Leider fällt es vielen Ärzten schwer, diese Erkenntnis zu akzeptieren.

Die Schmerzbekämpfung ist eines der größten Geschenke der Hospizbewegung an die Angehörigen des sterbenden Patienten. Es ist auch die überzeugendste Widerlegung des „humanitären" Arguments der Euthanasiebefürworter. Diese behaupten nämlich, dem todkranken Patienten müsse es gestattet sein, sich für den Selbstmord zu entscheiden, um den Schmerzen ein Ende zu bereiten. Dabei könnten 96 % der todkranken Patienten schmerzfrei sein; den restlichen 4 % können die Schmerzen erträglich gemacht werden.

Dieser Meinung ist auch Robert J. Brindley, Pharm. D., der viele Jahre als Pharmaziekoordinator für den Bereich Onkologie (Krebs) im *John Muir Medical Center* in Walnut Creek in Kalifornien und für *Hospice of Contra Costa* arbeitete.

Das am häufigsten verwendete Medikament bei der Schmerzbekämpfung ist Morphium. Es müssen nicht nur die richtigen Schmerzmittel gewählt, sie müssen auch in der richtigen Dosierung verabreicht werden. Die Patienten müssen regelmäßig genügend Schmerzmittel bekommen. Wenn man wartet, bis der Schmerz unerträglich wird, setzt man damit einen Teufelskreis der Angst in Gang, der den Schmerz verschlimmert und oft die Ursache für eine Abhängigkeit werden kann. Die Dosierung muss speziell auf den Patienten ausgerichtet sein. Wenn er schläfrig oder zu stark sediert (ruhiggestellt) ist, muss sie gesenkt werden, bis er zwar wach, aber trotzdem schmerzfrei ist.

„Wir müssen auf den Patienten hören", sagt Dr. Brindley. „Er ist der Experte in Bezug auf seinen Schmerz. Ich habe einmal eine Patientin gefragt, was sie von uns (dem Medizinerteam) brauchte. Zuerst sagte sie: ‚Ich brauche Mitgefühl.' Dann korrigierte sie sich: ‚Ich brauche *kompetentes* Mitgefühl.'"

Dr. Brindley meint: „Es gehört zu unserer Aufgabe, den Patienten klarzumachen, dass ihre Ängste in Bezug auf starke Narkotika unbegründet sind. Ich hatte schon über eintausend Krebspatienten und nicht einer von ihnen ist medikamentenabhängig geworden. Wenn es ihnen besser geht und der Schmerz verschwindet, können wir die Dosierung runtersetzen und das Medikament vielleicht sogar ganz weglassen, ohne dass es Entzugserscheinungen gibt. Solange der Patient Schmerzmittel angemessen dosiert einnimmt, besteht keine Gefahr der Abhängigkeit."

Und wenn Sie nun den Eindruck haben, dass der Arzt Ihrer Eltern nicht richtig mit deren Schmerzen umgeht, sprechen Sie mit ihm, rät Dr. Brindley. Er ist vielleicht gar nicht ganz im Bilde. Sagen Sie ihm, was sie brauchen. Oder bitten Sie eine Schwester, die Ihre Eltern pflegt, mit dem Arzt zu sprechen.

Der Arzt hat vielleicht ein Schmerzmittel verschrieben, das Ihre Eltern aus Angst vor einer Abhängigkeit nicht nehmen möchten. In diesem Fall müssen der Arzt oder die Schwester, die sich auf dem Gebiet der Schmerzbekämpfung auskennen, mit Ihren Eltern sprechen und ihnen ihre Ängste nehmen.

Hospiz und geistliche Bedürfnisse

„Bei uns sind die Schwestern Manager", erklärte mir einmal eine Gemeindeschwester. „Ich besuche meine Patienten mindestens einmal in der Woche, ich plaudere mit ihnen und ihren Angehörigen und finde heraus, was ihre Bedürfnisse sind. Ich greife auf soziale Dienste der Kommune zurück, wo immer das notwendig ist. Wenn möglich, setze ich mich mit der Kirche beziehungsweise der freikirchlichen Gemeinde der Familie in Verbindung, um festzustellen, ob hier die Möglichkeit besteht, den Betreuer zu entlasten und ihm hin und wieder eine Atempause zu verschaffen. Ich mache pflegenden Angehörigen Mut. Häufig denken sie, sie würden nicht genug tun, obwohl sie ihre Sache hervorragend machen. Ich zeige ihnen kleine Tricks, die ihnen die Arbeit erleichtern.

Wenn der Patient beim Eintritt in das Hospizprogramm Schmerzen hat, kümmere ich mich sofort darum und versuche, die

Medikation anzupassen oder ihn davon zu überzeugen, die vom Arzt verschriebenen Medikamente zu nehmen. Aber nicht aller Schmerz hat körperliche Ursachen – er kann auch geistliche haben. Wir Schwestern betreuen im Augenblick eine Dame, bei der dies der Fall ist. Sie ist eine gläubige Christin, war aber lange der Meinung, Christen dürften keine Schmerzen haben, sie dürften nicht zornig sein und so weiter. Die Überzeugung ‚Ich darf so nicht empfinden, weil ich Christ bin' war Ursache einiger Ängste, mit denen sie zu kämpfen hatte. Unser Pastor hat dies sehr erfolgreich mit ihr aufgearbeitet.

Im Allgemeinen haben wir Krankenschwestern keine Angst, die Patienten über ihre eigentlichen Nöte sprechen zu lassen. Wir versuchen, gute Zuhörer zu sein, wir überlassen den Patienten die Gesprächsführung und sprechen mit ihnen über das, was sie bewegt."

Jeder Mensch, der dem Tod ins Auge blickt, hat Ängste und möchte über diese Ängste sprechen. Die Hospizbewegung hat diese Bedürfnisse der Patienten erkannt. Welch eine Gelegenheit für gläubige Krankenschwestern und ehrenamtliche Mitarbeiter: Sie können für und mit ihren Patienten beten, wenn sie das wünschen.

Hospizarbeit ist keine leichte Arbeit. Ich weiß nicht, wie es ohne einen tiefen Glauben an Gott zu schaffen wäre. „Man kann nicht wirksam mit sterbenden Patienten arbeiten, wenn man sich nicht mit seiner eigenen Sterblichkeit abgefunden hat", sagt Bonnie. „Man muss den Tod als einen Teil des Lebens akzeptieren, bevor man einem anderen Menschen helfen kann."

Die Hospizmitarbeiter betrachten den Tod nicht als ein Versagen. Der Lohn ihres Einsatzes ist nicht nur ein „gnädiger Tod" für den Patienten, sondern dass sie sehen, wie die Familien näher zusammenrücken und gestärkt werden. Deswegen ist Bonnie der Meinung, diese Arbeit sei die lohnendste Pflegearbeit, die sie je getan hätte.

Nicht jeder Patient wird in die Hospizarbeit aufgenommen. Normalerweise beschränkt sich diese Arbeit auf Krebspatienten, da bei den meisten anderen Krankheiten der Tod schwer vorhersehbar ist. Selbst bei Krebspatienten ist das schwer. Einige Ärzte sind von diesem Konzept überhaupt nicht angetan und zögern, Patienten in ein Hospiz zu überweisen. Manche Familien sind der Meinung, ihre Privatsphäre würde in einem Hospiz nicht gewahrt, oder sie haben Angst, vollkommen fremde Menschen könnten Einblick in die problematischen Familienbeziehungen bekommen. Auch müssen die Angehörigen stark genug sein, nicht in Panik zu geraten und womöglich eine Krise auszulösen. Wenn einer Ihrer Lieben in ein Krankenhaus gebracht wird, werden unweigerlich lebensverlängernde Maßnahmen ergriffen, und das möchten Sie vielleicht nicht.

Hospiz und Euthanasie

Sterbekliniken haben den Schmerz der sterbenden Patienten bekämpft. Trotzdem gibt es Gruppen, die sich für das „Recht zu sterben" einsetzen – eine ziemlich verharmlosende Formulierung. Aus ihrer Literatur wird deutlich, dass sie eigentlich die Legalisierung der Hilfe zum Selbstmord fordern. Ich spreche hier nicht davon, dass man die Menschen sterben lässt, indem man auf zusätzliche lebensverlängernde Maßnahmen verzichtet, wenn es keine Hoffnung mehr gibt, sondern von Forderungen, Ärzten zu gestatten, dass sie dem Patienten auf eigenen Wunsch eine tödliche Injektion verabreichen.

Auf der internationalen Konferenz der Gesellschaften für das Recht zu sterben wurde im Jahr 1984 in den USA ein Vier-Stufen-Plan verabschiedet. Dies waren die Forderungen:

Erstens: die gesellschaftliche und rechtliche Anerkennung des Patiententestaments, zweitens: Selbstmord und Hilfe zum Selbstmord, drittens: Euthanasie und schließlich viertens: Selbstmordkliniken, ähnlich den Abtreibungskliniken.

Anstatt das „Recht zu sterben" zu fördern, könnten wir versuchen, Lösungen für einige der Ursachen des Leidens von älteren

Menschen und ihren Familien zu finden. Als Gesellschaft können wir die Kosten im medizinischen Bereich senken, die Vorbeugemaßnahmen für chronische Krankheiten fördern und Familien unterstützen, die ältere Angehörige pflegen.

Es ist nicht zu leugnen, dass viel unnützes Leiden durch die Medizintechnologie verursacht wird. Norma ist die jüngere Schwester meiner Studienfreundin Clare. Ihre Mutter leidet an einer tödlichen Muskelerkrankung (ähnlich der Lou-Gehrig-Krankheit). Seit Jahren liegt sie auf einer Pflegestation, ans Bett gefesselt, unfähig zu schlucken und zu sprechen, sie wird künstlich ernährt und beatmet. Norma besucht sie einmal in der Woche und muss dafür eine dreistündige Fahrt auf sich nehmen.

Norma schrieb mir: „Sie tut mir leid und ich tue mir auch selbst leid. Ich hatte keine Wahl in dieser Angelegenheit, da Pflegeheime keine Patienten aufnehmen, die künstlich beatmet werden. Ich bin wütend auf meinen Bruder, der die Last nicht mit mir teilen will. Ich frage: ‚Warum ich?‘, und ich antworte mir: ‚Warum nicht ich?‘ Ich bin müde und bete, dass meine Mutter bald stirbt, und doch habe ich das Gefühl, dass sie noch lange Zeit leben wird und es so bald noch kein Ende nimmt. Ich werde erleichtert sein, wenn sie stirbt. Ich bin wütend auf die Ärzte, die Gott spielen und sie am Leben halten. Und ich schätze, ich bin auch zornig auf sie, weil sie weiterlebt. Bitte beten Sie für mich."

Dies ist tragisch, und ich kann natürlich verstehen, warum Norma so wütend auf die Ärzte ist. Sie haben ihre Mutter an das Beatmungsgerät angeschlossen, ohne zu fragen. Ich fragte meine Freundin Clare, ob es die Entscheidung ihrer Mutter gewesen sei, künstlich beatmet zu werden.

„Meine Mutter hat in ihrem ganzen Leben noch überhaupt keine eigene Entscheidung getroffen!", erwiderte Clare. „Zuerst hat ihr Vater ihr gesagt, was sie tun sollte, dann ihr Mann. Was immer ein Arzt ihr geraten hat, sie hat es befolgt."

Es ist schwer, sich gegen eine künstliche Beatmung auszusprechen und für den Tod zu entscheiden. Doch es ist genauso schwer zu glauben, dass Normas Mutter einer künstlichen Beatmung zugestimmt hätte, wenn sie gewusst hätte, dass sie sich damit gleichzeitig für einen langsamen, schleichenden Tod entschied. Vielleicht wusste sie es nicht. Vielleicht ist es ihr nie erklärt worden. Die meisten Krankenhäuser schließen die Patienten an Geräte an, ohne mit den Angehörigen zu sprechen. Und nachdem ein Patient erst einmal an ein Beatmungsgerät angeschlossen ist, kann dieses nicht ohne Weiteres wieder abgestellt werden. Die schon weiter vorne angesprochene Patientenverfügung ist geeignet, dem medizinischen und pflegerischen Betreuungspersonal konkrete Hinweise auf die Wünsche im Behandlungsfall zu geben.

Beerdigungsvorbereitungen treffen

Viele Senioren planen im Voraus ihre eigene Beerdigung, um „ihr Haus zu bestellen“ (s. Kapitel 6). Das ist eine große Hilfe, die den Familien die Last schwieriger Entscheidungen abnimmt, wenn sie unter emotionalem Stress stehen und es ihnen schwerfällt, klar zu denken.

Wenn dies nicht geschehen ist, sollte dieses Thema im Fall einer tödlichen Krankheit zwischen Kindern und Eltern besprochen werden. Ihr Pastor oder ein erfahrener Bruder aus dem Ältestenkreis kann Ihnen dabei helfen, vor allem wenn er Ihre Eltern kennt. Am besten planen und sprechen Sie mit Beerdigungsunternehmen, bevor Sie Schock und Trauer erleben.

Auch Christen müssen trauern

Der Apostel Paulus schreibt in einem Brief an die Thessalonicher: „Wir wollen euch aber, Brüder, nicht in Unkenntnis lassen über die Entschlafenen, damit ihr nicht betrübt seid wie die übrigen, die keine Hoffnung haben“ (1.Thessalonicher 4,13).

Viele Christen deuten diesen Vers so, dass Christen keinen Grund zum Trauern hätten. Aber das wird so nicht gesagt. Hier heißt es, dass sie nicht so trauern wie die Menschen, die keine Hoffnung auf Auferstehung haben.

Häufig hört man Christen zu ihren Freunden und Familienmitgliedern sagen: „Ich möchte nicht, dass ihr weint und trauert, wenn ich tot bin. Ich möchte, dass ihr euch freut und feiert, weil ich zum Herrn gegangen bin." Dies ist ein wohlmeinender Versuch, den geliebten Menschen Schmerz zu ersparen, aber es ist nicht biblisch und funktioniert auch nicht. Jesus weinte, als Lazarus gestorben war, und auch Maria und Martha weinten. Niemand hat gesagt: „Freut euch! Er ist jetzt da, wo er es besser hat!"

Erst wenn Sie die harte Arbeit des Trauerns hinter sich gebracht haben, werden Sie das Tal des Todesschattens verlassen können. Es ist unmöglich davonzulaufen; Sie können es nicht umgehen, Sie müssen durch dieses Tal hindurch.

Vor einigen Jahren verlor eine tiefgläubige Frau aus unserer Gemeinde ihren Mann, nachdem sie ihn während seiner langen Krankheit gepflegt hatte. Sie war der Meinung, Christen sollten sich freuen, wenn einer von ihnen heim zum Vater ging. Sie weinte keine Träne. Fröhlich lächelnd war sie entschlossen, ihre Haltung zu einem Zeugnis für ihren Herrn werden zu lassen. Sie hielt bei der Beerdigungsfeier ihres Mannes eine Ansprache über dessen Leben und über die Bedeutung des Todes für einen Christen. Alle wunderten sich über so viel Stärke. Danach stürzte sie sich in alle möglichen Aktivitäten. Jeden Abend besuchte sie eine andere Gruppenstunde oder Versammlung.

Sie können es sich sicherlich denken ... Bereits nach wenigen Wochen klappte sie körperlich, emotional und geistlich zusammen. Sie konnte andere Menschen täuschen, sie konnte sogar sich selbst täuschen, aber ihren Körper, ihren Geist und Verstand nicht. Das göttliche Naturgesetz war nicht zu umgehen, denn er hat uns als Wesen geschaffen, die trauern *müssen.* Sie war der Meinung, Christen würde der Schmerz des Trauerns erspart und sie würden ihr Schicksal sofort annehmen können. In ihrem Verhalten lag auch eine ganze Portion Stolz: „Ich zeige den anderen, wie ein wirklicher Christ damit fertig wird.“

Auch wirkliche Christen durchleben dieselben Emotionen und Phasen des Trauerns wie jeder andere Mensch. Der Unterschied liegt in den vier kleinen Wörtern: „Du bist bei mir“ (Psalm 23,4).

Phasen des Trauerns

Ganze Bücher sind über Schmerz und Trauer geschrieben worden. An dieser Stelle ist es unmöglich, mehr als nur einen skizzenhaften Überblick über das zu geben, was Sie zu erwarten haben ...

Schock

Zuerst werden Sie sich wie betäubt fühlen. Dies ist ein natürlicher Mechanismus, der Sie davor schützt, von Ihren Gefühlen überwältigt zu werden. Die Schockphase bei einem plötzlichen und unerwarteten Todesfall scheint größer zu sein und länger anzudauern. Angehörige, die mitansehen mussten, wie ein geliebter Mensch über einen langen Zeitraum hinweg verfällt, werden diese Phase schneller überwinden oder überhaupt nicht durchlaufen.

Festhalten

Dieses Stadium ist begleitet von Gefühlen der Schuld und des Zorns. Alles erinnert den Trauernden an den Verlust des geliebten Menschen. Der Angehörige redet sich Schuldgefühle ein, indem er sich fragt: „Warum habe ich dieses oder jenes nicht getan?“ Er ist vielleicht zornig auf den geliebten Menschen, weil er gestorben ist, und zornig auf Gott, weil er ihn fortgenommen hat. Wenn er nicht die Gelegenheit gehabt hat, Abschied zu nehmen oder einige seiner Gefühle in Bezug auf den Toten zu klären, kann diese Phase länger dauern.

Depression
Gefühle der Hoffnungslosigkeit, mangelnde Energie, Schlaf- und Essstörungen kennzeichnen diese Phase des Trauerns. Therapeuten sprechen sich gegen den Versuch aus, den trauernden Menschen abzulenken oder zu einem Arzt zu bringen, der ihm stimmungsverändernde Medikamente verschreibt, die er womöglich mindestens sechs Monate nehmen soll. Depression ist eine völlig normale Phase des Trauerns und der Versuch, sie abzukürzen, kann den Trauerprozess verzögern.

Genesung
In dieser letzten Phase fängt der Trauernde an, wieder Interesse am Leben und neue Energie zu zeigen. Er kann sein Leben weiterleben. Er „vergisst" nicht, aber die Erinnerungen sind nicht mehr so schmerzlich.

Diese Phasen sind keine in sich abgeschlossenen Einheiten und folgen nicht zwangsläufig unmittelbar aufeinander. Der trauernde Mensch wird zwischen den einzelnen hin und her schwanken. Monate später, wenn er schon längst die Genesungsphase erreicht hat, bekommt er vielleicht einen Rückfall und die schmerzlichen Emotionen überfallen ihn wieder in ihrer ganzen Intensität. Aber im Laufe der Zeit werden diese Rückfälle seltener.

Die Trauer ist ein sehr komplexer Prozess

Einige Menschen scheinen zu glauben, dass das vorherrschende Gefühl nach einer langen Krankheit und dem eventuellen Tod eines geliebten Menschen Erleichterung sein wird. Natürlich ist Erleichterung da, ebenso wie Schuldgefühle, eben *weil* man Erleichterung empfindet. Aber unsere Gefühle sind sehr viel komplexer.

Das Tagebuch, das ich eine Zeitlang nach dem Tod meiner Mutter geführt habe, ist mir jetzt eine wertvolle Erinnerung daran.

Vieles von dem, was ich empfunden habe, hat mich im Nachhinein erstaunt. Die Leere des Hauses zum Beispiel (meine Mutter hatte acht Jahre bei uns gelebt). Eines Tages schrieb ich: „Ich fühle mich wie ein kleines Kind, dessen Mami fortgegangen ist und es allein zu Hause zurückgelassen hat."

Ich stellte fest, dass es mir schwerfiel, mich zu konzentrieren. Ich wanderte ruhelos im Haus umher und überlegte, was ich als Nächstes tun sollte. Ich beschloss, nicht zu viel von mir zu verlangen, und ließ mich einfach eine Zeitlang „treiben". Nach einem Todesfall sind viele praktische Dinge zu erledigen, Rechnungen müssen bezahlt werden, die Kleider und Sachen des Verstorbenen müssen weggepackt oder verteilt, die finanziellen Angelegenheiten geregelt werden. Lassen Sie sich Zeit und setzen Sie sich nicht unter Druck. Gehen Sie all dies an, wenn Sie auch dafür bereit sind. Und zögern Sie nicht, um Hilfe zu bitten, wenn Sie sie brauchen.

Eine der letzten Aufgaben für jemanden, der einen älteren Menschen betreut hat, ist das Trauern. Gott hat uns aus einem ganz bestimmten Grund Tränen gegeben und hier dürfen sie fließen. Viele haben Probleme damit, in der Öffentlichkeit zu weinen. In unserer Kultur ist das gesellschaftlich nicht gerade akzeptiert. Aber Sie müssen weinen. Sie müssen Ihre Gefühle herauslassen, um genesen zu können. Bitten Sie Gott, Ihnen zu helfen, dass Sie jemanden finden, der Ihnen zuhört und an dessen Schulter Sie sich ausweinen können. Seien Sie entschlossen, später ein solcher Mensch für einen anderen Trauernden zu sein, der Sie braucht.

Anmerkungen

1 Johnson, Richard P., *Aging Parents, How to Understand und Help Them,* Liguori, MO, Liguori Publications, 1987, S. 90.

Nachwort

In Bezug auf das Altwerden befindet sich die „Sandwich-Generation" in einer ganz anderen Position als ihre Eltern. Die ältere Generation wusste nicht, dass sie so lange leben würde; wir dagegen wissen es. Sie haben eine Entschuldigung dafür, dass sie keine Pläne gemacht haben, wir nicht.

Mit dem Tod Ihrer Eltern wird Ihr eigenes Leben in die letzte Phase eintreten, in eine Phase, die 20 oder 30 Jahre oder bis zu einem Drittel Ihres Lebens umfassen kann. Was werden Sie mit diesem Geschenk der Zeit anfangen? Was erwartet Gott von Ihnen? Was hat die Bibel dazu zu sagen?

Zum Licht wandern

In den Sprüchen lesen wir: „Aber der Pfad der Gerechten ist wie das glänzende Morgenlicht, heller und heller erstrahlt es bis zur Tageshöhe" (Sprüche 4,18). Wenn wir die Phase der Betreuung unserer Eltern erfolgreich hinter uns gebracht haben, sind wir nun diejenigen, die zum Licht wandern. Was bedeutet dies?

Viele haben mit der Betreuung begonnen, während sie von außen kontrolliert wurden, entweder von den Eltern oder den Umständen oder den Erwartungen anderer. Im Laufe der Zeit gelingt es jedoch, sich mehr und mehr von äußerer Kontrolle zu befreien und zu lernen, Gott immer mehr Kontrolle einzuräumen. Man ist nicht mehr derselbe Mensch.

Wie verändert eine solche Pflegeerfahrung einen Menschen? – Während der Betreuung meiner Mutter habe ich viel über diese Frage nachgedacht. Wie würde das, was ich über das Altwerden gelernt habe, mein eigenes Leben und Alter beeinflussen? Als ich dieses Buch schrieb, stellte ich jeder Person, die einen älteren Menschen betreute, diese Frage. Nachfolgend einige der Antworten:

- *„Ich möchte ein guter alter Mensch und somit ein Vorbild für meine Kinder und die jüngeren Menschen in meinem Umfeld sein."* – Dies ist ein neues Ziel für viele Menschen, die, bevor sie mit der Betreuung ihrer alten Eltern begonnen haben, vielleicht keinen Gedanken an die Frage verschwendet haben, was für ein Mensch sie wohl im Alter sein würden.
- *„Ich habe gelernt, mitfühlender zu sein."* – Die Betreuung älterer Menschen lässt bei vielen das Mitgefühl für alle Leidenden, vor allem für ältere Menschen, wachsen. Während sie ihren alten Eltern beistehen und bereit sind, mit ihnen mitzuleiden, geben sie Gott Raum, ihr Leben umzugestalten. Der Apostel Paulus drückte es folgendermaßen aus: „... da wir wissen, dass die Bedrängnis Ausharren bewirkt, das Ausharren aber Bewährung, die Bewährung aber Hoffnung; die Hoffnung aber lässt nicht zuschanden werden ..." (Römer 5,3–5).
- *„Ich habe viel von meiner Selbstgerechtigkeit verloren. Früher dachte ich immer, dass jeder, der einen Elternteil in einem Pflegeheim unterbrachte, verachtenswert war! Als ich dann selbst keinen anderen Ausweg mehr sah, musste ich erkennen, dass ich verkehrt lag. Diese Vorurteile waren passé."*
- *„Ich habe gelernt, einen Tag nach dem anderen zu bewältigen. Man kann sich einfach nicht auf jede Eventualität vorbereiten, und man kann nicht vorhersagen, was passieren wird."* – Die Erfahrung, die man während der Betreuung macht, beraubt die Menschen ihres Stolzes, ihrer Unabhängigkeit und ihrer Selbstgerechtigkeit. Sie lernen entweder, Gott mehr zu vertrauen, oder sie brechen unter ihrer Last zusammen.
- *„Ich habe gelernt, die kleinen und unwichtigen Dinge zu akzeptieren beziehungsweise loszulassen. Ich habe gelernt, dass das Leben trotz allem gut ist!"*

- *„Ich habe gelernt, dass ich besser ein liebevollerer Mensch werde, wenn ich möchte, dass andere gerne in meiner Nähe sind, wenn ich einmal alt bin!"* – Ältere Menschen werden nicht im Laufe des natürlichen Alterungsprozesses ein Vorbild in Sachen Liebe und Güte. Experten sind der Meinung, dass sich im Alter bereits vorhandene Eigenschaften verstärken. Während des ganzen Lebens zimmert man an der Persönlichkeit, die dann im Alter steht. Wenn Gott der Baumeister eines Lebens war, wird er weiter mit dem Menschen am Werk sein, um ihn nach seinem Willen zu verändern. Wenn Gott bisher außen vor war, ist es jedoch für eine Lebensübergabe im Alter nicht zu spät.
- *„Ich habe gelernt, dass ich selbst die Verantwortung für meine Gesundheit und für mein Wohlergehen übernehmen muss und dass es alles andere als selbstsüchtig ist, darauf zu achten."* – Wenn eine erwachsene Tochter ihre kranken Eltern pflegt, erkennt sie, dass sie anderen Gutes tut, wenn sie auf ihre eigene Gesundheit achtet. Wenn wir es vermeiden können, anderen zur Last zu werden, sollten wir es tun.

  Viele haben aus dem, was sie über die Gesundheitsprobleme älterer Menschen gehört haben, vielleicht eine ganz neue Erkenntnis darüber erlangt, wie eine zukünftige Krankheit durch eine Entscheidung, die wir jetzt treffen, möglicherweise verhindert werden kann. Sport, richtige Ernährung, Verzicht auf Zigaretten, mäßiger oder gar kein Alkoholgenuss und vor allem eine positive Denkweise („Alles, was rein ist ... das erwägt"; Philipper 4,8). Alle diese Dinge werden uns zu gesünderen älteren Menschen machen. Es würde helfen, wenn Gemeinden eine aktivere Führungsrolle in der Bildung des Gesundheitsbewusstseins ihrer Mitglieder übernehmen würden.

  Gemeinden sollten ihre älteren Gemeindemitglieder auch ermutigen, Kontakt zu den jüngeren aufzubauen, und mehr dafür tun, die Generationen zusammenzubringen. Menschen, die ihre Eltern im Alter betreut haben und um die Bedeutung der generationenübergreifenden Beziehungen wissen, könnten sich selbst mehr in die Gemeindefamilie einbringen.

Ihre Erfahrungen und Erkenntnisse sind zu wertvoll, um ungenutzt zu verkommen. Während Gott Ihnen die Gnade schenkt, ein liebevollerer älterer Mensch zu werden, treffen Sie die Entscheidung, etwas von dieser Liebe an jüngere Mitglieder Ihrer Gemeinde weiterzugeben.

- *„Ich werde meinen Kindern nie zumuten, mich pflegen zu müssen!"* – Viele, die einen älteren Menschen betreut haben, sagen so etwas. Das ganze Leben lang vollkommen unabhängig zu bleiben ist jedoch nicht unbedingt ein erstrebenswertes Ziel. Niemand weiß, welche Einschränkungen die Zukunft bringen mag. Es ist unmöglich zu garantieren, dass unsere Kinder uns niemals werden pflegen müssen. Aber wir können Schritte unternehmen, ihre Bürde zu erleichtern.

Als liebevoller älterer Mensch können Sie Ihre finanziellen Angelegenheiten in Ordnung bringen, sinnvolle Entscheidungen in Bezug auf Ihre Wohnsituation treffen, bevor Ihnen eine Veränderung aufgezwungen wird. Sie können Ihre Wünsche in Bezug auf den Tod und das Sterben formulieren, Beerdigungsvorbereitungen treffen und mit Ihren erwachsenen Kindern über Ihre Gefühle sprechen.

Natürlich wollen Ihre erwachsenen Kinder das vielleicht nicht hören. Aber ein Gespräch mit ihnen über diese Angelegenheiten kann Ihnen eine Kommunikation auf einer viel tieferen Ebene als zuvor ermöglichen. Es ist einen Versuch wert – und auch mehrere, falls das nötig sein sollte.

Eine Zeit der Heilung

Menschen, deren Beziehung zu ihrer Familie angespannt ist, würde ich sagen: „Bringt eure Angelegenheiten in Ordnung, bevor ihr eine Pflege übernehmt", sonst wird es wirklich schwierig. Wenn Sie eine „angespannte Beziehung" zu Mitgliedern Ihrer Familie haben, dann ist jetzt die Zeit, die Sache anzugehen, bevor Krankheit, eine

Behinderung oder der Tod es unmöglich machen. Die Heilung zerbrochener und angespannter Familienbeziehungen ist möglicherweise harte Arbeit, die Sie aber in dieser Phase Ihres Lebens noch bewältigen können.

Natürlich liegt nicht alle Verantwortung für eine Beziehung auf einer Seite. Aber vielleicht hindert der Stolz Sie daran, um Vergebung zu bitten oder den ersten Schritt zu tun. Wenn dies bei Ihnen der Fall ist, dann beten Sie, dass Gott Ihnen die Kraft zu sprechen gibt, und überlassen Sie ihm das, was daraus entsteht.

Das größte Geschenk, das wir unseren erwachsenen Kindern machen können, und das, was uns im Alter am meisten Vorteile bringen wird, ist, ihnen ihre Freiheit zu geben. Häufig sind wir uns gar nicht im Klaren über die Art und Weise, wie wir vielleicht unbewusst versuchen, sie unter Kontrolle zu behalten. Bitten Sie Gott, Ihnen die Augen für das zu öffnen, was Sie tun.

Die Beziehung zu Enkelkindern

Wenn Sie mit Enkelkindern gesegnet sind, hat die Pflegeerfahrung in Ihnen vielleicht eine neue Wertschätzung für die Beziehung zu Enkelkindern entstehen lassen. Wenn Ihre Eltern eine schlechte Beziehung zu Ihren Kindern haben, wird Ihnen dies die Pflege sicherlich sehr erschweren. Jetzt ist die Zeit, die Beziehung zu den Kindern Ihrer Kinder zu intensivieren, damit sie im Alter stark und haltbar ist.

Das ist nicht immer leicht. Oft leben wir weit von unseren Enkelkindern entfernt (vielleicht wird die Pflegeerfahrung einen Einfluss darauf ausüben, ob Sie nach Ihrer Pensionierung in ein Seniorenwohnheim in der Nähe Ihrer Familie ziehen). Manchmal zerreißt oder lockert eine Scheidung die Familienbande, und es erfordert sehr viel mehr Zeit, Energie und Findigkeit, eine Beziehung zu den Enkelkindern aufrechtzuerhalten. Aber es lohnt sich, daran zu arbeiten.

Manchmal neigen wir dazu zu denken, es sei Aufgabe der Kinder und Enkel, den Kontakt zu halten und sich zu melden. Wenn sie es versäumen, uns anzurufen oder zu besuchen, werfen wir verzweifelt die Hände in die Luft und ziehen uns zurück. Aber wir sollten weiser sein; wir können sehr viel leichter in ihre Welt eintreten als sie in unsere – wenn wir es nur wollen.

Wenn Sie mit Ihren Kindern und Enkelkindern nie darüber gesprochen haben, wer Sie sind und was Sie so erlebt haben, könnten Sie vielleicht Ihre Biografie aufschreiben oder Ihre Erinnerungen und Familiengeschichten auf ein Diktiergerät sprechen und das Familienfotoalbum in Ordnung bringen. Selbst wenn Ihre Familie dies im Augenblick nicht zu schätzen weiß, später wird es ihnen viel bedeuten. Warten Sie nicht damit, bis es zu spät ist.

Bewirken Sie Ihr Heil

Altwerden ist harte Arbeit! Die Erfahrungen der letzten Phase des Lebens verleihen den Worten des Apostels Paulus eine neue Bedeutung: „Bewirkt euer Heil mit Furcht und Zittern! Denn Gott ist es, der in euch wirkt sowohl das Wollen als auch das Wirken zu seinem Wohlgefallen" (Philipper 2,12–13). Das erscheint uns so paradox. Wenn Gott am Werk ist, warum muss ich dann auch arbeiten? Aber ich habe während der Betreuung meiner Mutter gelernt, dass Gott erst dann beginnt, in meinem Leben zu wirken, wenn ich die Verantwortung dafür übernehme, mich auf seine Verheißungen zu verlassen, und den Glaubensschritt wage – selbst wenn es nur ein kleiner Schritt auf dem Weg ist, den er mir vorherbestimmt hat. Das ist das große Abenteuer, das bis zu unserem letzten Atemzug andauert.

Rat und Information suchen

Für die Prüfung der aktuellen gesetzlichen Gegebenheiten empfehlen wir, sich je nach Bedarf an folgende Stellen oder Einrichtungen zu wenden oder selbst auf den angegebenen Internetseiten Informationen einzuholen:

Rund um das Thema „Pflege"

- Informationen zu gesetzlichen Grundlagen zur Pflege finden Sie unter www.gesetze-im-internet.de (dort unter „Volltextsuche" den Suchbegriff „SGB" für Sozialgesetzbuch eingeben).
- Unter www.bmg.bund.de haben Sie unter der Rubrik „Publikationen" die Möglichkeit, die folgende Broschüre herunterzuladen: „Ratgeber zur Pflege – Alles, was Sie zur Pflege wissen müssen".
- Das Bundesfamilienministerium hat unter www.wege-zur-pflege.de und der Telefonnummer 01801/507090 eine Plattform eingerichtet, auf der man sich sehr gut informieren und Hilfe und Rat bekommen kann.

Christliche Senioreneinrichtungen

- Mittlerweile gibt es einige christliche Senioreneinrichtungen. Einen guten Überblick erhalten Sie bei der Internetrecherche unter dem Stichwort „Christliche Senioren". Inzwischen gibt es Einrichtungen, die sowohl die Pflege als auch verschiedene Wohnformen anbieten. Informationen erhalten Sie unter www.christliche-seniorenhaeuser.de oder per Post unter Christliche Seniorenhäuser Lützeln, Holzhäuser Weg 7, 57299 Burbach, Tel.: 02736/2040.

Ihre Rechte als Heimbewohner

- Auf der Website des Bundesministeriums für Familie, Senioren, Frauen und-Jugend (BMFSFJ) können Sie eine hilfreiche Broschüre mit dem Titel „Ihre Rechte als Heimbewohnerinnen und Heimbewohner“ herunterladen: www.bmfsfj.de (unter „Publikationen“ in die Suche „Ihre Rechte als Heimbewohnerinnen und Heimbewohner“ eingeben).

Seniorenberatungsstellen der jeweiligen Gemeinde/Kommune oder des Landkreises

- Aufgrund der demografischen Entwicklung in Deutschland hat beinahe jede politische Gemeindeverwaltung entsprechende Seniorenberatungsstellen eingerichtet. Diese finden Sie ganz einfach, indem Sie bei der jeweiligen Telefonzentrale anrufen und sich zu der Beratungsstelle verbinden lassen. Sehr nützlich sind auch die von Städten und Gemeinden herausgegebenen „Seniorenratgeber“. Sie bieten die wichtigsten Informationen über örtliche Gegebenheiten, Hilfsangebote und Ansprechpartner. Man erhält sie kostenlos im Rathaus. Auch der Buchhandel hält eine Vielzahl an Ratgebern bereit, z. B. allgemeinlebenskundliche Ratgeber, Ratgeber bei Alterskrankheiten, Ratgeber für häusliche Pflege ...

Informationen rund um das Thema „Sozialleistungen“

- Wenn die Kosten durch die Einkünfte (Renten o. Ä.) nicht gedeckt werden, erfahren Sie bei den lokalen Sozialämtern, ob sich ein Antrag auf Hilfe zur Pflege lohnt und wie dieser gestellt werden muss. „Leitfaden Sozialhilfe Behinderte und Pflegebedürftige“ von der AG TuWas der Arbeitsgemeinschaft am FB Sozialarbeit der Fachhochschule Frankfurt, Stand 2011, 9. Auflage. Zu bestellen über Internet (http://www.dvs-buch.de)oder per Telefon: +49-69-740169
- „Mein Recht auf Sozialleistungen“ von Albrecht Brühl und Jürgen Sauer, Deutscher Taschenbuchverlag, München 2007, 20. Auflage, 464 Seiten

Patientenverfügung und Vorsorgevollmacht

- Alle wichtigen Informationen zum Thema finden Sie in dem folgenden Buch: Dr. H.-G. Langenbach, E. Platte: *An alles gedacht? – Tipps für die letzten Dinge und für Fragen, die über den Tod hinausgehen*, Christliche Verlagsgesellschaft mbH, Dillenburg 2012; zu bestellen bei www.cb-buchshop.de.
- Den Vordruck der Christlichen Patientenvorsorge finden Sie unter www.ekd.de/download/patientenvorsorge.pdf. Das Bundesministerium für Justiz informiert umfangreich über das Thema „Patientenverfügung und Betreuung", auf der Website des Ministeriums kann auch ein Formular zur Patientenverfügung heruntergeladen werden: www.bmj.de/buerger/gesellschaft/patientenverfuegung

Erben und Vererben

- Hilfreiche Informationen zu diesem Thema finden Sie auf der Website des Bundesministeriums für Justiz unter www.bmj.de (unter „Buerger" nach dem Stichwort „Erben und Vererben" suchen).

Informationen zum Thema „Hospiz"

- Patientenschutzorganisation Deutsche Hospiz Stiftung; Europaplatz 7, 44269 Dortmund, Telefon: 0231 / 73 80 73 -0, www.hospize.de;
- Hospiz- und PalliativVerband Berlin e. V., Aachener Str. 5, 10713 Berlin, Tel.: (030) 83 22 38 93
- Es gibt ein bundesweites Hospiztelefon: 0241/5153490. Interessierte können hier mehr über die Deutsche Hospizstiftung oder einen Hospizdienst in ihrer Nähe erfahren: Ein Anschriftenverzeichnis liegt vor, mit dessen Hilfe Hospizdienste in der Region der Anfragenden ausfindig gemacht werden können.

Hilfreiche Ratgeber, die bei den einzelnen Verbraucherzentralen bezogen werden können:

- *Das Pflegegutachen – Die Einstufung durch den Medizinischen Dienst,* Verbraucher-Zentrale NRW 2008, 4. Auflage, 96 Seiten
- *Was tun, wenn jemand stirbt? – Ein Ratgeber in Bestattungsfragen,* Stiftung Warentest 2011; 19. Auflage
- *Erbschaften – Ein Ratgeber für Erben und Erblasser,* Verbraucherzentrale Bundesverband 2005; 12. Auflage
- Merkblatt und Musterbrief zur Einsicht in Patientenunterlagen können bei der Verbraucherzentrale bezogen werden.

Anschriften von Verbraucherzentralen

- Baden Württemberg e. V., Paulinenstr. 47, 70178 Stuttgart
- Bayern e. V., Mozartstr. 9, 80336 München
- Hamburg e. V., Kirchenallee 22, 20099 Hamburg
- Hessen e. V. , Reuterweg 51-53, 60323 Frankfurt
- Nordrhein-Westfalen e. V., Mintropstraße 27, 40215 Düsseldorf
- Rheinland-Pfalz e. V., Große Langgasse 16, 55116 Mainz
- Sachsen e. V., Bernhardstr. 7, 04315 Leipzig
- Thüringen e.V. Eugen-Richter-Str. 45, 99085 Erfurt
- (Fordern Sie einen Prospekt an. Die Ratgeber können Sie auch in den Beratungsstellen der Verbraucherzentralen kaufen.)

Hilfe bei wichtigen Fragen

Eberhard Platte/
Günther Langenbach

An alles gedacht?

Tipps für die letzten Dinge und für Fragen,
die über den Tod hinausgehen

Ein evangelistischer Ratgeber, der über Patientenverfügung und verschiedene Vollmachten informiert. Neben den vielen rechtlichen und ethischen Aspekten, die es zu bedenken gilt, geht es auch um die Frage: Sind die Dinge geregelt, die über den Tod hinausgehen?

Best.-Nr. 273.940
ISNB 978-3-89436-940-8
Broschur, 112 Seiten